PRACTICAL STUDIES FOR EDUCATION

教育実践研究の方法

―― SPSSとAmosを用いた統計分析入門 ――

篠原正典 [著]

ミネルヴァ書房

はじめに

　科学的な研究のなかには，特定の研究テーマに関して先行研究論文や資料等を詳細に調査し，そこから新しい知見を得るレビュー研究や，特定の課題について自らデータを集めて，その実態を実証的に明らかにする分析的な研究があります。本書では，後者の研究に焦点を当てています。

　著者の経験からの推測ですが，俗に言われる理系と文系，もっと細かく見るとすべての領域において研究の具体的な実践方法や実験の仕方，結果のまとめ方，そしてそれをまとめた論文構成や書き方は違うように思えます。研究は科学的に行うものですので，「研究の目的を明確にし，それに関する先行研究を調査して事実と課題を整理し，……」といった研究の進め方には共通するものがあります。しかし，個々の研究の実践は異なっています。例えば，著者がこれまで二十数年間従事した工学分野では，実験から得られたものの再現性は重要視され，他の研究者たちが同じ条件で行えば，その結果が再現されることが前提となっています。そして，さらに他の研究者がその結果を参考にしながら，改善や進歩を繰り返していきます。すなわち，工学分野の技術は積み木のように蓄積されて発展していくものです。積み木の底は広がりを見せながら，以前の技術の上に新しい技術が積み重なり，高く伸びていきます。こうやって科学技術が進歩していきます。人文科学分野はこれと少し違うようです。

　著者は，現在，教育分野の研究と大学生の教育に従事しています。批判を恐れずに言うと，明治以降の教育の世界では，社会的情勢の影響を受けて，経験的教育と系統的教育への重きの置き方が振り子のように交互に繰り返され，学習環境やICT活用など教具としての技術の進歩はあっても，教育思想，教育成果，教育の原理，教師の教育技術などが結果として進歩してきたとは思えません。太平洋戦争直後と現在とでは，大きな社会情勢や環境の違いがあることを誰もが知っています。そうすると，戦後まもない1947年に試案として出された学習指導要領の内容は，現在と大きく異なっているであろうと推定されますが，その内容を見ると，大半が現在の教育にも適用できることに気付きます。近年，「主体的に学習する能力，思考力，判断力，表現力」などの育成が重要視され，特に，アクティブラーニングなるものがメディアでも取り上げられてきていることから，これらの能力が目新しいもののように思われがちです。しかし，これまでの教育の歴史のなかでも重要視されてきたものであり，言い換えれば，考えずに学ぶことはあり得ないし，学ぶこと自体が主体的に行うことであることが前提と考えれば，決して目新しいものではありません。教える技術と内容に進歩はあっても，人を教え育てる，すなわちどのような人間を育てるかといった基本理念は変わらないからです。現在の科学技術は昔の技術より格段に進歩してきていると言えるでしょうが，現在の人は昔の人に比べて格段に能力が向上していると

は言えません。つまり、科学技術は目標自体が変化し伸びていきますが、教育目標、すなわち育てたい人間像に大きな変化はなく、ただ対象となる児童や生徒、そして社会環境が変わってきているために、重視する育成内容が変わってきているのではないでしょうか。

　工学分野の研究は「物質や現象」を対象としています。一方、教育分野では「人」を対象としています。「物質」は変わらないので、同じ条件で実験を行えば、その結果、すなわち現象が再現されますが、「人」は個人ごとに特徴や性格、思考などが変わりますので、それを対象とした研究では、同じ実践を行ったとしても研究結果が再現できるとは限りません。また、工学分野では、様々な条件を変えて究極の原因を突き詰め、さらに現象を数学的および科学的な理論で説明することができます。ところが、実際の教育現場では、教育条件を人によっていろいろと変えて実践することは、教育方法や教育内容の公平さを欠くことになる場合もあるため、容易ではありません。また、同じような実験を行っても被験者が変わった場合には、結果が再現されず異なる結果が生じることも出てくるでしょう。得られた結果の理由を説明するにしても「唯一の正解」があるわけではありませんので、様々な要因を考えて帰納的に説明するしかありません。こういった状況があるからこそ、実践的研究において重要となるのが、どのような環境で、どのような方法を用いて、そしてどのような人を対象として実践されたかをできるだけ詳細に述べることです。そして実践して得られた結果をできるだけ客観的に説明することが求められます。工学分野では実験結果が正しいかを確認するために、同じ条件で実験を行い、再現性の確認が行えます。ところが、教育分野では被験者を変えた場合には、同じ結果の再現性は難しく、可能なことと言えば同じ傾向を示すかどうかの再現性でしょう。でも、同じ傾向の再現性が得られることそのものが、教育分野の実践研究では重要な意味をもちます。対象者が変わっても同じ傾向を示す結果は汎用性が高いと言えます。研究では、できるだけ汎用性の高い研究結果を出すことが望まれます。

　そのような実践研究では、被験者に対して実際に授業実践や調査を行い、被験者からデータを収集することが行われます。データ収集法のなかには、直接研究対象とする人と接触して、その行動や言語のやり取りを観察してデータとして記録に残し、それを分析する「観察法」や、対象者に聞き取りやインタビューを行って被験者の言葉を分析する「面接法」などがあります。これらは自然言語処理などの手法を用いて分析する質的研究方法と言えます。一方で、あらかじめ質問を作成してその質問に回答してもらう「質問紙法」や、実験環境を意図的に作り出し、検証したい内容が盛り込まれない統制群と、条件を変えてその影響を診る実験群とを設けて、両者の違いを検証する「実験法」などがあります。本書は、質問紙を使って収集した多くのデータを基に結果を導き出す量的研究方法に焦点をあてています。

　上述したように、教育分野では信頼性や妥当性の高い傾向を明らかにしていくことが汎用性を高める上で重要となります。調査結果を基に、「違いがある」「関連がある」「原因である」といった表現を使うことが多く出てきますが、このとき、根拠が明確でなければ

はじめに

「あなたが勝手に思っていることじゃないの」と言われかねません。このような場面で有効な方法が，得られたデータを基に統計的に分析することです。しかし，これもあくまで統計的に見て可能性が高い結果を示しているに過ぎず，それが絶対に正しいとは言えないものです。それでも，感覚や経験から主観的に述べるよりはるかに客観性は高くなります。このように教育分野などの人文科学系の実践研究者にとって，データを統計的に分析することは，使わざるを得ない必要なツールと言えるものです。

本書では実践研究で得られたデータを統計的に分析する方法を記載しています。特に統計分析ソフトとして広く使われているSPSSとAmosを用いた統計分析に関して記載しています。これらのソフトウェアを用いた統計分析法に関する書籍はすでに多く発行されていて，それらの書籍を読むと，詳細な分析方法や結果の見方がわかります。しかし，一方で，統計分析が不慣れで実践研究に取りかかろうとする研究者からは，「得られたデータを分析するのに，数多くある分析方法のなかでどの方法を用いればよいのかわからない」という声も多く聞かれます。本来，どのような分析ができるのかを知ったうえでないと，自分が求めたいデータを得るための調査項目は作れません。そこで，本書は教育分野における実践研究を想定し，知りたい内容や結果から，それを導き出すための統計分析方法がわかるように構成しています。また，実際のデータを用いた場合，多くの書籍に書かれたようなきれいな結果が出てくるとは限りません。著者が分析する際に経験した配意すべき点や，分析方法への疑問などを織り交ぜながら，単なる分析のやり方ではなく，分析における留意点，結果の解釈における留意点，分析方法の選択理由などを記載しました。統計に関する基礎知識がない人，SPSSやAmosを使ったことがない人も，理解できる内容としたつもりです。

本書では，一般的な実践研究において使う分析方法を一通り網羅して取り上げています。また，各章で分析に利用した電子データを読者が利用できるようにしています。著者が実際に収集したデータもあれば，分析方法を説明するために架空のデータを作成したものも含まれています。本書は，それらのデータを用いて，実際にSPSSやAmosを操作しながら理解していただけるように，分析の流れや結果の見方も書いていますので，大学での統計分析演習用教材としてだけでなく，独学用の教材としても使えるものだと思います。

統計分析を初めて行う人は，どの分析手法を用いたらよいか迷ってしまいます。図1は目的別に調べたい場合の方法をカテゴリ状に表したものです。本書で扱っている章・節も記載しています。必要な章・節から読んでいただいてもかまいませんが，第1章から読んでいただくことを前提として書いておりますので，時間のある方は第1章からお読みください。

なお，本書で用いたSPSSおよびAmosはIBM社の統計分析ソフトであり，それぞれVersion20，Version14を用いて分析した画面を表示しています。
○本書で使用した分析用データを，ミネルヴァ書房HP内の本書紹介ページより保存できます。 http://www.minervashobo.co.jp/book/b239764.html

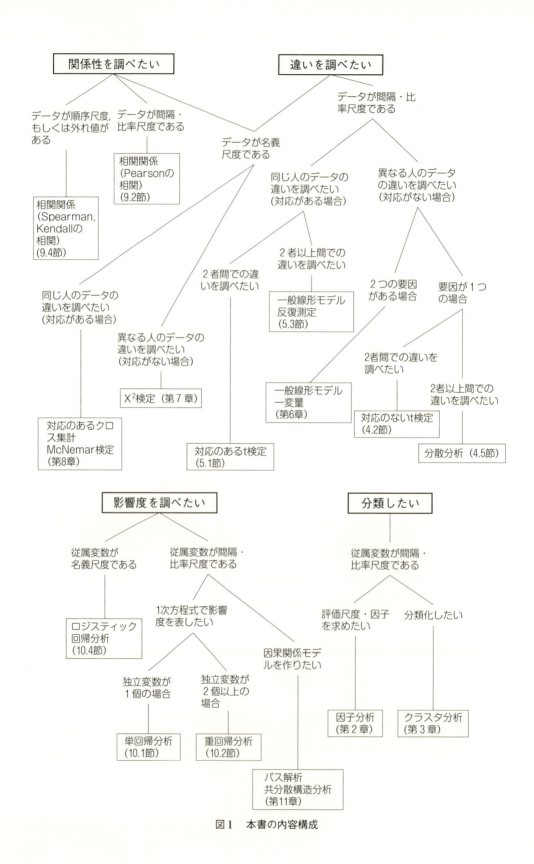

図1　本書の内容構成

教育実践研究の方法　目　次

はじめに

第1章　実践研究を始める前に

1.1　実践研究を行うときの留意点 …………………………………… 2
1.2　質問紙を作るときの留意点 ……………………………………… 4
1.3　統計分析で用いられるデータ …………………………………… 7
1.4　データの表へのまとめ方 ………………………………………… 10
1.5　SPSSへの表のインポート ……………………………………… 11

第2章　評価尺度や要素などを抽出したいとき
────因子分析────

2.1　因子分析とは ……………………………………………………… 16
2.2　因子分析による「学習への動機づけ」に関連する要素の抽出 ……… 16
　2.2.1　分析対象データ…16
　2.2.2　因子分析の実行…18
　2.2.3　因子数の決め方…20
　2.2.4　因子の抽出…21
2.3　因子分析結果の正しさの判断 …………………………………… 27
2.4　評価尺度を求めたいとき ………………………………………… 28
　2.4.1　質問項目の重要性…28
　2.4.2　因子の重要度の判断…29
　2.4.3　質問項目の信頼性…33
2.5　方法によって異なる分析結果 …………………………………… 34
2.6　回答値を変換して分析する方法 ………………………………… 39

v

第3章 類似性の高いグループに分類したいとき
——クラスタ分析——

3．1　クラスタ分析とは……………………………………………44

3．2　クラスタ分析を用いない分類化……………………………45

3．3　2個の変数を用いたクラスタ分析結果……………………48

3．4　3個の変数を用いたクラスタ分析結果……………………51

第4章 異なる集団間に差や違いがあるかを調べたいとき
——対応のない検定——

4．1　ケースによって異なる分析方法……………………………56

4．2　男女間での算数の点数の差があるかを調べたいとき……57
　　　　——対応のないt検定
　4．2．1　t検定とは…57
　4．2．2　有意確率とは…60
　4．2．3　対応のないt検定の実行…61
　4．2．4　t検定における被験者数の影響…64

4．3　ある値との有意差を調べたいとき——1サンプルのt検定……66

4．4　グループ別に分析する方法…………………………………67

4．5　条件が3つ（正確には2つ以上）ある場合の差の有無を調べるとき…68

4．6　対応のないt検定と分散分析の違い………………………74

第5章 同じ児童生徒の成績の伸び（変化）をみたいとき
——対応のある検定——

5．1　対応のあるt検定……………………………………………78

5．2　「対応のないt検定」と「対応のあるt検定」との違い……80

5．3　テストを3回以上行ったときの変化を見たいとき………83
　　　　——一般線形モデル反復測定

5．4　対応のあるt検定と一般線形モデルとの違い……………88

第6章　比較する要因が2つあるとき
──一般線形モデル1変量分析──

6.1　交互作用がないケース··92
 6.1.1　一般線形モデルの1変量分析の利用…92
 6.1.2　一元配置分散分析の利用…98
6.2　交互作用があるケース···101
 6.2.1　一般線形モデル1変量分析の利用…101
 6.2.2　一元配置分散分析の利用…107
6.3　交互作用がないケースにおけるさらなる分析·····························109

第7章　名義尺度のデータを用いて，関連性や違いがあるかを調べたいとき
──χ^2検定──

7.1　χ^2検定のイメージ···114
7.2　「AとBのいずれかの選択」に違いがあるかを調べたいとき ········115
7.3　クロス表を用いて項目間の関連性や違いを調べたいとき············117
7.4　リッカート尺度データを用いた場合との違い ···························124
7.5　比率尺度で測定したデータを分類化して，分類間での違いや
  関連性を調べたいとき··125
7.6　生データがなく，まとめた数値だけがわかっているときの分析のしか
  た··130

第8章　同じ被験者から得られた名義尺度のデータを用いて，関連性や違いがあるかを調べたいとき
──McNemarの検定，Q検定──

8.1　同じ被験者から得られた2条件の名義尺度のデータを使ったとき…136
8.2　比較する条件が3つ以上のとき ···139
8.3　m×mのクロス集計表で両者の違いの有無を調べたいとき··········142

第9章 相互関係があるかどうかを調べたいとき ――相関分析――

9.1 相関関係とは …………………………………………………………… 146
9.2 相関分析の実行 ………………………………………………………… 148
 9.2.1 2変量の相関…148
 9.2.2 偏相関の分析…151
9.3 潜在変数間の相関を調べる …………………………………………… 153
9.4 順序尺度データや外れ値があるときの相関分析 …………………… 154

第10章 ある変数が変化したときに，それが別の変数にどのような影響を与えるかを調べたいとき ――回帰分析――

10.1 大学の成績への高校時代の成績の影響――単回帰分析 …………… 160
10.2 複数の独立変数が1つの従属変数に影響を与える場合 …………… 163
 ――重回帰分析
10.3 性別などの名義尺度による影響をみたいとき ……………………… 169
 ――ダミー変数の利用
10.4 従属変数が名義尺度のとき――ロジスティック回帰分析 ………… 173
10.5 従属変数の名義尺度の項目が3種以上のとき ……………………… 179
 ――多項ロジスティック回帰分析

第11章 変数間の因果の大きさ・強さを推定するモデルを策定したいとき ――共分散構造分析――

11.1 重回帰分析をパス解析で行う場合――パス解析 …………………… 186
11.2 因果モデルを作成したい場合 ………………………………………… 191
11.3 潜在変数と観測変数を用いた因果モデルを作りたい場合 ………… 199

あとがき
索　引

第1章
実践研究を始める前に

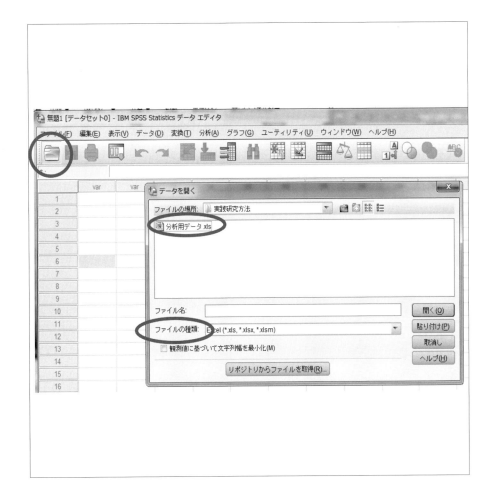

1.1　実践研究を行うときの留意点

　実践研究を行ううえでもっとも重要なことは，研究の目的，すなわち何を明らかにする研究であるかを明確にすることです。当然，そのテーマに関する先行研究や学術的な文献・書籍類を調査することは前提です。というのは自分が行う研究がこれまでどのようになされ，どのような結果が出されているのかを確認する必要があるからです。これは自身の研究テーマの新規性を説明するうえで必要ですが，過去の文献を参照することにより自身の研究の目的をより鮮明にすることに役立ちます。さらには，同じ領域での過去の研究を引用することが，先行研究者に対して敬意を示すことになり，それが研究者としてのマナーとなるからです。

　研究目的や目標が決まらなければ，研究のなかで収集したい被験者からのヒヤリングやアンケートなどの調査内容が決まりません。被験者を誰にするかも決められないかもしれません。個人に着目した能力や思考などの何らかの変化を追跡調査する場合は別ですが，アンケート調査などは何度もできるものではありませんので，できれば1回の調査で目的とするデータを得たいものです。調査内容に含まれていない項目は，たとえ統計分析を行ったとしても結果として出てきません。そのため，どのような内容を調査するか，具体的な質問項目に何を挙げるか，調査対象者（被験者）を誰にするか，想定する被験者にとって誤解を招かない理解できる質問項目になっているか，質問項目は結果を得るために十分であり，かつ被験者にとって負担とならない適切な量となっているか，統計的に処理できる回答が予想できるかなど，アンケート調査を行う場合にはこれらを考えておくことが重要です。この段階が調査研究を行ううえでもっとも重要だと考えられます。

　実践研究のなかで「〇〇の効果」すなわち「Bという効果はAによるものである」ということを実証することは結構難しいことです。相関関係があることや回帰分析の結果から「〇〇が原因となって影響している」といった表現を使い，あたかも因果関係があるかのごとく説明している論文や資料等を見かけることがありますが，相関関係は因果関係があることの必要条件に過ぎず，相関関係があるからといって，因果関係があるとは限りません。また，回帰分析も影響を与える変数と影響を受ける変数を自由に変えて分析できるため，一方が片方の原因あるいは結果だと断言できません。AがBの原因であると主張するためには，Aが変わるとBも変わること（出来事の共変），Bが起こる前にAが起きていること（時間的な順序），そして可能な限り他の考えられる要因を排除できることが必要です。

　ちょっと例を挙げて考えてみましょう。例えば，ICTを授業で活用することによって成績が向上したことを実証したい研究のなかで，ICTを活用するクラス（実験的に仮説を検証していく群を実験群と呼びます）とICTを活用しないクラス（統制群と呼びます）に分けて実践を行い，実験群のクラスの成績がよかったという結果が統計分析から得られ

たとしましょう。これだけで，成績が向上したのは ICT 活用によるものだと言えるでしょうか。「元々統制群のクラスの生徒より，実験群のクラスの生徒の方が能力の高い子どもたちが集まっていたからではないか」と言われたら，それに対して反論できません。そのため，授業を行う前に，実験群と統制群の子どもたちに対して，成績を測定できる同じ試験を実施し，もともと両群の子どもの能力に差がないことを確かめておく必要があります。これを実証するにも統計分析は必要です。

　さて，これで十分でしょうか？「実験群の先生の教え方の方が統制群の先生の教え方よりうまいのではないか？」という質問もでてきそうです。いや，「同じ先生が同じ単元で同じような内容を教えました」と回答したらどうでしょう。これで ICT を用いたことによる効果だと主張できるでしょうか。だいぶ根拠が強くなってきましたが，もう少しこの主張を堅牢にするにはどうすればよいでしょう。今度は実験群と統制群を入れ替えて，今まで成績が低かった統制群のクラスの方で ICT 活用を行うことによって，ICT を活用していないクラスより成績が向上した結果が得られれば，もっと堅牢になります。さらに，なぜ ICT を活用することによって成績が上がったのかという根拠の説明が重要となります。授業内容が理解しやすくなったためか，学習者の興味が引き出され，授業に取り組む意欲が高まったからなのかなど，考えられる要因を挙げ，それに対する調査を行い，ICT を活用したときと活用しなかったときの違いを検証し，ICT 活用による成績の向上の理由に妥当性があれば，ICT 活用が原因でその結果成績が向上したと強く主張できるようになります。表現はよくないかもしれませんが，自分の研究成果に「ケチをつける」という視点から見ることは重要なことだと思います。

　このような数回のデータを収集するケースでは，すべての調査を最後に行うのではなく，それぞれの授業が終わったとき，すなわち適宜必要な時点で，予測した結果を検証することが重要です。そのため，実践研究を行う場合には，どの時点でどのような調査を行うかを，事前に計画を立てておく必要があります。また，データの分析は収集後速やかに行い，結果を確かめることが重要です。結果が予測と違った場合には，その次に行うとする実践研究の内容を変更しなければならなくなるでしょう。

　今述べた事例は原因と結果の検証ですが，意向調査を行う場合などは調査対象者によって結果が変わる可能性がありますので，どのような人を対象として調査するのかを考えることが重要です。前事例で ICT 活用に関することを述べましたので，その内容に関連して「ICT 活用教育を有効だと思うか」という意向調査を行う場合を仮定しましょう。このとき誰を対象として調査するかは重要です。教育に関心のない人，あるいは ICT とは何かがまったくわからない人と ICT 活用教育に関する知識を有している人とでは，その回答は大きく異なるでしょう。教育学部の学生を対象に調査する場合でも，大学入学時と大学の授業で ICT 活用の教育方法の授業を受講した後とでは，回答が異なるでしょう。学校現場の教員を対象に調査した場合でも実際に授業で ICT を使っている教員と，使っていない教員ではその回答が異なるでしょう。このように被験者の知識や経験によって回

答が変わる可能性があるものは多く存在しますので，調査を行う場合には自分が検証したいことを調査するに適する被験者であるかを考えることが重要です．もちろん，前述したような被験者の違いによるICT活用教育に対する意識の違いを検証する研究も可能です．そのときは，ICT活用教育の効果に関する調査以外に，違いを検証できる属性を質問項目に入れる必要があります．例えば，ICT活用教育に対する知識，経験，情報リテラシの差が意向の違いをもたらしていることを検証したいならば，それらの属性を区別できる質問項目も入れる必要があります．

このような調査は1回だけ行うとは限りません．「変化」を調べたい場合など，複数回の調査を行う必要があります．そのときには回答結果と被験者が紐づけられている必要があります．学生の場合には学籍番号や氏名など，個人を特定できる項目を回答紙に書いてもらえばよいでしょう．回答形式には記名式と無記名式がありますが，記名式の場合には無記名式に比べて特に調査の位置づけ（研究のためのデータであって成績には影響しないなど），個人情報保護に基づく対応（外部に氏名が出ることはない，データをまとめた際にも個人名はわからないように処理するなど），回答紙やデータの保管方法や廃棄処理（電子化したデータの保管や安全性，回答紙の裁断破棄など）についても被験者に明確に説明する必要があります．

1.2 質問紙を作るときの留意点

研究の目的が決まり，被験者や質問項目がおおよそ決まってきたら，実際の質問内容が含まれた質問紙を作ることになります．教育分野では大人だけでなく，児童・生徒への調査を行うことも頻繁にあります．特に児童に対する調査では，学年により言語に対する知識量や読解力に大きな差があり，対象者が理解できる質問の表現や回答方法に留意することが必要となってきます．

この他，質問作成における一般的な留意点を下記に示します．

① 逆転質問を入れる

被験者がきちんと質問内容を読んで回答しているかを確認するため，質問のなかに逆の意味の質問を加えるとよいでしょう．例えば自己肯定感の調査をする場合に，「充実感がある」という質問に対しては，自己肯定感が高い人は「そう思う」といった回答をするでしょう．そこに「自分には目標というものがない」といった質問をすると，自己肯定感の高い人からは「そう思わない」という否定的な回答がなされることが期待されます．これを逆転質問と呼びます．他にも「家に帰ってからも学習する」と「学校に居るときだけ学習する」というのは互いが逆転質問になります．家で学習する人は前者では肯定的な回答をし，後者では否定的な回答をします．この逆転質問の場合には，両方とも肯定的もしくは否定的な回答がなされていると，それらは矛盾している回答と判断されますので，被験

者が問題に対して真剣に回答していないのではないかという疑問が出てきます。アンケート調査に喜んで回答してくれる被験者だけとは限りません。そこで、このような逆転質問を数個挿入することが役に立ちます。これは被験者が機械的に回答していないかどうかを診る1つの手がかりにもなります。真面目に回答していないと思われる場合には、調査対象から削除し欠損値として扱った方がよいでしょう。

② 複数の条件がある質問は避ける

「成績も上がらず興味がないことで学習意欲がなくなりますか？」といった質問がなされた場合、被験者にどのように解釈されるでしょうか。この質問には条件が2つ存在します。学習意欲がある人はこの質問に対して否定的な回答をするでしょうが、学習意欲がない人のなかには、「成績が上がらない」ことと「興味がない」ことの両方の条件の捉え方が異なる人がいるかもしれません。ある人は2つの条件を「and」条件とし、成績が上がらず、かつ興味がないことの両方を満たしている場合を尋ねているのだと解釈するかもしれませんし、ある人は「or」、すなわち「成績が上がらない」もしくは「興味がない」のいずれかに該当する場合を尋ねていると解釈するかもしれません。このような複数の条件が含まれる質問は異なる解釈を生じさせる恐れがありますので避けるべきです。同様に、「時間があると読書したりゲームしたりしますか？」といった「読書する」と「ゲームする」といったように、1つの質問で2つのことを尋ねる質問もこれに該当しますので避けましょう。

③ 条件が明確でない表現は避ける

「○○では……」といったような条件付きの質問も質問者の意図が伝わらない場合もあるので的確な表現にした方がよいでしょう。例えば、相手と議論する場を想定して、「どのようなケースだと議論できるか」を調査する質問項目として、「1対1では議論できますか？」という質問があった場合を考えてみましょう。質問者は集団（複数の人）のなかでは議論ができないけれども、1対1の場合には議論ができるかを尋ねているのですが、被験者はその意図を介せずに、1対1はもちろんのこと集団のなかでも議論できる場合でも、「できる」といった回答をするかもしれません。こういった質問をしたい場合には明確に質問の内容が伝わるように、「集団のなかでは議論できないけれども、1対1では議論できますか？」といった内容にする方が、誤解を招かない表現になります。

他の例として、「成績評価があることによって学習態度を改めましたか？」という条件付の質問があった場合に、この質問に対して「はい」という肯定的な回答をする人は「学習態度を改め、その改めた理由が成績評価されたから」という人ですが、「成績評価がなくても学習態度を改めた」人も肯定的な回答をするかもしれません。被験者は十分に調査内容を読まずに回答する場合が考えられるからです。このように、条件や理由を質問のなかに含めた場合には、その意図が明確に伝わるように、すなわち被験者全員が同じ解釈が

できるように表現に配意する必要があります。この質問では，「学習態度を改めた人に質問します。改めた理由は成績として評価されたことがきっかけですか？」と少し長い表現でも誤解されない内容にした方がよいです。必要によっては誤解を防ぐための補足説明を文章に入れる，あるいは説明の機会があるならば，口頭での説明を丁寧に行った方がよい場合もあるでしょう。

④ 二重否定の表現は避ける

「○○しないことはない」「○○しないと……しない」といった表現は被験者を悩ませます。「家に帰って勉強をしないことはない」「授業に興味がないことはない」といったような質問がなされた場合，「勉強をしないことはない」すなわち「必ず勉強する」という意味に解釈する人や，「少しだけど勉強する」という意味に解釈する人もいるでしょう。後者の質問に対しても，「興味がないわけじゃない（少しは興味がある）」「興味をもたないことはない（必ず興味をもっている）」と解釈する人もいるでしょう。このような質問表現は紛らわしく被験者の誤解を招くとともに，意味のわかり難さが被験者にストレスを与えることになるかもしれません。アンケート調査に回答することを面倒だと思っている被験者はいますので，わかり難い表現は避けた方がよいです。

⑤ 「思うこと」と「できること」を問う質問は区別する

「○○すべきですか？」と「○○できますか？」といった質問を見ると，前者はもちろん一人称で回答する場合もありますし，第三者として回答する場合もあります。第三者的にあるいは批評家のように「○○すべきである」と主張することは容易ですが，自分に置き換えて「○○できますか？」「○○しますか？」といった質問に対する回答とは異なる可能性があります。当然のことながら，批評家的な回答は容易ですが，自分自身ができるかと問われるとそれは難しいからです。アンケートの目的が第三者的な意見を収集したいのか，それとも，試験者に対して一人称でできることを知りたいのかを明確にして，質問の表現を考慮することが重要となります。

⑥ 回答が収束する（分散しない）質問は避ける

「世界は平和であった方がよいですか？」「将来，就きたい職業につけるとよいと思いますか？」「将来，幸せな人生を送りたいですか？」「犯罪がない社会を希望しますか？」といったような，誰もが期待するあるいは希望するような質問に対しては，ほとんどの人が肯定的に回答する（その逆で誰もが希望しないあるいは期待しないことに対しては否定的な回答をする）ことが予測できますので，質問として適しているとは言えません。これらの質問に対する回答が分散する可能性がある被験者に対してであれば，調査する意味がありますが，同じ回答に収束する質問はあまり意味がありません。また，1つの回答に収束したデータを統計分析した場合，分析内容によっては結果が出力されないこともあります。

⑦ 質問への回答方法も重要

「家で学習しますか？」のような質問があるとします。この質問への回答方法として「1．はい，2．いいえ」の2肢選択で回答させる場合や，「1．ほとんどしない，2．あまりしない，3．ややする，4．よくする，5非常にする」といった段階的な選択肢から選ばせる方法があります。次の1.3で回答させるデータについて詳しく述べますが，例えば，この質問に対して，1時間学習をしている場合を，ある人は「非常にする」を選択するかもしれませんし，ある人は1時間は非常に少ないと思い「あまりしない」を選択するかもしれません。数値で回答できる質問の場合には，具体的な「1日当たりの時間」を自由記述させるか，あるいは，「1．全くしない　2．1日1時間未満　3．1日1〜2時間　4．1日2〜3時間　5．1日3時間以上」といったほぼ同間隔で，しかもどれかに当てはめられる回答の選択肢から選ばせるのがよいでしょう。すなわち，「傾向」を調査したいのか「具体的な状況や値」を知りたいかによって，回答方法を考えることが重要です。

1.3　統計分析で用いられるデータ

統計分析で用いられるデータには「名義尺度」「順序尺度」「間隔尺度」「比率尺度」と呼ばれるものがあります。

名義尺度とは氏名，出身地，血液型，性別，ある・ない，はい・いいえなど大小関係や優劣関係がないデータのことです。男，女は性別ですから名義尺度になりますし，それらをそれぞれ1と2という数字で置き換えた場合でも名義尺度に変わりはありません。学籍番号も数字で表せますが，個々の学生を示す数字でしかありませんので，これも名義尺度になります。名義尺度は同一であるか否かの判断はできますが，大小関係や足し算，引き算，掛け算，割り算をすることはできませんし，数値で表されていてもそれらの演算結果に意味はもちません。

順序尺度は順番や段階で表現されるデータで，同一性と順番だけが明確であるデータのことです。この例として，松・竹・梅，成績や品質の高さを順に表現した優・良・可，特級・一級・二級などがあります。これらは，「優から良を引いたもの」は「良から可を引いたもの」と等しいとは言えません。また，「優は良の○○倍」といった意味をもたず，順序だけを示しているデータです。

間隔尺度は温度や偏差値など，0という状態が明確に定義できないデータのことです。温度には0℃があるじゃないかと思われるかもしれませんが，それは水が氷る温度を0度と定めたにすぎません。大小関係や40℃は20℃より20℃高いということは言えますが，40℃は20℃の2倍の温度であるとは言いません。0という基準がないからです。このように乗除関係は成り立たないデータのことです。

比率尺度は0という状態が明確に定義できるデータです。長さや重さ，人数，収入額，

テストの成績などがこれにあてはまります。絶対温度も絶対零度という0という状態が定義できますので比率尺度になります。比率尺度では50cmは25cmより25cm長い，2倍の長さと言うことができます。すなわち表1．1に示すように加減関係も乗除関係も成り立つデータのことです。

表1．1　統計分析で用いられるデータ

	同一関係 a=b	大小関係 a>b	加減関係 a−b=c−d	乗除関係 a/b=c/d	例
名義尺度	有	無	無	無	氏名，血液型，出身地，学籍番号など
順序尺度	有	有	無	無	松・竹・梅，優・良・可，特級・一級・二級など
間隔尺度	有	有	有	無	温度，偏差値など
比率尺度	有	有	有	有	長さ，重さ，人数，収入額，絶対温度など

　統計分析ではこれらの様々なデータが使われますが，質問紙法による調査を行う場合，リッカート尺度と呼ばれるデータが非常に多く使われます。例えば5件法は「1：全く当てはまらない，2：当てはまらない，3：どちらでもない，4：当てはまる，5：非常に当てはまる」といった回答値から，被験者にもっとも適しているものを選択させる方法のことです。この尺度は，程度の順序を表していますので順序尺度です。点数の間隔がどこでも同じという保証はありません。しかし，①母集団が正規分布に従っていること，②サンプルのサイズが大きいこと，③得られたデータの偏りがないことといった条件が満たされていれば，間隔尺度として扱っても問題ないという意見があります。また，複数の項目の回答を累積して統計分析する場合には，間隔尺度として経験的に扱われています。すなわち，これらの条件が確認できれば，それぞれの回答項目間の差は同じくらいという考え方をしているということです。実際の調査でもリッカート尺度を用いた回答の選択が非常に多く用いられています。

　リッカート尺度の回答では否定的から肯定的な選択肢が含まれていますので，その中間に上述したように「どちらでもない」という項目を設けて，回答値の間隔を等しくした方が間隔尺度として適しているという考え方がありますが，「どちらでもない」という項目を入れると，回答を少しでも迷う人は「どちらでもない」を選択する傾向があるようです。実際，著者もまったく同じ質問に対して，被験者を変えて「1．全くそう思わない，2．そう思わない，3．そう思う，4．非常にそう思う」という回答値と，「1．全くそう思わない，2．そう思わない，3．どちらでもない，4．そう思う，5．非常にそう思う」という尺度の異なる回答値を選択をさせたことがありますが，「どちらでもない」という回答値を入れた調査では，それを選択する被験者が非常に多かった経験があります。実際には，6段階や7段階の場合でも「どちらでもない」という回答値を設けない選択肢も考えられます。選択肢の細分化については被験者や質問内容によって考えればよいと思います。一般に4～6段階の尺度が用いられていますが，心理学の分野では7～9段階で行う

べきだとの意見もあります。確かに段階を多くすると間隔を狭めることができますので，より間隔尺度に近くなりますが，回答する立場に立った場合，回答値が意味する度合いを被験者が同じように受け止めるかというと，そこには個人差が出てきます。表1.2は言葉で程度を表現して選択肢を作ったものですが，程度の受け取り方は個人によって異なる可能性があるので，細かく分けたとしても，今度は回答の精度が問題になってきます。言葉で表現すると程度の意味が曖昧になるため，例えば，図1.1のように「全くあてはまらない」と「非常に当てはまる」の間に等分された線を設け，どの程度かを被験者に判断させて回答させる場合もあります。

表1.2　リッカート尺度回答選択肢例

1	全く・・ない（あてはまらない）
2	ほとんど・・ない（あてはまらない）
3	あまり・・ない（あてはまらない）
4	やや・・ない（あてはまらない）
5	どちらともいえない
6	どちらかというと・・する（あてはまる）
7	やや・・する（あてはまる）
8	かなり・・する（あてはまる）
9	非常に・・する（あてはまる）

全くあてはまらない 1 ② 3 4 5 6 非常にあてはまる

図1.1　線分で分けた回答選択の例

このように間隔尺度として扱う場合には，その間隔が等しくなるように細かく分けることが必要になってきます。しかし，教育分野の研究では生徒や児童への調査を行う場合もあり，細かく分けても子どもたちが判断できない場合が出てきますので，その細分化した意味がなくなり，逆に信頼性のない結果になることも考えられます。一方で，分割数が少ないとデータが粗くなりますので，結果の精度に問題が出てくることにもなりかねません。また，子どもたちが選択しやすいように，算数が「得意」か「不得意」，勉強が「好き」「嫌い」といった2者選択をさせると，これらのデータは名義尺度になるため，統計分析で扱うことができる方法が限られるという問題も出てきます。勉強が好きな生徒とそうでない生徒でどのような違いがあるかを調べたい場合でも，「好き」「嫌い」の2者選択ではなく，リッカート尺度を用いて回答させた方が多様な分析が可能となります。「勉強が好きですか？」という問いに対して「1．非常に嫌いである（全く好きではない），2．嫌いである（好きではない）3．好きである，4．非常に好きである」の4段階で回答させ，1もしくは2と回答した人を「勉強が嫌いな群」，一方，3，4と回答した人を「勉強が好きな群」と分類化すれば，2者選択回答結果になります。そして，両群での違いを分析することができます。このような操作を行うと，リッカート尺度でとった結果も名義尺度に変えることができます。前述したように，より多くの統計分析手法が適用できるように

するためには，2者選択式で行うより，4もしくは5段階以上のリッカート尺度を用いた方がよいでしょう。

　質問のなかには，年齢のような比率尺度を記述してもらうケースもあります。そのまま年齢を数値で記述したデータは比率尺度になりますが，このデータを基に10代，20代，30代，40代……といった年齢層に分けて，年齢層別に質問への回答値を集計したり，年齢層間での比較を行ったりすることが多くあります。この場合の年齢層は名義尺度になります。このように比率尺度を名義尺度に変換（分類化）すると，分類ごとに分析する，あるいは分類間の比較を行うなどの統計分析が可能となります。名義尺度から順序尺度，順序尺度から間隔尺度，間隔尺度から比率尺度への変換はできませんが，その逆の方向への変換は可能です。

　また，コレステロール値や血圧などの値は別として，人は点数が高いほど優れているという感覚をもちやすいと思います。この例として，成績の評価，収入額，価格等身近にあるものが該当します。そのためリッカート尺度も数値が高い方に肯定的な回答が来るように設定した方がよいと思います。学習意欲を測定した質問の回答値を見て，「平均値が3.2の方が4.5より学習意欲が高い」より，「平均値が4.5の方が3.2より学習意欲が高い」という解釈の方が受け入れやすいのではないでしょうか。

1.4　データの表へのまとめ方

　質問紙から得られた回答をExcelの表にまとめる方法を示します。図1.2に示す質問票は架空のものですが，よく使われる回答形態だと思います。これらの質問への回答値をまとめる場合には，1列目の縦に被験者を入れ，それぞれの被験者の回答をその行に入力していきます。1行目は質問項目を入れます。質問項目が長い場合には適宜わかりやすい短い表記に調整してもかまいません。これらの表記内容が後述する図1.5に示すように，SPSSにExcelのデータをインポートしたときにSPSSの0行目，すなわち「変数」部分に自動入力されます。

　図1.2では「性別」や「アルバイトの有無」のデータとして，「1」と「0」で入力していますが，後々どちらが「1」でどちらが「0」を示しているのかがわかるようにしておくとよいでしょう。「1」「0」が何を示すのかについてはSPSSで明記できます。これについては第4章の4.5節で説明します。

　図1.2の表のなかに，「学習内容が難しいため理解できない」という回答に無回答がありますが，このような無回答は空欄のままでかまいません。SPSSは分析の際に無回答として処理します。複数選択肢のデータをまとめる場合，一つの方法として図1.2に示すように選択されたものがわかるように，例えば選択された項目に「1」といった数値を入れておくとよいでしょう。これは名義尺度になりますので，名義尺度の場合の分析で利用できます。

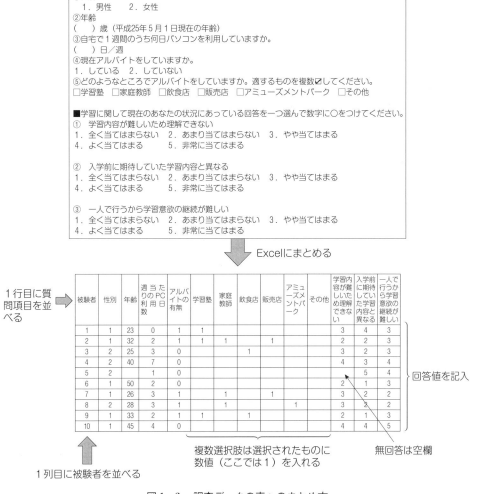

図1.2　調査データの表へのまとめ方

1.5　SPSSへの表のインポート

　Excelで分析用データを作成したらSPSSでこのファイルを読み込みます。もちろんSPSSに直接データを入力することもできますが、多くはExcelにデータとしてまとめたものをSPSSで読み込んで、分析することが多いと思います。その読み込み方を説明しましょう。

　SPSSを立ち上げたら、メニューの「ファイル」→「開く」→「データ」、もしくは図1.3のメニューの下のフォルダーアイコンをクリックします。「データを開く」画面が表示されるので、分析用データファイルが保存されたフォルダーを設定します。SPSSで作成したデータは拡張子が「sav」と表示されます。画面の「ファイルの種類」には「SPSS Statistics (*.sav)」がデフォルトで選択されていますので、Excelのファイルは表示されま

せん。そこでExcelファイルを読み込むために，ここで「ファイルの種類」のプルダウンメニューから「Excel (*xls, *.xlsx, *xlsm)」もしくは「すべてのファイル」を選択します。表示されたファイルのなかから該当するファイルを選択し，「開く」をクリックします。

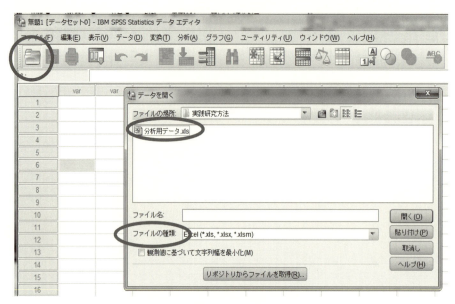

図1.3　Excelデータの読み込み

　表示された画面の「ワークシート」で対象とするデータのシートを選択して「OK」をクリックします（図1.4）。すると図1.5のようにExcelが読み込まれたSPSSファイル「データビュー」が表示されます。このときデータが正しく表示されているか，再度確認しましょう。SPSSの場合には，前述したように未入力なデータは分析から自動的に除外されますので，未入力部分があっても問題ありません。なお，第11章で説明するAmosの場合には，未入力データがあるとその変数を含む分析は行われません。未入力データがある被験者のデータを削除するなどの方法が必要となりますので，注意が必要です。

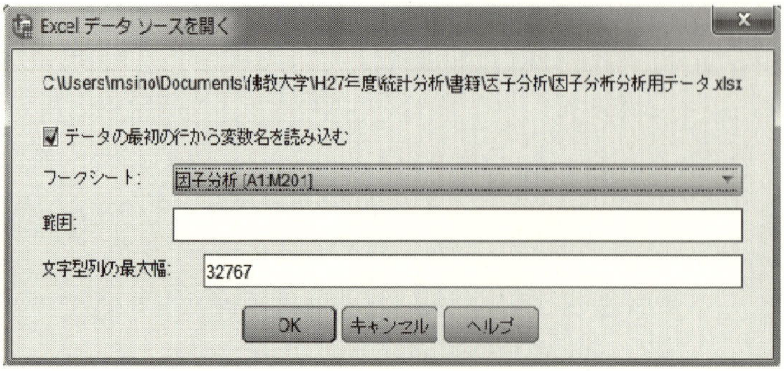

図1.4　Excelのワークシートの選択

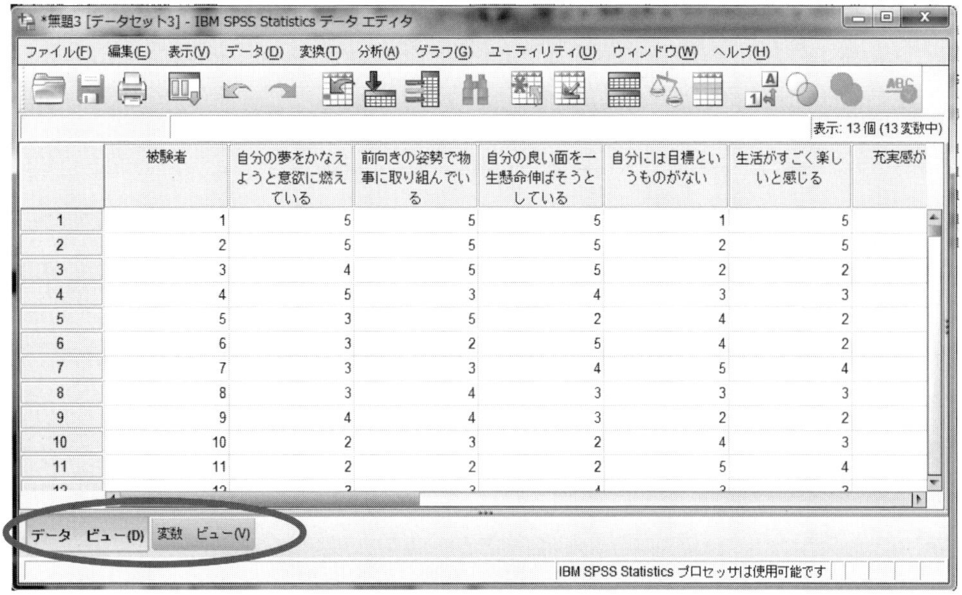

第1章 実践研究を始める前に

図1.5 SPSSに読み込まれたデータ画面

　図1.5の画面左下の「変数ビュー」を選択すると変数の情報が表示されます。このなかでも特に変数「型」が，データとして入力した変数になっているかを確認しましょう。数値が入っているはずなのに余計なデータが入っているために「文字列」となっていることもあります。図1.6の「変数ビュー」画面に示すように，数値のほか，文字，日付，ドル記号等のデータ型が選択できます。

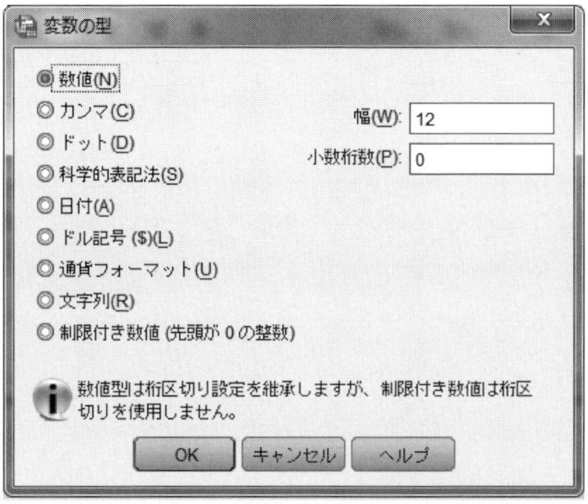

図1.6　「変数ビュー」での変数の型の選択画面

　それから，「変数ビュー」のなかで表示される「尺度」には，デフォルトでは不適切な尺度が表示されているケースが多いので，それぞれの変数の「尺度」の部分をクリックしてプルダウンメニューで表示される「スケール」「順序」「名義」のなかから該当するもの

13

を選択します（図1.7）。「スケール」とは間隔尺度と比率尺度に該当します。これで，SPSSで分析する準備は整いました。第2章以降に具体的な分析方法について説明します。

図1.7　SPSSの「変数ビュー」画面

第2章
評価尺度や要素などを抽出したいとき
―― 因 子 分 析 ――

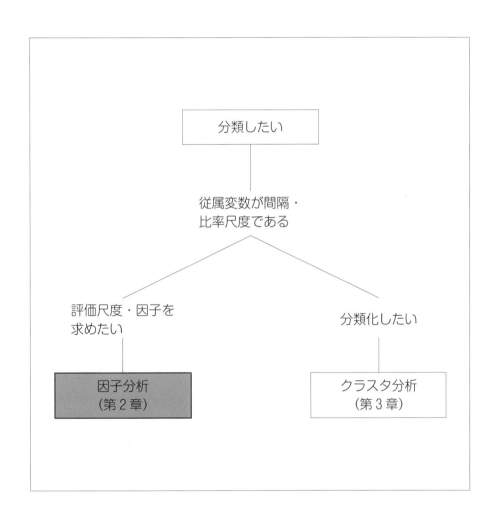

2.1 因子分析とは

近年,生徒が主体的に学習できる授業設計が重要だと謳われています。どうすればそれができるのでしょうか。あるいは主体的な学習能力があるかどうかを評価するには何を評価すればよいのでしょうか。これらの他にも要素を抽出したいケースはあります。学習意欲に大きく関係している要素は何だろう。ICT活用能力に必要な要素は何だろう。このような課題は,学校教育のなかでは絶えず発生します。これらはどのような要素,すなわち因子が関係しているのかを知りたいことと同じです。このような要素を抽出したいときに使う分析方法が因子分析です。質問で得られるデータは直接観測できる変数ですが,因子とはそれらの観測変数をいくつかまとめて,それらを代表する言葉に言い換えたものです。例えば,学習意欲を測るものとしていくつかの質問に対する重要性を尋ねたとき,「難しい問題でも解こうとする」「間違ったところをわかるまで学習する」「習ったことのない問題を解こうとする」といった質問項目が相互に関連しているものだと分析された場合に,これらの項目をまとめて表現する言葉として「学習への挑戦」と命名します。この「学習への挑戦」は複数の質問項目(観測変数)から導き出された潜在的な変数に相当するもので,これが因子と呼ばれるものです。この「学習への挑戦」という因子に,それぞれの質問項目が関係している強さを示しているのが因子負荷と呼ばれる値です。因子負荷の値が大きいほど,質問項目がその因子に強く関係していることを示します。そして「学習への挑戦」に関連する質問項目が重要だと分析されれば,「学習への挑戦」が行われているかを評価することが,学習意欲を評価するのに妥当であるという判断ができます。これは学習意欲を評価する一つの評価尺度にもなりますので,様々なものの評価尺度を求める場合にも因子分析が使われます。

因子分析では,自分が期待していた結果が容易に得られる場合はすっきりしますが,質問項目すべてが相互に関係が強い場合や,一方で因子分析をまったく意識せずに作成した相互に関連性のない質問項目を用いた場合などは,明瞭に因子を分類できない,また期待通りの結果が得られないことが多々あります。本章では,具体的なデータを利用して因子分析を行う手順や結果の見方,そして手順によって異なる結果が出力されるなどの事例を示しながら,留意点を含めて,因子分析を行う方法を説明します。

2.2 因子分析による「学習への動機づけ」に関連する要素の抽出

2.2.1 分析対象データ

実際に,SPSSを用いて因子分析を行ってみましょう。本書に添付されているExcelの「分析用データ」のシート「因子分析1」のデータを用いて因子分析を行ってみます。このデータは200人の被験者に「学習への動機づけ」に関連する質問を行った回答値を示し

ています(なお,このデータは架空のデータです)。その質問に対する回答値から「学習への動機づけ」に関わる因子を抽出しようとするものです。データの質問項目は,学習に対する動機づけが高まる状況を挙げたもので,それらに対して学習に対する動機づけが高まるかを「1:全くそう思わない,2:そう思わない,3:どちらとも言えない,4:そう思う,5:非常にそう思う」の5段階で評価してもらった結果を示しています。このように因子分析に用いるデータは,数値で表現されている必要があります。なおかつ間隔尺度や比率尺度でなければなりません。例えば,質問項目に「自分の夢をかなえようとする意欲に燃えている」という質問がありますが,これに対して「はい」「いいえ」で回答してもらう形式だと,この回答は名義尺度になりますので,因子分析には適しません。この事例は5段階のリッカート尺度のデータを表しています。リッカート尺度は正確には順序尺度であり,点数の間隔がどこでも同じという保証はありません。しかし,第1章でも述べたように,①母集団が正規分布に従っていること,②サンプルのサイズが大きいこと,③得られたデータの偏りがないことといった条件が満たされていれば,間隔尺度として扱っても問題ないという意見があります。実際に,多くの研究においてリッカート尺度が因子分析用データとして用いられています。

　得られたデータに極端な偏りがないことを確認するには,質問項目への回答のヒストグラムを見ると概要がわかります。図2.1はこのデータの質問項目のひとつである「常に目標が見えている」を例にとって回答値のヒストグラムと正規曲線を示したものです。このグラフから回答値に極端な偏りがなく正規曲線に近い分布をしていることが確認できます。なお,このグラフはSPSSのメニューの「分析」→「記述統計」を選択し,表示された画面の「図表」の設定で「ヒストグラム」を選択し,「正規曲線付き」に☑を入れると表示されます。

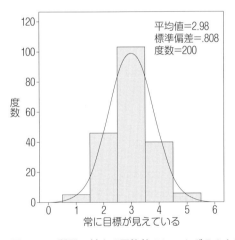

図2.1　質問に対する回答値のヒストグラムと正規曲線

　この他,因子分析の対象となる質問項目間のデータには直線的な相互関係がなくてはなりません。例えば,「年齢」に関する質問と「体力」に関する質問があったときに,体力

は年齢が増えると増加していきますが，さらに高齢になっていくと，今度は体力が低下するという現象が一般には見られます。これらのデータは上に凸の二次曲線のような関係になり，直線的な相互関係がありません。このような関係を示すデータは因子分析の対象データとしては適さないということです。

2.2.2　因子分析の実行

それでは，実際に因子分析を行っていきましょう。第1章の1.5に書かれた順序に沿ってSPSSに分析用データの「因子分析1」シートのデータを読み込みましょう。読み込んだら，メニューの「分析」→「次元分解」→「因子分析」を選択します（図2.2）。

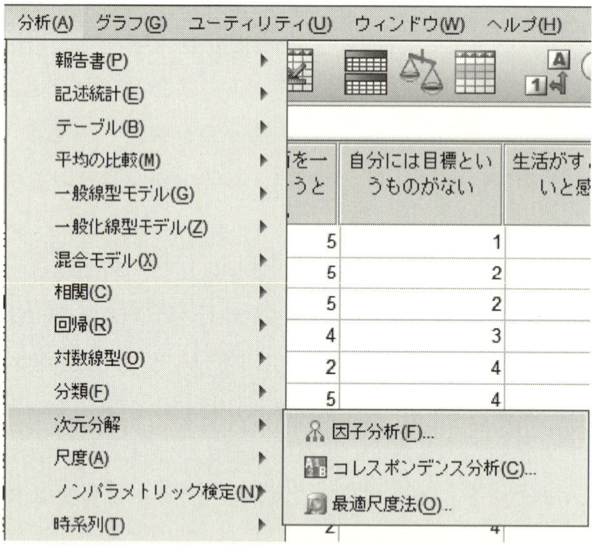

図2.2　因子分析実施メニュー

図2.3の「因子分析」画面の「変数」欄に因子分析の対象となる質問項目をすべて入力します（左欄で該当する質問項目を選択して「⇒」をクリックすると右側の「変数」欄に入力されます）。

図2.3画面右側メニューの「因子抽出」を選択すると図2.4の因子抽出画面が表示されます。「方法」にはデフォルトで「主成分分析」が選択されていますが，因子分析では「主成分分析」は使いません。因子分析法には最小2乗法や最尤法，主因子法などがありますが，よく使われているのが主因子法や最尤法です。データ数が少ないときなどは特に最尤法，あるいは主因子法では分析結果が出ないことがあります。最小2乗法は，質問項目数に対して被験者数が少ないときでも分析結果が表示されやすい特徴をもちますが，後述するように，因子分析は評価尺度など観測されない潜在変数を求める方法ですので，多くの被験者からデータを収集することが重要となります。すなわち，最尤法や主因子法で分析できないこと自体が，分析対象データとして適切ではないと言えますので，どの分析方法を用いても結果が表示されるデータであることが望ましいと考えられます。

図2.3　因子分析画面

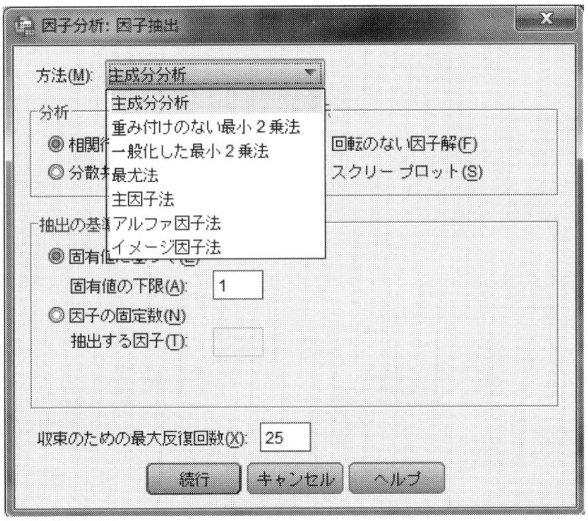

図2.4　因子抽出画面

「因子抽出」画面下に「収束のための最大反復回数」という表示があり，デフォルトで25と入力されています。因子分析では，各質問項目がある一つの要素に関連しているものと初期に設定し，その後分析を繰り返して，値が収束した時点の結果を出力として表示します。その分析を繰り返して行う回数を25回に設定しているということです。この値は分析者が変更できます。25回でも値が収束しない場合もあります。そのときには後述するように，因子負荷の出力結果データの下に「25回以上の反復が必要です」というメッセージが表示されます。その場合，25回では計算値がまだ収束されていませんので，さらに分析回数を増やす必要が出てきます。その反復回数をここに入力します。

先ほど「主成分分析」は選択しないと言いました。主成分分析は，主因子法で行う分析方法が用いられますが，繰り返し分析を行わない分析のことです。同じ分析方法を使っているので，図2.4のように「因子抽出」の方法として表示されていますが，抽出の考え

方が異なります。因子分析は複数の因子を抽出することを目的としていますが，主成分分析は，それらの複数の因子をまとめてできるだけ少ない主要な成分（因子とは呼ばず成分と呼びます）を求めるときに使うものです。例えば，何らかのデータを分析して，因子として「体重」と「身長」が抽出されたとしましょう。一般に体重と身長には関連があり，身長が高いと体重が大きいという傾向を示します。すなわち横軸に身長，縦軸に体重をとるとデータは右上がりの傾向を示すでしょう。これらのデータの分散が小さくなる軸を考えると，縦軸と横軸の間を斜めに通る直線，すなわちデータ群のなかを通る直線の軸がこれらのデータの傾向を表すことになります。この斜めに通る直線で表せる成分，すなわち複数の因子を統合した成分を求めるのが主成分分析です。この場合は体重と身長を統合したものですので成分名は「体格」とすることができそうです。

因子分析では「主成分分析」以外はどの方法を用いてもよいのですが，以下は一般によく使われている「主因子法」を用いたときの分析結果を表します。

2.2.3 因子数の決め方

因子分析で初めに行うことは因子の数を決めることです。もちろん因子数を設定しなくても SPSS は自動的に判断して因子数を出力してくれますが，分析者が決めることもできます。因子数を決める方法には(1)「スクリープロット」というグラフから導き出す，(2)固有値≧1以上（カイザーガットマン基準）の因子の個数から導き出す（これが SPSS が自動的に判断しているものです），(3)分析者が自分で因子の数を決めるという3つの方法があります。

図2.4の「因子抽出」画面を見ると，「抽出の基準」として「固有値に基づく固有値の下限」に「1」がチェックされています。これは，カイザーガットマン基準がデフォルトで設定されていることを表しています。SPSS ではこれを条件に因子数が出力されます。すなわち，特に因子数を設定しなくても分析は実行されます。このように因子数は自動でも求められますが，因子数をスクリープロットから求める方法を説明しましょう。このグラフから因子数の妥当性の予測がつきます。図2.4の「因子抽出」画面の「スクリープロット」に☑を入れて「続行」そして「OK」をクリックすると，図2.5に示すグラフが表示されます。このグラフの特徴は，縦軸の固有値が因子の番号の増加に対して急激に減少し，その後なだらかな直線上に乗る傾向を示すことです。因子番号が大きい方からプロットに沿って直線を引くと，その直線上から外れる点が出てきます。図の○印をつけたものがそれらに該当します。この数がスクリープロットから想定される因子の数になります。この場合，3個の因子が想定されますが，この数は固有値が1以上になる個数と同じですので，スクリープロットとカイザーガットマン基準で求めた因子の数は同じになっています。本ケースのスクリープロットは，急激に減少する部分とその後のなだらかな傾向になる臨界が比較的明確にわかりますが，データによってはこの境目がわかり難い場合もあります。その場合には，分析者が納得でき，かつ論理的に説明できる結果を出すために，

意図的に因子数を設定して分析を繰り返すなどの方法も必要です。そのときは,「因子分析」画面の「抽出の基準」の「因子の固定数」に分析者が入力します。この事例について2.5節で後述します。

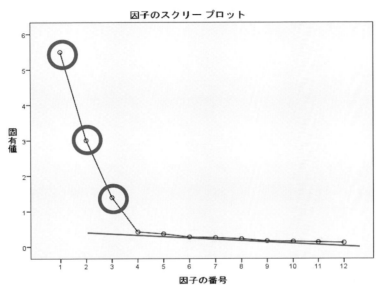

図2.5　スクリープロット

2.2.4　因子の抽出

それでは実際の因子分析の結果を見てみましょう。図2.3の「因子分析」画面で,「回転」をクリックし,表示された画面の「方法」で「なし」を選択します（図2.6）。「続行」をクリックすると,再度図2.3の「因子分析」画面が表示されますので,「OK」をクリックします。

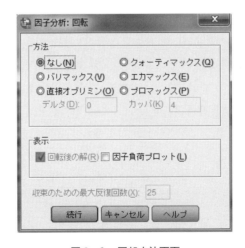

図2.6　回転方法画面

分析が開始され,表2.1に示す因子の初期の固有値と抽出後の負荷量平方和が記述さ

れた結果が出力されます。この表を見ると3つの因子が抽出され，3つの因子抽出後の負荷量平方和の累積を見ると，3つの因子で全体の77.015％を説明できることがわかります。すなわち，すべての質問項目が因子1～3のいずれかに関連している割合が，全部で77％程度であるということがわかります。これら3つの因子を「共通因子」と言います。しかし，まだ，23％は説明できない因子が残っています。それらは出力結果からはわかりません。このような隠れた因子を「独立因子」と呼びます。因子分析では，各質問項目ができるだけ高い割合で共通因子に関連し（累積％値が大きい），かつ各質問が因子別にきれいに分類されることが望ましいことです。このようなきれいな分類化がなされるためには，質問項目の内容が大きく依存します。

表2.1　説明された分散の合計

因子	初期の固有値			抽出後の負荷量平方和		
	合計	分散の％	累積％	合計	分散の％	累積％
1	5.499	45.823	45.823	5.280	43.997	43.997
2	3.007	25.054	70.877	2.782	23.187	67.184
3	1.394	11.620	82.497	1.180	9.831	77.015
4	.419	3.488	85.986			
5	.363	3.024	89.010			
6	.275	2.290	91.300			
7	.258	2.150	93.450			
8	.222	1.850	95.300			
9	.163	1.355	96.655			
10	.150	1.253	97.908			
11	.134	1.115	99.023			
12	.117	.977	100.000			

因子抽出法：主因子法

そこで，まず，質問項目の妥当性を見てみましょう。これを調べることにより因子分析がうまくいくかどうかが推定できます。図2.3の「因子分析」画面の「記述統計」を選択し，「相関行列」のなかの「KMOとBartlettの球面性検定」に☑を入れて分析すると，表2.2に示す結果が表示されます。この表の「標本妥当性の測度」の値は質問項目間の関係の大きさを見る目安となります。項目間の関係がある程度大きくなくては因子分析がうまくいきません。共通因子が見つからないことになります。この値が1に近い方が因子分析がうまくいくとされ，0.5以下は不十分だと言われています。本事例は0.881ですからかなりよいと判断されます。

表2.2　KMOおよびBartlettの検定

Kaiser-Meyer-Olkinの標本妥当性の測度		.881
Bartlettの球面性検定	近似カイ2乗	2090.094
	自由度	66
	有意確率	0.000

それでは，因子分析でもっとも重要な結果である「各質問が因子に対してどれほど関連しているか」を示す因子負荷を見ていきましょう。これまで述べた条件を設定した後，図２．３の「OK」をクリックすると結果が表示されます。そのなかの表２．３に示す「因子行列」表が因子負荷を表しています。質問項目ごとに３つの因子に対する値が表示されています。これらの値がそれぞれの因子に関連する強さを示しているもので，因子負荷と呼ばれるものです。因子負荷はおおよそ－１～＋１の範囲で表示され，絶対値が大きいほどその因子に強く関連していることを意味します。またプラスは因子に対して正の関連性，マイナスは負の関連性があることを意味します。

表２．３　因子行列 [a]

	因子		
	1	2	3
学習計画が立てにくい	.871	.100	.342
内容が親しみやすくない	.865	.037	.322
何に役立つかわかり難い	.841	.092	.360
目標がはっきりしていない	.820	.146	.279
常に同じ学習をしている	.754	-.133	-.393
知覚的に感じる面白さがある	-.703	.165	.245
自分と違う人の意見を聞く	-.702	.246	.556
気分転換しながら学習する	-.612	.321	.372
自分のペースで学習できる	-.082	.871	-.176
常に目標が見えている	.318	.865	-.160
失敗しても問題がなさそうである	-.346	.756	-.161
一歩ずつ確かめて学習が進められる	.486	.674	-.083

因子抽出法：主因子法
　a. ３個の因子が抽出されました。９回の反復が必要です。

　表２．３の結果では因子１に強く関連する項目から順に表示され，その次に因子２に関連する項目の大きい順……といった並び順で表示されています。このように表示するとそれぞれの因子に関連する項目がわかりやすくなります。図２．３「因子分析」画面の右側にある「オプション」を選択し，「係数の表示形式」の「サイズによる並び替え」に☑を入れると，このような因子負荷の大きい順に表示されます。

　表２．３の「因子行列」の結果を見ると，それぞれの質問項目の因子１，２，３に関連している強さがわかります。１つの因子にだけ強く関連している項目もあれば，「自分と違う人の意見を聞く」という質問など，複数の因子に強く関連している項目も見られます。どの因子に強く関連しているかを判断するために，因子負荷の大きさの基準となる臨界値が必要です。一般には絶対値0.4以上が基準とされていますが，0.35以上を基準としている論文も多く見受けられます。表２．３で，太字で書かれている因子負荷の値は絶対値が0.35以上であるものを示しています。

　因子を抽出する場合に，個々の質問がいずれか１つの因子に強く関連している結果の方が，適切な因子を求めやすくなります。すなわち，質問がそれぞれの因子ごとに分けられ

た方が，因子を命名しやすくなります。この結果では，因子1と因子3，あるいは因子1と因子2の両方の因子に強く関連している質問項目が見られます。また，因子3に強く関連している質問項目はすべて因子1に強く関連する結果となっていますので，因子3が因子1に含まれる下位因子であるかのように見え，因子が明確に分類されていません。

　そこで，質問項目がいずれか1つの因子に強く関連しているように分類する方法を行ってみましょう。それは軸を回転させることです。軸とは因子を決めるための軸です。この設定は，図2.6の「因子分析　回転」画面の「方法」を選択し，そのなかの「回転方法」を選択することにより可能です。「回転」画面の「なし」は，回転しない場合の分析で，その結果は表2.3で示した通りです。一方，「バリマックス」「クォーティマックス」「エカマックス」は2つの軸がなす角を90度に保ったまま回転させて分析する方法，さらに，「直接オブリミン」「プロマックス」は2つの軸を任意の角度で独立させて回転させて分析する方法です。前者を直交回転，後者を斜交回転と呼びます。軸を回転させると，なぜ質問項目が1つの因子に強く関連するように見えるかを説明しましょう。

　図2.7は横軸を因子1，縦軸を因子2として，それぞれ5個のA群の質問項目データとB群のデータがあることを示しています。実線で示す「回転なし」の場合，A群のデータは因子2に強く関連しています（因子2の大きい部分に位置する）が，B群は因子2にはあまり関連していません。ところが，因子1に関しては，A群，B群のデータとも強く関連している結果となっています。因子別にデータが明確に分類されている状態ではありません。

　ここで軸を回転させてみます。破線で示すように，2つの軸のなす角を90度に固定して回転させた軸を用いた（直交回転）場合，Aは因子2には強く関連し，因子1には弱い関連を示します。一方，B群は因子1に強く，因子2へは少し弱く関連しているように見えてきます。A群，B群がどちらかの因子に強く関連している傾向は見えてきましたが，それでもまだ明瞭に分類されて見えません。次に，2つの軸をそれぞれ任意に動かした斜交回転の場合（一点鎖線の軸）を見てみると，Aは因子2に強く関連していますが，因子1への関連は小さくなっています。一方，Bは因子1に強く関連していますが，因子2への関連は小さくなっています。このように軸を回転させることにより，質問項目がいずれか一つの因子に強く関連付けられた結果を出せるようになります。いずれの回転方法を用いても構いませんが，一般にSPSSで直交回転として用いられているのが「バリマックス回転」，斜交回転として用いられるのが「プロマックス回転」です。

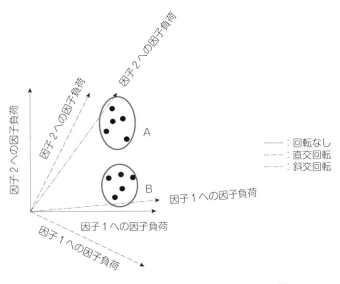

図2.7 軸を回転した時のデータと因子との関係

　表2.3は回転なしの条件で分析した結果でしたが，今度は回転させて同じデータを分析してみましょう。表2.4に「バリマックス回転」を行って得られた結果を示します。出力結果のなかに「因子行列」という結果が出てきますが，その後に表示される「回転後の因子行列」が因子負荷を表しています。表2.3の結果と比較すると，それぞれの質問項目がいずれか1つの因子に強く関連する傾向が出てきているようです。しかし，まだ明確に区別されていません。±0.35を基準とした場合，「知覚的に感じる面白さがある」と「一歩ずつ確かめて学習が進められる」の質問項目は因子1と因子3の2つの因子に強く関連している結果となっています。

表2.4 「バリマックス回転」後の因子負荷

	因子		
	1	2	3
学習計画が立てにくい	.899	−.271	.060
何に役立つかわかり難い	.886	−.242	.045
内容が親しみやすくない	.873	−.299	.005
目標がはっきりしていない	.826	−.273	.118
自分と違う人の意見を聞く	−.167	.913	.025
常に同じ学習をしている	.322	−.797	.040
気分転換しながら学習する	−.202	.742	.156
知覚的に感じる面白さがある	−.371	.666	.037
常に目標が見えている	.258	−.086	.895
自分のペースで学習できる	−.061	.155	.877
失敗しても問題がなさそうである	−.271	.302	.743
一歩ずつ確かめて学習が進められる	.412	−.187	.702

因子抽出法：主因子法
回転法：Kaiserの正規化を伴うバリマックス法
a. 4回の反復で回転が収束しました。

次に，斜交回転の「プロマックス回転」を行った時の分析結果（表2.5）を見てみましょう。プロマックス回転では因子負荷の値は「因子行列」ではなく，「パターン行列」の結果を見ます。因子負荷を±0.35あるいは±0.4を基準としたとき，それぞれの質問項目がいずれか1つの因子に強く関連するきれいな結果が出ています。このように斜交回転を用いることにより因子の分類が明確になっていることがわかります。

表2.5 「プロマックス回転」後の因子負荷

パターン行列 [a]

	因子		
	1	2	3
学習計画が立てにくい	.961	.033	-.006
何に役立つかわかり難い	.959	.065	-.022
内容が親しみやすくない	.926	-.005	-.056
目標がはっきりしていない	.866	-.005	.061
自分と違う人の意見を聞く	.169	1.022	-.033
常に同じ学習をしている	.057	-.826	.074
気分転換しながら学習する	.041	.790	.118
知覚的に感じる面白さがある	-.179	.642	.020
常に目標が見えている	.164	-.090	.893
自分のペースで学習できる	-.118	.071	.886
失敗しても問題がなさそうである	-.294	.175	.759
一歩ずつ確かめて学習が進められる	.331	-.129	.690

因子抽出法：主因子法
回転法：Kaiserの正規化を伴うプロマックス法
a. 4回の反復で回転が収束しました。

表2.5の結果から因子を抽出してみましょう。因子1に強く関連している質問項目は，「学習計画が立てにくい」「何に役立つかわかり難い」「内容が親しみやすくない」「目標がはっきりしていない」という項目です。これらの内容に共通するものとして，「やりがいのない学習」が考えられそうです。これを因子1に命名します。因子を何と命名するかは分析者が考えることです。同様に，因子2に強く関連している質問を見ると，「自分と違う人の意見を聞く」「常に同じ学習をしている」「気分転換しながら学習する」「知覚的に感じる面白さがある」という4つの質問項目であることがわかります。これらの項目から因子2を「変化のある学習」としましょう。これらのなかで，「常に同じ学習をしている」という項目の因子負荷を見ると−0.826と負の値を示しています。これは「常に同じ学習をしている」という質問が，因子2に関連する他の質問項目と逆転する内容になっているためです。因子3に関連している質問項目は「常に目標が見えている」「自分のペースで学習できる」「失敗しても問題がなさそうである」「一歩ずつ確かめて学習が進められる」ですので，これらの項目から因子3を「やればできそうな学習」と解釈することができます。

結果として「やりがいのない学習」「変化のある学習」「やればできそうな学習」が学習

の動機づけに関連する因子として抽出されました。なお，余談ですが，因子1に関連する質問項目はすべて学習の動機づけに対する逆転項目となっています。そこで，これらの質問を「学習計画が立てやすい」「何に役立つかがわかりやすい」「内容が親しみやすい」「目標がはっきりしている」と肯定的な内容に変え，回答値も5→1，4→2，3→3，2→4，1→5に置き換えて分析してみると，表2.5に示す因子負荷の結果とまったく同じ結果が得られます。因子1に関連するすべての質問項目を逆転させていますので，符号も変わりません。この場合の因子1は「やりがいのない学習」ではなく，「やりがいのある学習」といったように因子の名称も逆の内容に転じます。また，因子2では「常に同じ学習をしている」がマイナスの負荷を示し，因子2に対して負の関係をもっていますが，この質問も逆転させ，「常にパターンの異なる学習をしている」に変え，回答を逆，すなわち5→1，4→2，3→3，2→4，1→5に置き換えて，同様に因子分析すると－0.826は0.826と正負が逆転した結果が得られます（このようなデータを置き換えて分析する方法は2.6節で後述します）。

　直交回転の場合は軸が直交している，すなわち軸同士が相互に関係ないことを意味します。一方，斜交回転の場合は2つの軸の交差角が90度でない，すなわち軸同士（因子同士）が何らかの関係を有することを意味しています。そのため，プロマックス回転で分析した場合には，出力結果の最後に「因子相関行列」という結果が表示されますが，これは因子間に相関があることが前提となっていることから，出力結果として表示されているのです。

　因子分析で抽出された因子同士は相互に何らかの関係があるのが一般的です。というのは，ある事柄に対する評価尺度を示す因子を複数個抽出した場合，評価を行う尺度（因子）がまったく関連のないもの同士というのは稀で，相互に関係があるのが普通だからです。すなわち，本書では「回転なし」の分析方法から説明しましたが，分析方法として初めから斜交回転を用いても問題ありません。むしろ，その方が実際の分析に適合しているとともに，質問項目も1つの因子に強く関係づけられるような結果が出やすくなります。

2.3　因子分析結果の正しさの判断

　今回のサンプルデータでは，表2.5の因子負荷からわかるように，どの質問項目も1つの因子に強く関連したきれいな結果が出ています。しかし，一般的に，因子分析を行ってもきれいに分類されない場合が多く出てきます。1つの質問項目が2つ以上の因子に強く関連する場合や，いずれの因子にも強く関連しない質問項目がよく出てきます。この場合，これらの質問項目を削除して，残った質問項目で再度因子分析を行うことが推奨されています。ところが，削除して因子分析を行うと，それまである因子に強く関連していた質問項目が異なる因子に強く関連するようになったり，今まで1つの因子に強く関連していた質問項目が，今度は複数の因子に強く関連する結果になったりします。そうすると，

また複数の因子に関連する質問項目を削除して，再度因子分析を行うといったプロセスを繰り返すことにもなり，その過程で重要な質問項目が削除され，明確な説明ができ難い結果となることも出てきます。いずれの因子にも強く関連しない質問項目や，複数の因子に関連する項目を削除してよいかどうかは，分析者が判断する必要があります。因子分析は分析方法や回転方法を変えることにより，また2.5節で後述するように分析の見方を変えて行う，例えば，初期の因子数を変えてみるなどの方法を用いると，異なる結果が出てきます。すなわち，因子分析結果は唯一ではないということです。そう言うと，どの結果を信じればよいか不安になりますが，重要なのは分析結果が分析者にとって論理的に矛盾なく，また明確に説明し得る結果であるかどうかということです。説明できない結果であれば，分析方法や回転方法などを変えて，因子分析を行ったり，因子の数を自分が予想する数に設定して因子分析を行ったりするなど，様々な方法で分析してみることが重要です。

また，結果だけではなく分析データにも問題ないか振り返ることも重要です。例えば，被験者数が少ないと分析結果が出てこなかったり，稀有な例ですが，1つの質問項目の回答値がすべて同じ回答値だったりすると，「変数の分散がゼロ」となるため分析がなされないという結果が出てきます。

2.4 評価尺度を求めたいとき

2.4.1 質問項目の重要性

2.1の事例は「動機づけを高める学習」の因子を抽出しました。因子分析は冒頭で述べたように評価尺度を求めるときにも使います。この事例も動機づけを高める学習を評価するための一つの尺度になっているとも言えます。一般に，評価する尺度を求めたい場合には，あらかじめどのような因子が重要であるかを予測することが重要です。例えば，教員の教育におけるICT活用能力の評価尺度を想定した場合には，因子として「授業でのICT活用」「児童への指導力」「情報モラル指導」「校務でのICT活用」などが考えられそうです。これらはあくまで予想の段階に過ぎませんが，予想した項目に関する質問が調査の中に含まれなければ，因子分析した場合にもそれらの因子が抽出されないことになります。情報モラルに関連する質問が調査項目のなかにまったく含まれていなければ，情報モラルに関連する因子は抽出されないということです。もちろん，予想した上で考えた質問項目を使って分析したとしても，予想と異なる因子が抽出され，かつそれが的確だと判断される場合もあります。

おおよその因子が予測できれば，それらの因子に関連しそうな具体的な質問項目を作成します。本ケースではICT活用能力としての重要性や必要性を尋ねます。例えば，授業でのICT活用に関連する質問として「児童・生徒の興味を引き出すためにICTを使って資料を提示する」，情報モラル指導に関連する質問として「SNS利用での情報漏えいの危険性を説明できる」といった質問を挙げ，それらに関して「教員の教育におけるICT活

用能力」として重要であるかをリッカート尺度で回答させるようにします。このとき，それぞれの因子に関連する質問を少なくとも3つ以上考えた方がよいです。一つの群にまとまった質問数が少ないと，その群を因子として取り上げるべきかという判断に迷います。一方，あまりにも多すぎると質問が明確に因子別に分かれなかったり，回答者にとっても多すぎる質問への回答は負担がかかったりしてしまいます。また，調査を行う被験者は質問数の5倍から10倍は必要だと言われています。当然とも言えることですが，評価尺度を求める場合には，尺度の信頼性を高めるうえでも，多くの被験者からのデータを得る必要があります。また，質問項目数に比較して被験者数が少ないと，因子分析しても分析結果が出ない（分析されない）ことも出てきます。

　被験者として誰を対象にするかも考えなくてはなりません。教員の教育におけるICT活用能力として重要なものを調査する場合，学校教育にまったく関係のない人に対して調査しても意味がないでしょう。実際に教育に従事している教員，あるいは教員を目指す学生を対象に行う場合でも，実際の教育現場でICTを利用している教員と，実践経験のない学生では回答が異なる可能性もあります。ICT活用能力に対する意識の違いを調べるのであれば別ですが，評価尺度を求める場合には，前者の方が被験者としては望ましいと考えられます。社会生活におけるICT活用能力の評価尺度を求める場合には，日頃ICTを使っている学生でもよいでしょう。このように評価尺度を求める場合には，被験者の選定も重要となります。

2.4.2　因子の重要度の判断

　調査したデータが得られたら，2.2節で説明した流れで因子分析を行います。ここで注意する必要があるのは，必要性や重要性が低い回答がなされたとしても，それらの質問群が相互に関連していれば因子として抽出されることです。すべての回答が「どちらでもない」「あまり重要でない」「全く重要ではない」と回答したとしても，因子として抽出されることになります。その場合，重要と判断されないものまで評価尺度とするのは問題が出てきます。

　評価尺度としてどの因子が重要なのかを判断するにはどうすればよいでしょうか。一般的に行われている方法は，因子に関連する質問項目に対する被験者の回答の平均値を，因子間で比較して判断することです。2.2節の結果を基にして説明すると，因子1に強く関連している質問項目は，「学習計画が立てにくい」「何に役立つかわかり難い」「内容が親しみやすくない」「目標がはっきりしていない」です。これらの質問に対して全被験者の回答値の平均をとり，さらにこの4つの質問間での平均値をとります。同様に因子2については「自分と違う人の意見を聞く」「常に同じ学習をしている」「気分転換しながら学習する」「知覚的に感じる面白さがある」という項目に対する回答値の平均値を求めます。そして，因子3は「常に目標が見えている」「自分のペースで学習できる」「失敗しても問題がなさそうである」「一歩ずつ確かめて学習が進められる」の回答値の平均値を求めま

す。ここでこの事例のように反転項目が含まれる場合には留意が必要です。因子1に対する質問はすべて逆転項目になっていますので，「学習の動機づけ」に「やりがいのない学習」は負に関連する因子ということを意味します。すなわち，これらの回答値が高いほど学習への動機づけが低いことを意味します。同様に因子2に関連している「常に同じ学習をしている」という質問も逆転項目になっています。このように逆転項目が含まれる場合には，回答値を変換して，すなわち，5→1，4→2，3→3，2→4，1→5に置き換えて計算しなければなりません。これは評価尺度を求める質問項目に対して必要性や重要性を尋ねている場合に，点数が高いほど必要性や重要性が高いと判断されるものと，その逆の意味を成すものが混在すると，尺度としての重要性が判断できなくなるからです。ちなみに本事例で前述した逆転項目の回答値を変換して算出した結果は，因子1が2.89，因子2が3.08，因子3が2.93となります。この場合，点数が高いほどその因子の重要性や必要性が高いと判断される回答値ですので，因子2，因子3，因子1の順に尺度としての重要性が高い因子であると言えます。

　一般に，因子の重要性を求める場合は，このような被験者の回答結果から求めることで十分だと思いますし，多くの論文でもこの方法が採用されています。しかし，より厳密な求め方は因子得点と呼ばれる値を用いることです。その方法を，同様に2.2節の事例を用いて説明しましょう。表2.5の各質問項目の因子への負荷をよく見ると，因子1に関連している質問項目は因子1だけに関連しているのではなく，因子2，因子3にもいくらかの因子負荷をもっていることがわかります。すなわちそれらの因子にも関連しているということです。同様に因子3に強く関連している質問項目であっても，因子1および因子2にもいくらか関連しています。例えば，因子3に強く関連している質問項目である「失敗しても問題がなさそうである」は，因子3への負荷は0.759ですが，因子1には−0.294，因子2には0.175の負荷を有しています。このように，因子3に関連するといっても，因子3だけではなく，因子1および因子2にも関連しているわけです。このような他の因子への影響を考慮して分析するのが「因子得点」を使って求める方法です。因子得点とは被験者個人が，質問項目をどの程度評価しているかを示しているもので，個人ごとにまた因子ごとに異なる数値を示します。

表2.6 SPSSの「因子得点」によって算出された被験者ごとの標準化された結果

被験者	FAC1_1	FAC2_1	FAC3_1
1	-1.741	2.282	2.637
2	1.256	1.800	2.761
3	-1.896	1.491	-1.860
4	-0.134	1.379	0.200
5	1.189	-0.321	-0.290
6	1.229	-0.259	-1.015
7	-0.423	-0.204	1.331
8	0.006	0.081	-0.500
9	0.268	0.734	-0.237
10	-0.486	-0.966	-0.321

　SPSSでは因子得点を求める場合には，図2.3「因子分析画面」の右側メニューの「得点」を選択します。「因子得点」画面が表示されますので，「変数として保存」および後述する「因子得点係数行列を表示」にチェックを入れて分析します。そうすると「データビュー」にFAC_1，FAC2_1，FAC2_3という列が表2.6のように自動作成されます（表2.6は10人の被験者の部分だけを表示しています）。被験者1を見ると，因子1の算出結果は-1.741，因子2では2.282，因子3では2.637という結果が出ています。これらの値は標準化された値で，平均値を0，標準偏差を1として計算されたものです。この値から被験者1が他の被験者と比較して，各因子をどの程度評価しているかが推定できます。この値が0であれば平均値ですので，他の人と同じ程度に評価していることを意味します。因子1の-1.742という値は標準偏差の1.7倍の負の値ですので，他の人に比べてかなり低く評価していることがわかります。因子2および因子3に関してはいずれも標準偏差が2.282と2.637ですので，こちらは逆に非常に高く評価していることがわかります。

　標準化されていない因子得点を求めるのは少し厄介です。それぞれの回答値が因子に関わっている重み付けを求める必要があります。この重み付け係数は上記で説明したように「因子得点」画面で「因子得点係数行列を表示」にチェックを入れると出力結果に表示されます。その結果を表2.7に示します。

表 2.7　因子得点係数行列

	因子		
	1	2	3
内容が親しみやすくない	.252	-.050	-.013
知覚的に感じる面白さがある	-.037	.129	.009
常に目標が見えている	.053	-.047	.477
常に同じ学習をしている	.016	-.191	.011
目標がはっきりしていない	.140	-.004	.021
自分のペースで学習できる	-.022	.039	.284
自分と違う人の意見を聞く	.007	.506	-.001
一歩ずつ確かめて学習が進められる	.047	-.036	.144
何に役立つかわかり難い	.233	-.003	-.011
気分転換しながら学習する	-.003	.143	.031
失敗しても問題がなさそうである	-.050	.070	.193
学習計画が立てにくい	.326	-.019	-.017

因子抽出法：主因子法
回転法：Kaiser の正規化を伴うプロマックス法
因子得点の計算方法：回帰法

　この重み付け係数を回答値に乗じた値が因子得点を求める際の回答値になります。このとき回答値は標準化された値を用います。表 2.8 を見ましょう。表 2.8 は，説明のために被験者 1 の因子 3 に関連する 4 つの質問項目だけを取り出したものです。被験者 1 が回答した値と，その値を平均値 0，標準偏差が 1 になるように標準化した回答値を示しています。（標準化した回答値はメニューの「分析」→「記述統計」→「記述統計」を選択して表示された「記述統計量」画面の「標準化された値を変数として保存」にチェックを入れると「データビュー」にその値が追加されて表示されます）。表 2.8 の重み付け係数は表 2.7 に示されている値です。標準化された回答値に表 2.7 に示された因子得点係数，すなわち重み付け係数を乗じた値を求めます。これらを質問項目で合計した値が因子得点となります。表 2.8 は被験者 1 の因子 3 に関する項目だけを取り上げていますので，当然，因子 3 に対する因子得点は他の因子得点に比較して高くなっています。

表 2.8　因子 3 に対する被験者 1 の回答値と因子得点係数から求めた因子得点

	被験者1の回答値	標準化された回答値	重みづけ係数（因子得点係数）			標準化された回答値×重みづけ係数		
			因子1	因子2	因子3	因子1	因子2	因子3
常に目標が見えている	5	2.500	.053	-.047	.477	0.132	-0.118	1.193
自分のペースで学習できる	5	2.440	-.022	.039	.284	-0.055	0.096	0.693
失敗しても問題なさそうである	5	2.505	-.050	.070	.193	-0.124	0.176	0.483
一歩ずつ確かめて学習が進められる	4	1.167	.047	-.036	.144	0.055	-0.002	-0.005
因子得点						0.009	0.152	2.363

　このようにして，被験者 1 に対してすべての質問項目を対象として表 2.8 に示す計算

を行います。そうすると，被験者1における因子1，因子2，因子3に対する重要性が求まります。これらの因子得点を全被験者に対して求めて，その結果からどの因子がもっとも重要と考えられているのかを算出できます。

今，どの因子が重要であるかを厳密に求めるときに，因子得点を考慮して計算すると説明しましたが，これまで述べているように因子負荷の大きさは，因子分析法を変えたり，回転方法を変えたりすることによって変わります。すなわち因子負荷そのものの大きさは分析法によって変わるものです。また，当然これらの条件を変えると，標準化された因子得点や重み付け係数（因子得点係数）も変わりますので因子得点も変わります。そうすると，因子得点を使って計算した値の正確性も厳密ではないということになります。因子得点は因子の重要性を因子間で相対的に比較する値として利用できますが，因子の重要性については，前述したように被験者の回答値から求めた数値で判断しても十分であると思います。

2.4.3　質問項目の信頼性

評価尺度となる因子が抽出できたら，その因子の内容に即した質問項目が具体的な評価項目になります。因子分析に用いた質問項目も，個々の因子を具体的に評価する項目になり得ます。そこで重要となるのが，それらの各質問項目に一貫性があるかどうかといった内的整合性です。これは，その因子を評価するための適切な質問項目になっているかを調べるものです。これらは，一般的にクローンバックのα係数の大きさから判断されます。α係数はSPSSのメニューの「分析」→「信頼性の分析」から算出できます。

ここで2.2節で利用した事例結果を用いて項目間の信頼性を調べる方法を説明しましょう。図2.8「信頼性分析」画面に因子1に強く関連する質問項目だけ入力してα係数を求めると，表2.9に示すように0.953という値が得られます。

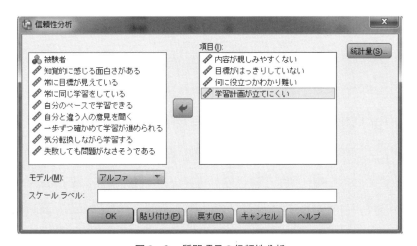

図2.8　質問項目の信頼性分析

表2.9 因子1の各質問の信頼性統計量

Cronbach のアルファ	項目の数
.953	4

係数が0.8程度であれば質問項目の一貫性が保たれていると判断されますが，質問項目数が少ないとα係数が小さくなる傾向があります。あくまでも目安と捉えればよいでしょう。また，因子分析で関連する群として抽出されたわけですから，α係数は妥当な値が得られるのは当然のことです。ここで，α係数を求めるときに留意しなければならないのは逆転項目がある場合です。表2.5では，因子2に強く関連する質問項目として「常に同じ学習をしている」という項目の因子負荷が-0.826という値を示しています。このままα係数を求めると表2.10が示すように-0.282という小さな値とメッセージが出てきます。α係数を求める場合には，「常にパターンの異なる学習をしている」という質問項目への回答に変換してから（5→1，4→2，3→3，2→4，1→5に置き換える）α係数を求める必要があります。そうすると，表2.11に示すように0.891という妥当な結果が得られます。α係数が妥当な値であることから，「自分と違う人の意見を聞く」「常に同じ学習をしている」「気分転換をしながら学習する」「知覚的に感じる面白さがある」という質問は「変化のある学習」という因子に関連する質問項目（「常に同じ学習をしている」は逆転項目として）として整合していることがわかります。

表2.10 因子2の各質問間の信頼性統計量

Cronbach のアルファ[a]	項目の数
$-.282$	4

a. 項目間の平均共分散が負なので，値が負になります。これは，信頼性モデルの仮定に反しています。項目のコーディングをチェックしてください。

表2.11 因子2の各質問間の信頼性統計量

Cronbach のアルファ	項目の数
.891	4

2.5 方法によって異なる分析結果

ここでは，因子分析の方法を変えると抽出される結果が異なる場合を説明します。用いる分析用データは「因子分析2」です。このデータはシルバーカレッジにおいてグループ学習を行ったことに対する効果を学生に尋ねたデータです。学生はすでに退職した高齢者で，退職した後も学習に興味をもつ人たちであり，そのような学生がグループ学習をどのように捉えたか，どのような効果が見られたかを調べたものです。Q1からQ13までの質問に対し177人の学生に対して，「1：全くそう思わない」「2：そう思わない」「3：そう思う」「4：非常にそう思う」の4段階で回答してもらった結果です。

このデータを用いて因子分析を行ってみましょう。

まず，図2.9のスクリープロットから因子数を推定すると因子が2個もしくは3個存在するように見えます。次に，主因子法によりプロマックス回転後の因子負荷を求めた結果を表2.12に示します。この結果を見ると，因子が3個抽出されています。3つ目の因子の固有値は1.043で，ぎりぎり固有値≧1の条件から抽出されているようです。因子負荷が±0.35以上である値を見ると，「Q7 グループ内で意見が対立することがあった」「Q9 学友の励ましでグループ学習を続けることができた」の2項目が因子1と因子3の両方と強く関連していることがわかります。そこで，この2つの項目を削除して，改めて主因子法を用いプロマックス回転で因子分析を行いました。その結果を表2.13に示します。

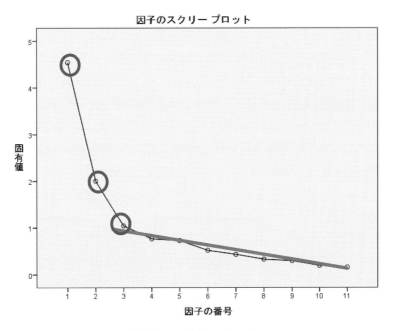

図2.9 スクリープロット

表2.12 パターン行列 [a]

	因子		
	1	2	3
Q11　グループ学習を通して学ぶ楽しさを知った	.902	.085	-.186
Q12　グループ学習を通して学びの達成感を得た	.777	.077	-.042
Q1　グループ学習に新鮮さを感じた	.767	.095	-.104
Q13　グループ学習で日々の生活が活動的になった	.737	-.023	-.006
Q8　学友の意見はグループ学習に役立った	.635	-.126	.269
Q10　学友と協調（協同）してグループ学習に取り組んだ	.591	.074	.113
Q7　グループ内で意見が対立することがあった	-.434	.116	.400
Q9　学友の励ましでグループ学習を続けることができた	.413	-.281	.406
Q3　フィールドワークに積極的に出かけた	.023	1.001	-.043
Q2　グループ学習はほぼ欠かさず出席した	.057	.698	.154
Q6　自ら考え主体的にグループ学習に取り組んだ	-.015	.363	.329
Q5　グループ学習のため公共図書館をよく利用した	-.092	.067	.690
Q4　グループ学習日以外でも自主的に学習した	.181	.238	.576

因子抽出法：主因子法
回転法：Kaiserの正規化を伴うプロマックス法
a. 7回の反復で回転が収束しました。

表2.13　Q7およびQ9を削除して再分析した因子負荷

	因子		
	1	2	3
Q11　グループ学習を通して学ぶ楽しさを知った	.938	.023	-.148
Q1　グループ学習に新鮮さを感じた	.802	.090	-.142
Q12　グループ学習を通して学びの達成感を得た	.779	-.021	.055
Q13　グループ学習で日々の生活が活動的になった	.730	-.065	.021
Q8　学友の意見はグループ学習に役立った	.606	-.135	.239
Q10　学友と協調（協同）してグループ学習に取り組んだ	.568	.130	.034
Q3　フィールドワークに積極的に出かけた	-.007	.925	.023
Q2　グループ学習はほぼ欠かさず出席した	.024	.811	.061
Q4　グループ学習日以外でも自主的に学習した	.129	-.017	.867
Q5　グループ学習のため公共図書館をよく利用した	-.125	.042	.617
Q6　自ら考え主体的にグループ学習に取り組んだ	-.023	.258	.391

因子抽出法：主因子法
回転法：Kaiserの正規化を伴うプロマックス法
a. 4回の反復で回転が収束しました。

今度は個々の質問項目が1つの因子に強く関連した結果が出てきています。2つの項目を削除する前は,「Q6 自ら考え主体的にグループ学習に取り組んだ」という項目は因子2のグループに属していましたが,2項目を削除した後の分析では因子3に属しています。このように質問項目を削除すると,強く関連する因子が変わることも出てきます。また,この結果を注視すると,因子1に関連する6つの質問項目はさらに2つの因子に分かれるように思えます。そこで,この6個の質問項目だけを取り上げて,さらに因子分析を行うと,図2.10に示すように,Q11,Q13,Q12,Q1が関連する下位の因子1とQ10,Q8が関連する下位の因子2が得られます。

	因子		
	1	2	3
Q11 グループ学習を通して学ぶ楽しさを知った	.938	.023	-.148
Q1 グループ学習に新鮮さを感じた	.802	.090	-.142
Q12 グループ学習を通して学びの達成感を得た	.779	-.021	.055
Q13 グループ学習で日々の生活が活動的になった	.730	-.065	.021
Q8 学友の意見はグループ学習に役立った	.606	-.135	.239
Q10 学友と協調(協同)してグループ学習に取り組んだ	.568	.130	.034
Q3 フィールドワークに積極的に出かけた	-.007	.925	.023
Q2 グループ学習はほぼ欠かさず出席した	.024	.811	.061
Q4 グループ学習日以外でも自主的に学習した	.129	-.017	.867
Q5 グループ学習のため公共図書館をよく利用した	-.125	.042	.617
Q6 自ら考え主体的にグループ学習に取り組んだ	-.023	.258	.391

因子抽出法:主因子法
回転法:Kaiserの正規化を伴うプロマックス法
a. 4回の反復で回転が収束しました。

下位因子を求める →

	因子	
	1	2
Q11 グループ学習を通して学ぶ楽しさを知った	1.012	-.096
Q13 グループ学習で日々の生活が活動的になった	.717	.018
Q12 グループ学習を通して学びの達成感を得た	.655	.175
Q1 グループ学習に新鮮さを感じた	.637	.173
Q10 学友と協調(協同)してグループ学習に取り組んだ	-.048	.864
Q8 学友の意見はグループ学習に役立った	.216	.526

因子抽出法:主因子法
回転法:Kaiserの正規化を伴うプロマックス法
a. 3回の反復で回転が収束しました。

図2.10 因子1の下位因子

一方，次のような方法もあります。スクリープロットから因子数が2個であるとも言えます。そこで，因子数を2個に設定して（「因子抽出」画面の「抽出の基準」で「抽出する因子」に2を入れます），因子分析を行います。上記と同様に主因子法を用いてプロマックス回転により因子分析した因子負荷を図2.11に示します。この場合，因子1および因子2に関連する質問項目を見ると，両因子にそれぞれ下位の因子が存在することが推定されます。そこでそれぞれの因子から下位因子を求めると，それぞれ2個の因子が抽出されています。

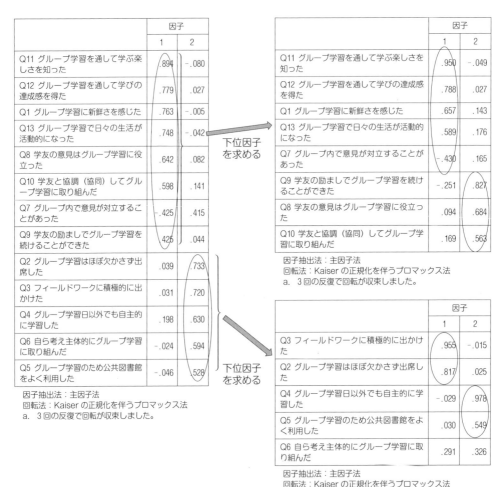

図2.11　2個の因子のそれぞれの下位因子を求めた結果

上記の2つの方法で抽出した結果をまとめて表2.14に示します。

表 2.14 異なる方法で因子抽出した結果

因子数 3 → 一つの因子の下位因子を求める	因子数 2 → 2 つの因子の下位因子をそれぞれ求める	最終得られた4 つの因子
Q1　グループ学習に新鮮さを感じた Q11　グループ学習を通して学ぶ楽しさを知った Q12　グループ学習を通して学びの達成感を得た Q13　グループ学習で日々の生活が活動的になった	Q1　グループ学習に新鮮さを感じた Q11　グループ学習を通して学ぶ楽しさを知った Q12　グループ学習を通して学びの達成感を得た Q13　グループ学習で日々の生活が活動的になった Q7　グループ内で意見が対立することがあった	内面の充実
Q2　グループ学習はほぼ欠かさず出席した Q3　フィールドワークに積極的に出かけた	Q2　グループ学習はほぼ欠かさず出席した Q3　フィールドワークに積極的に出かけた	積極的学習
Q4　グループ学習日以外でも自主的に学習した Q5　グループ学習のため公共図書館をよく利用した Q6　自ら考え主体的にグループ学習に取り組んだ	Q4　グループ学習日以外でも自主的に学習した Q5　グループ学習のため公共図書館をよく利用した	主体的学習
Q8　学友の意見はグループ学習に役立った Q10　学友と協調（協同）してグループ学習に取り組んだ	Q8　学友の意見はグループ学習に役立った Q10　学友と協調（協同）してグループ学習に取り組んだ Q9　学友の励ましでグループ学習を続けることができた	協調的学習

　本事例ではいずれの方法においても，最終的に 4 つの因子が抽出されました。それらはほぼ同じ因子であるという結果が得られましたが，分析対象とするデータによっては，抽出される因子名に違いが出てくる場合もあるでしょう。本事例では因子に変わりはありませんが，因子に関連する（属する）質問項目に違いが見られます。

　このように因子分析は分析法や回転を変えることによって異なる分類がなされる場合があります。また，初期の因子数を変えたり，あるいは下位の因子を抽出するなどの方法を行ったりすることにより，分類が異なってくる場合もあります。すなわち，1 つの因子分析で出力された結果が唯一の確定的な結果ではないということです。いずれにしても，様々な条件設定を行って分析を重ね，分析結果が，自身が納得でき妥当な説明が可能なものであるかが重要となります。

2.6　回答値を変換して分析する方法

　ここでは，因子分析に限らず，統計分析でよく使う変数の変換のしかたについて説明します。2.2 節で反転項目の回答値を変換して分析することを説明しましたが，回答値を他の値に変換したり，年齢を年齢層（10 代，20 代，30 代……）といった分類に分けたりす

ることは統計分析のなかでよく行われます。ここでは，因子分析法とは関係ありませんが，このようにある変数の値を他の値に置き換える方法を説明しましょう。

　メニューの「変換」→「他の変数への値の再割り当て」を選択します。「同一の変数への値の割り当て」という選択メニューもありますが，これを選ぶと，その変数そのものが新しい値に置き換わってしまいます。前のデータを後々も使う場合も考えられますので，それを残しておける「他の変数への値の再割り当て」の方を選んだ方がよいでしょう。

　表示された画面（図2.13）の「数値型変数→出力変数」の欄に，値を変えたい質問項目を入力します。ここでは複数の反転項目をすべて入力しています。入力した項目をクリックすると「変換先変数」の欄に名前を入力できるようになります。ここに新しい変数名を入れます。変数名は分析者が任意に作れます。本事例では反転を元に戻す逆の名称にしています。画面の「変更」ボタンをクリックすると「内容が親しみやすくない」の後に，変換後の「→内容が親しみやすい」という「出力変数」が表示されます。すべての変換後の名前が表示されたら，次に「今までの値と新しい値」をクリックします。

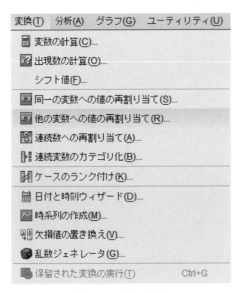

図2.12　値の変換

第2章 評価尺度や要素などを抽出したいとき

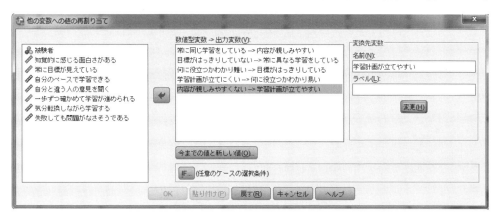

図2.13 他の変数への再割り当て画面

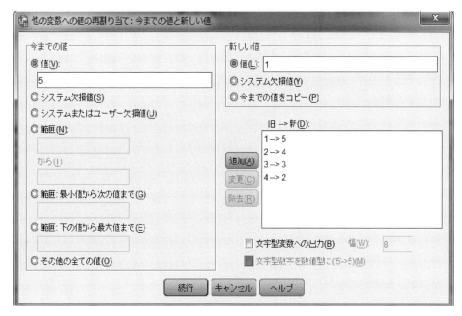

図2.14 今までの値から新しい値への変換画面

　図2.14の「今までの値と新しい値」の画面で，今回のように1→5, 2→4といったように別の値に変換する場合には，画面左側の「今までの値」の「値」に現在の値を入れ，画面右側の新しい値に変換後の値を入れます。その後，「追加」ボタンをクリックすると，「旧→新」の窓に図2.14に示すように「今の値→新しい値」が表示されます。すべて入力が終わったら「続行」をクリックします。今，説明したのは値を別の値にする例ですが，分類化することもできます。画面の左にある「範囲」「最小値から次の値まで」「下の値から最大値まで」などを使って範囲を指定して分類化できます（実際の事例は7.5節を参照）。「続行」をクリックするとSPSSの「データビュー」画面の最後の列に新しく作成した変数が追加されます。

　図2.15の変数ビューを見ると，14～18行目に新しい変数が追加されていることがわか

41

ります。これらの変数の情報が適切であるか，必要であれば修正を行いましょう。これでこれらの新しい変数を分析対象とすることができます。

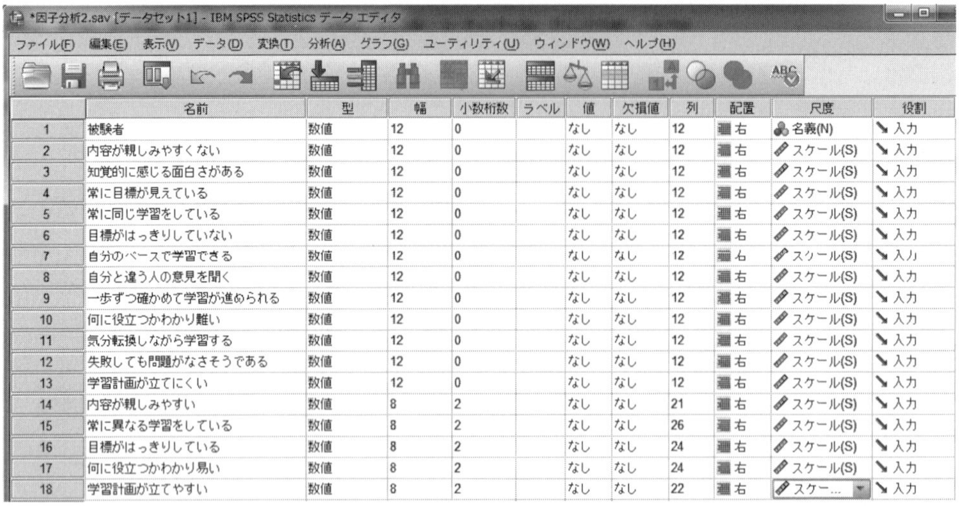

	名前	型	幅	小数桁数	ラベル	値	欠損値	列	配置	尺度	役割
1	被験者	数値	12	0		なし	なし	12	右	名義(N)	入力
2	内容が親しみやすくない	数値	12	0		なし	なし	12	右	スケール(S)	入力
3	知覚的に感じる面白さがある	数値	12	0		なし	なし	12	右	スケール(S)	入力
4	常に目標が見えている	数値	12	0		なし	なし	12	右	スケール(S)	入力
5	常に同じ学習をしている	数値	12	0		なし	なし	12	右	スケール(S)	入力
6	目標がはっきりしていない	数値	12	0		なし	なし	12	右	スケール(S)	入力
7	自分のペースで学習できる	数値	12	0		なし	なし	12	右	スケール(S)	入力
8	自分と違う人の意見を聞く	数値	12	0		なし	なし	12	右	スケール(S)	入力
9	一歩ずつ確かめて学習が進められる	数値	12	0		なし	なし	12	右	スケール(S)	入力
10	何に役立つかわかり難い	数値	12	0		なし	なし	12	右	スケール(S)	入力
11	気分転換しながら学習する	数値	12	0		なし	なし	12	右	スケール(S)	入力
12	失敗しても問題がなさそうである	数値	12	0		なし	なし	12	右	スケール(S)	入力
13	学習計画が立てにくい	数値	12	0		なし	なし	12	右	スケール(S)	入力
14	内容が親しみやすい	数値	8	2		なし	なし	21	右	スケール(S)	入力
15	常に異なる学習をしている	数値	8	2		なし	なし	26	右	スケール(S)	入力
16	目標がはっきりしている	数値	8	2		なし	なし	24	右	スケール(S)	入力
17	何に役立つかわかり易い	数値	8	2		なし	なし	24	右	スケール(S)	入力
18	学習計画が立てやすい	数値	8	2		なし	なし	22	右	スケー...	入力

図 2.15　新たな変数（14～18行）が追加された変数ビュー画面

第3章
類似性の高いグループに分類したいとき
―――クラスタ分析―――

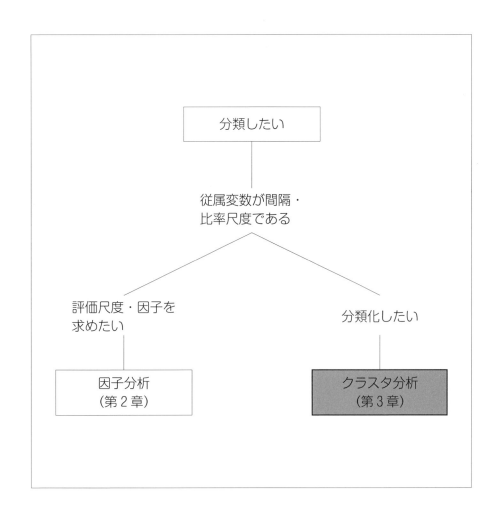

3.1 クラスタ分析とは

クラスの児童・生徒のなかで算数・数学や理科が得意な子どもと，国語や社会が得意な子どもを分類したり，あるいは授業に対する満足度と理解度を縦軸と横軸で表し，個々の子どもたちがどこに分類されるかなどを調べたりしたい場合があります。性格などを分類して，分類化された群ごとに対応を考えるケースも出てきます。このような分類化を用いて，学級経営分析，授業分析，個人分析などが行われます。ここでは，データを類似性の高いグループに分類する分析方法について説明していきます。類似したものが一つの塊（群）になりますが，それをクラスタと呼びますので，この分析方法をクラスタ分析とも呼びます。第2章で説明した因子分析も関連性の高い項目を分類化している分析方法の一つですが，因子分析は質問項目では表出されていない潜在的な因子を抽出する方法であることに対して，クラスタ分析は分類される項目があらかじめわかっていて，どこに被験者が属するのか，あるいは分類したクラスタがどのような特徴をもつものなのかを分析するものです。冒頭では理数系と文化系の2つ，あるいは満足度と理解度の高低をクロスした4つに分類するといった事例を述べましたが，クラスタ分析を使っていくつに分類するかは分析者が判断します。

クラスタ化を行う主な方法について図3．1を用いて簡単に説明しましょう。よく使われる方法に階層クラスタ分析という方法があります。関連性の高い個々のデータを結合して小さなクラスタを作り，さらにそれらのクラスタを結合して大きなクラスタを階層的に形成していきます。図3．1はその手順のなかのクラスタを結合する部分を示したものです。

図3．1(a)(b)は，それぞれ最近隣法，最遠隣法の求め方をイメージ化したものです。3つのクラスタA, B, Cが存在しているときに，最近隣法はクラスタ内のデータのなかで最も距離が短いもの同士を比較します。例えば図3．1(a)でクラスタAからCのなかで，クラスタBとC間の距離が短ければ，次のクラスタはBとCが結合されます。この方法はデータが一つの方向に帯状になっている場合に適しています。一方の図3．1(b)の最遠隣法は，クラスタ内のデータのなかでもっとも距離が長いもの同士を比較します。この場合，クラスタBとC間の距離がもっとも短ければ次のクラスタはBとCが結合されたものになります。この方法はデータがいくつかの集団に固まっているときの分析に適しています。

図3．1(c)はグループ間平均連結法と呼ばれる方法です。各クラスタ間のすべてのデータ間の距離を測定し，その平均値が小さいクラスタ同士が結合されます。3つのクラスタ間の平均距離を算出し，クラスタAとBの平均距離がもっとも短ければ，クラスタAとBが結合されます。この方法はデータが帯状に並んでいる場合やいくつかの集団に固まっているときにも適しています。

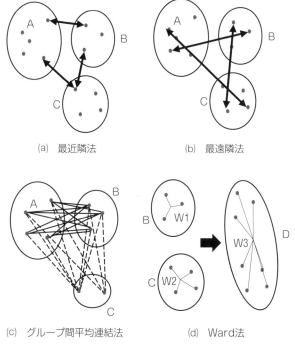

(a) 最近隣法　　(b) 最遠隣法

(c) グループ間平均連結法　　(d) Ward法

図3.1　クラスタ化の主な方法

図3.1(d)はWard（ウォード）法と呼ばれる方法です。クラスタBとCが存在し、それぞれのクラスタの重心をW1, W2としたとき、W1とクラスタBのなかの各データとの距離の平方和と、W2とクラスタCのなかの各データとの距離の平方和を求め、さらに両方の和を求めます。次にクラスタBとクラスタCを結合したクラスタDを考えたときの、クラスタDの重心W3とクラスタDのなかのデータとの距離の平方和を求めます。この平方和と先に述べたクラスタBとCが個々に存在していた時の平方和の合計との差 {結合した後の平方和（図3.1(d)ではクラスタDにおける平方和）−結合する前の個々のクラスタにおける平方和の合計（図3.1(d)ではクラスタBにおける平方和とクラスタCにおける平方和の合計)} を求めます。そして、この差の値が最小となるクラスタが次に結合されるクラスタとなります。この方法はクラスタ分析のなかではバランスのとれた方法と考えられており、最もよく用いられています。

3.2　クラスタ分析を用いない分類化

具体的なデータを用いて分析していきましょう。表3.1は31人の大学生に対してSternbergの思考スタイルを調べた結果（一部）です。氏名は架空のものですが、データは実際に調査した結果の一部を用いています。思考スタイルの立案型とは何をどのようにするかを自分で決めようとし、創造的な活動を好むスタイルであり、順守型は事前に構造化、規格化された問題を好み、与えられた問題を解き、他の人の発想に従って話をしたり

実行したりすることを好むもので，立案型とは相対するスタイルです。一方，評価型はすでにある物事やアイデアを分析したり，意見を述べたり評価することを好むスタイルを意味しています。これらの思考スタイルはそれぞれのスタイルを特徴づけた8つの質問で構成されており，それぞれの質問に対して7件法で回答させたものです。そして，8つの質問の平均値を思考スタイルの高さとして表しています（最低値が1，最高値が7で数値が高いほど思考スタイルが高いことを意味しています）。データが小数点で表されているのは，リッカート尺度で調査した複数の質問への回答の平均値を用いているからです。

表3．1　学生の思考スタイル

氏名	立案型	順守型	評価型
安達	6.29	4.17	4.70
笠井	6.00	4.67	4.00
野町	6.43	6.17	3.33
木村	3.29	3.50	2.67
稲荷	3.29	4.00	2.67
足立	3.86	3.33	3.83
飯田	2.71	3.33	3.00
大井	3.86	3.33	3.83
赤尾	4.71	4.17	4.17
北山	4.86	4.17	4.33
貝原	4.57	4.17	4.00
今北	5.20	4.00	4.50
貝村	6.00	5.17	4.17
小島	5.29	5.00	3.60

　表3．1の表を見ても，どのように分類できるのか，またどの分類にどの学生が属するかは予測がつきません。特に変数の数が多いと分類化も複雑になりますので，ますますわかり難くなります。そこで，わかりやすくするために，まずは立案型と順守型の2変数だけを取り上げて分類化してみましょう。これらの変数を軸として2次元のグラフを描き，学生がどこに位置するかを見れば，おおよその分類化がイメージできます。それではSPSSで「分析用データ」の「クラスタ分析」シートをSPSSに読み込みましょう。

　このグラフを描かせるために，SPSSのメニューの「グラフ」→「レガシーダイアログ」→「散布図／ドット」→「単純な散布」を選択します。図3．2の画面が表示されますので，Y軸に順守型，X軸に立案型と入力し，ケースのラベルに「氏名」を入力します。また，右上の「オプション」をクリックして，表示された図3．2右画面の「図表にケースラベルを表示」にチェックを入れましょう。これによりグラフの中のデータに学生名が表示されます。

　表示させたグラフを図3．3に示します。このグラフに横軸に順守型の平均値4.59と縦軸に立案型の平均値4.45の線を引いた4象限の図を描くと，平均値を基準として第1象限が立案型および順守型が高い領域，第2象限が順守型が高く立案型が低い領域，第3象限

が順守型および立案型共に低い領域，第4象限が立案型が高く順守型が低い領域といった分類ができます。この図からどの学生が平均値を基準にしてどの象限に属するかがわかります。今，説明したようにクラスタ分析を使わなくても，このグラフ作成と分類化はできます。すなわち，平均値に対して学生がどこに位置するかについては，クラスタ分析を行う必要はなく散布図を描くことによってわかります。

図3.2　順守型と立案型の散布図

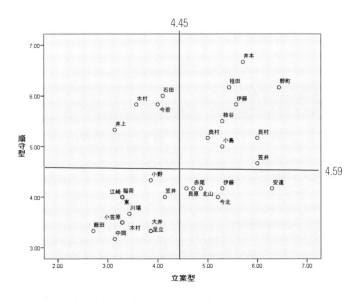

図3.3　立案型，順守型の平均値を基準にしたプロット

3.3 2個の変数を用いたクラスタ分析結果

このデータを用いてクラスタ分析を行ってみましょう。図3.4に示すように「分析」メニューの「分類」→「階層クラスタ」を選択します。表示される図3.5の「階層クラスタ分析画面」の「変数」に思考スタイルを入力します。立案型，順守型，評価型の3つのスタイルが変数として挙げられますが，3.2節で説明したように，クラスタ分析をイメージ化しやすくするために，ここでも立案型と順守型の2つの変数だけを対象として分析してみます。「ケースのラベル」に分析対象者となる「氏名」を入力します。クラスタ分析では，分類するクラスタの数を判断するためにデンドログラムというグラフを用います。デンドログラムとはトーナメント試合の組み合わせ等で見られる樹形図のようなグラフです。この図を表示させるために図3.5の右側の「作図」をクリックします。

表示される図3.6の「デンドログラム」に☑を入れます。デフォルトでつららプロットの「全てのクラスタ」がチェックされています。階層クラスタは小さなクラスタから大きなクラスタへと階層的に分析していくものですが，この図は分析ごとに被験者のクラスタへの結合のしかたに関する情報を表示しているものです。分析結果として無くても問題ありませんので，「なし」に☑を入れてもかまいません。

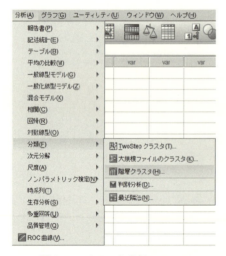
図3.4 クラスタ分析メニュー

図3.5 階層クラスタ分析画面

次に，図3.5の右側の「方法」を選択します。図3.7の画面が表示されますので，分析方法でWard法を選択し，「続行」を選択します。表示される分析結果を見てみましょう。

第3章　類似性の高いグループに分類したいとき

図3.6　作図指定画面　　　　　図3.7　Ward法選択画面

　図3.8にデンドログラムを示します。図3.8の左側からクラスタが順にまとめられているのがわかります。最後にすべてが1つのクラスタに統合されます。このデンドログラムから最適なクラスタ数が求まるものではありません。すなわちSPSSが最適なクラスタ数を決めてくれるのではなく，この数を決めるのは分析者です。あまりクラスタ数を多くしても状況がわかり難いでしょうし，少なすぎても意味がないでしょう。おおよそ4〜5個のクラスタに分けているのが多いようですが，分析者が説明するに適する個数にすればよいと思います。ちなみに，図3.8はクラスタ数を4個として分けた場合を示しています。この個数を決めているのは，図3.8に引いている縦線です。図3.8を見てわかるように，4ヶ所で交差しています。この縦線の位置を変えればデンドログラムと交差する数が変わりますので，それによって分類する個数が変わります。縦線をどこに引くか，すなわち分類する個数をいくつにするかは分析者が決めます。

　3.1節の図3.1で分析方法について説明しましたが，クラスタを結合する方法，すなわち分析方法が異なれば分類化も変わることが想定されます。図3.8はWard法で分析した結果ですが，図3.9は立案型と順守型の2つの変数において，グループ間平均連結法を用いてクラスタ分析した結果を示しています。図3.8と同じデータを使っていますが，分析法を変えただけでも結果が異なっているのがわかります。図3.9では分類数を4つにできず，この場合には例として5つに分類する線を引いています。すなわち，クラスタ分析による分類は分析方法によっても変わりますし，分類する個数は分析者が決めるため，分析結果が最適な分類であるという確証はありません。ですから，この分析結果は客観的な証拠として使うのではなく，あくまで何らかの知見を得るための結果として用いるのがよいでしょう。

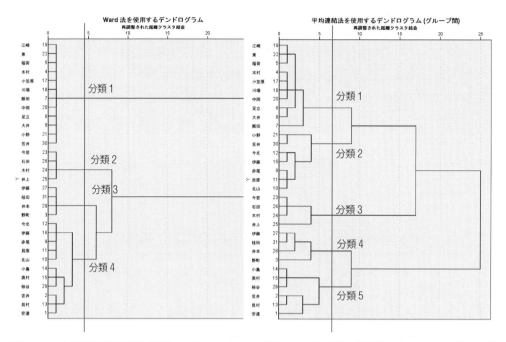

図3.8 立案型と順守型を変数としてWard法で行った結果

図3.9 立案型と順守型を変数としてグループ間平均連結法で行った結果

　クラスタ分析して分類化した図3.8および図3.9の結果を、図3.3のように横軸に立案型、縦軸に順守型としたグラフに表してみましょう。図3.10に分類化した結果を示します。実線で囲んであるものが、図3.8のWard法で分析した結果を基に、同じ分類に属する学生をグループ化したものです。図3.3で示した平均値を基準として考えたときの分類結果と少し異なります。特に第1象限と第4象限の分類が異なっています。図3.3では9人が第1象限、すなわち立案型および順守型のいずれも高い領域に位置すると考えられますが、クラスタ分析では「井本、野町、桂田、伊藤」の4人をこの領域に位置すると分類しています。平均値を基準に単純に考えるより、類似した学生群を統計的にまとめるという意味において、クラスタ分析は有効です。

　ところが、前述したようにこの分類化は唯一の正しい結果ではありません。図3.10にWard法によるクラスタ分析結果の他に、図3.9で示すグループ間平均連結法によって5分類化した結果についても破線で示します。実践と破線の分かれ方を見てわかるように、分類化法によってクラスタに属するものが異なります。分類化が分析方法によっても変わることから、あくまでも分類した結果については、特徴やそれらに対する対応を検討したい場合など、何らかの知見を得るための結果と捉えた方がよいでしょう。

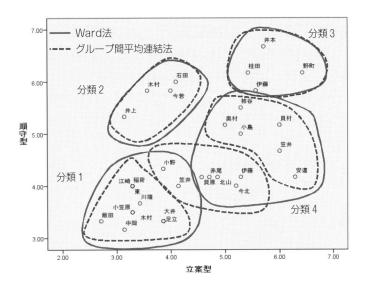

図 3.10　Ward 法による 4 分類化とグループ間平均連結法による 5 分類化

3.4　3 個の変数を用いたクラスタ分析結果

　これまでは 2 つの変数を対象として分析してきましたが，本章の元に戻って立案型，順守型，評価型の 3 つの変数を使ってクラスタ分析を行ってみましょう．図 3.5 の階層クラスタ画面で「変数」に立案型，順守型，評価型を入力して，その後の分析は前述した内容と同じ順で分析します．Ward 法で分析して得られたデンドログラムを図 3.11 に示します．ここでも，4 つに分類化することにしました．図 3.11 の結果からは分類化したクラスタに属する学生名がわかるだけで，それぞれの分類の特徴はまったくわかりません．そこで，それぞれの分類の特徴を調べてみましょう．ここでも，立案型と順守型の 2 変数で分析した場合と同じように図示することを考えましょう．まず，分類化した結果を表 3.2 のように被験者ごとに割り振ります．この割り振りは SPSS で行えます．図 3.5 の「クラスタ分析画面」の右側メニューの「保存」をクリックし，表示された画面の「単一の解」に分類化したい数，ここでは 4 を入力します．その後「続行」を選択し，分析を行えば「データビュー画面」に新たな列が追加され，そこに被験者がどの分類に属するかが自動的に表示されます．SPSS を使って分類ごとにそれぞれの思考スタイルの平均値を求めます．その結果をまとめたものを表 3.3 に示します．

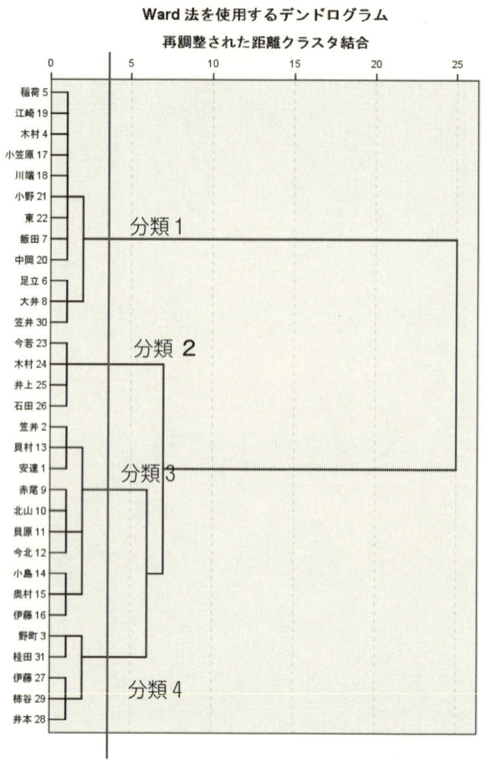

Ward法を使用するデンドログラム
再調整された距離クラスタ結合

図3.11 立案型，順守型，評価型を変数として Ward 法で行った結果

表3.2 分類化番号の付与

氏名	分類	立案型	順守型	評価型
安達	3	6.29	4.17	4.70
笠井	3	6.00	4.67	4.00
野町	4	6.43	6.17	3.33
木村	1	3.29	3.50	2.67
稲荷	1	3.29	4.00	2.67
足立	1	3.86	3.33	3.83
飯田	1	2.71	3.33	3.00
大井	1	3.86	3.33	3.83
赤尾	3	4.71	4.17	4.17
北山	3	4.86	4.17	4.33
貝原	3	4.57	4.17	4.00
今北	3	5.20	4.00	4.50
貝村	3	6.00	5.17	4.17
小島	3	5.29	5.00	3.60

表3.3 分類別思考スタイルの高さ

思考スタイル	分類1	分類2	分類3	分類4
立案型	3.39	3.70	5.21	5.69
順守型	3.65	5.75	4.44	6.07
評価型	3.00	4.17	4.00	4.10

変数が多い場合にはレーダーチャートに図示すれば，傾向がわかりやすくなります。この表を基にレーダーチャートに表すと図3.12のようになります。ここで使用したSPSSのバージョンではレーダチャートは図示できないため，図3.12はExcelを用いて作図したものです。このレーダーチャートから分類1に属する学生は立案型，順守型，評価型のすべての思考スタイルが低い，分類2の学生は立案型は低いが順守型が高い，分類3の学生3は比較的いずれの思考スタイルも高いが，立案型が他に比べて高い，分類4の学生はいずれの思考スタイルも高いが，特に順守型と立案型が高いといった特徴があることがわかります。変数が3個以上になると，図3.3に示したようなクラスタ分析を使わずに分類化するのは難しくなりますので，クラスタ分析の利点が発揮されます。しかし，このようにクラスタ分析では分類化はできますが，分析結果だけからは，その特徴はよくわかりません。図3.10や図3.12で示したように，分類化されたものの傾向や特徴を見るために，クラスタ分析とグラフ化を合わせて行うことが効果的です。

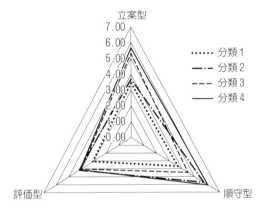

図3.12　分類ごとの思考スタイルの高さ

第4章
異なる集団間に差や違いがあるかを調べたいとき
―― 対応のない検定 ――

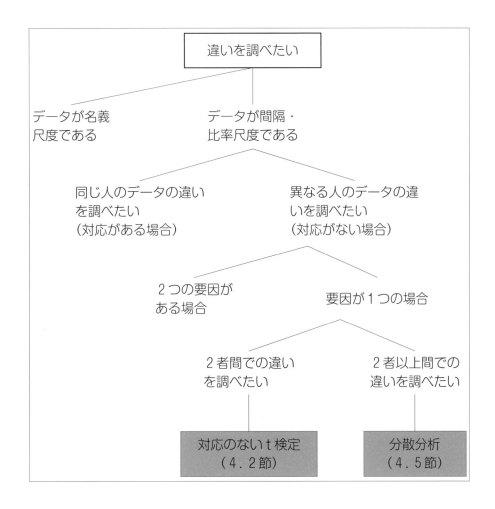

4.1 ケースによって異なる分析方法

　教育分野はもちろんのこと，様々な分野で2者の間に差（違い）があるかどうかを知りたいことはたくさんあります。例えば，①塾に通っている生徒と通っていない生徒では成績の違いがあるのかどうか？　②何らかの授業改善を行ったことによって，クラスの児童の学習意欲が向上したのかどうか？　③1組，2組，3組，4組の生徒に対して同一試験を行ったときに，クラス間で成績の違いがあるのだろうか？　など，違いを調べたい事例は多く存在します。1組の数学の平均点は75点，2組の平均点は78点あったとしましょう。このときに2組の成績は1組の成績より有意な差があると言えるでしょうか。ある人は3点も差があるから有意な差があると言うかもしれませんが，ある人は，3点はよく出るぐらいの差であって，意味のあるものではないと言うかもしれません。このようなときに客観的な結果として有意な差と言えるか，有意でない値であるのかを統計分析で判断できます。

　しかし，統計的に計算された結果が絶対的に正しいものということではありません。あくまでもある確率を基準に差があるかないかを判断しているのです。ですから，真実は差がないのに統計的には差があるという誤った判断や，真実は差があるのにそれを差がないと誤った判断をすることもあるのです。統計学的に前者の誤りを「第1種の誤り」，後者を「第2種の誤り」と呼びます。しかし，統計分析で求めた結果は完璧なものでないにせよ，差があるかないかを主観的に判断するよりは，より客観性のある結果であることに間違いありません。統計分析により様々な値が推定できます。その値から「対象とする標本間に有意な差は見られない」といった仮説が正しいのかどうかを確率的に調べることを「検定」と呼びます。

　上記で3つの事例を述べましたが，これらを統計的に分析する場合には異なる方法を使います。例えば①では成績の違いが，塾に通っているか否かで生じているかを分析するものです。違いの対象となるもの，これを「要因」と呼びますが，この場合は「通塾の有無」がこれに該当しますので「要因」は1個です。そして，比較の対象となるのは「通っている」と「通っていない」，これを「条件」と呼びますが，これが2個ある場合です。しかも，塾に通っている生徒と通っていない生徒はすべて別の生徒で，重なってはいません。このように1要因，2条件，データが別々の被験者から収集された場合は，後述する「対応のないt検定」が使えます。

　②の事例を見てみましょう。この場合の違いをみるのは「学習意欲」です。差の対象は授業改善の前後の違いですので，「要因」は授業改善（の違い）ということです。向上したかどうかを調べる場合には，授業改善を行う前の学習意欲の状況がデータとして必要になります。そして，この場合は，それぞれの児童の授業改善前と授業改善後の学習意欲の違いを調べるものですので，同じ被験者によるデータからそれらの違いを見ることになり

ます。「要因」は授業改善で1個，条件は（授業改善の）前と後という2条件，そして同じ被験者から収集されたデータを比較する内容になっていますので，この場合には「対応のあるt検定」という方法を使います。この分析については第5章で説明します。

③の事例ではクラスによる違いを調べるのですから要因はクラスという1要因，条件は1組から4組までの4つのクラスの4条件となっています。また，得られたデータはすべて異なる生徒の成績ですので「対応がない」ケースとなります。このように1要因，条件が2以上で対応のないケースの場合には「対応のない一元配置分散分析」という方法を使います。ここで①のケースを見てください。①のケースは1要因，2条件，対応のない場合の検定ですが，これは「対応のない一元配置分散分析」で分析できる要件に含まれていることに気付きます。「対応のないt検定」は一元配置分散分析でも代用可能です。

4.2 男女間での算数の点数の差があるかを調べたいとき
―――対応のないt検定

4.2.1 t検定とは

ある集団間で差があるかどうかを調べる場合には，その集団からいくつかのデータを抽出して，抽出したデータを基に統計分析を行います。元々の集団のことを「母集団」，そのなかから抽出したものを「標本」と呼びます。母集団は正規分布を示すとみなして統計的な分析を行います。正規分布とは横軸にxという変数をとったとき，xが平均値のときに最大の確率密度を有し，xが平均値より小さくなる，あるいは大きくなるに従い，確率密度が指数関数的に減少していく釣鐘型の分布を示します。例えば，図4.1に示すように縦軸に人数，横軸に偏差値をグラフ化した場合，平均値である50の偏差値（偏差値とは平均が50，標準偏差が10となるように標本の変数を規格化したもの）がもっとも多く，偏差値が40〜60を占める人数の割合は約68.3％，2倍の偏差値までを含めた30〜70までに占める割合は，95.5％になりますが，これは分布が正規分布であることを前提に考えられている割合です。すなわち，正規分布とは図4.1に示す分布を示すものを指します。

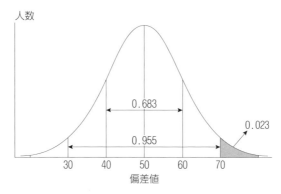

図4.1 偏差値と人数の関係を示す分布

集団間で差の有無を調べる場合，母集団全体を比較することは困難です。例えば，高校生の男女間で選挙権に対する意識調査を行おうとする場合に，全国の高校生が母集団となりますが，全生徒を対象として調査することは困難です。そこで，サンプルとなる高校生を標本として抽出して，その生徒を対象として調査を行う方法が取られます。このとき，標本となる生徒の考え方の分布が母集団のそれと同様であることが必要です。そうでないと母集団の比較にはなりません。当然のこととして予測できますが，標本となる数が少ない場合には一般に正規分布を示しません。そこで，標本数が少ない場合にどのような分布に従うかが調べられました。その結果生まれた分布がt分布と名付けられたものです。t検定は標本がt分布に従っているとみなして行っている分析方法です。図4.2にt分布に従っている確率密度分布をイメージとして示します。この分布図は標本の数に影響を受けて変わり，標本の数が多くなれば正規分布になります。

　2者間に差があるかどうかを分析する場合に，「両者間には差がない」といった仮説を立てます。そして，この仮説が正しいか否かを事象（例えば点数の差があるか否かを判断する場合に，3点や5点といった点数の違い）が起こる確率を基に判断します。その確率を有意確率と呼び，仮説の正当性を判断する基準となる確率を有意水準と呼びます。

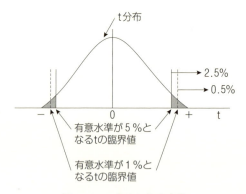

図4.2　t分布と有意水準

　t検定では分析の結果得られたt値から有意確率が算出されます。図4.2のt分布を見てみましょう。この図に「有意水準が5％となるtの臨界値」が示されています。図4.1に戻ると，偏差値70はこれ以上の偏差値を持つ人の割合が2.3％であることを意味しますが，それと同様に有意水準が5％となるtの臨界値とは，臨界値より外側の割合が5％（片側で見た場合，両側で見た場合の半分の2.5％）になるときのt値を示しています。統計的に違いがあるかどうかを判断する場合にはt値を求め，一般にはその値が有意水準5％もしくは1％となる臨界値より大きいか否かを基準にして考えます。有意確率5％とは，その事象が起こりうる確率が5％だということです。t値が臨界値の絶対値より大きくなると，有意確率はさらに小さくなります。すなわち5％を臨界値とした場合，それより大きなt値が得られる確率は5％未満になるということです。

　表4.1に参考までに自由度（t検定の場合の自由度は，比較する2つの標本が同じよ

うな形状で分散している場合，それぞれの標本の数を n_1，n_2 とすると，$(n_1-1)+(n_2-1)$ で求められます）が1～10までの場合における有意水準5％，1％のときのtの臨界値を示します。t分布は標本数によって変わりますので，当然tの臨界値も標本数に依存して変わります。表4．1に示すように，自由度すなわち標本数が多くなるほど，臨界値は小さくなります。

表4．1 tの臨界値

自由度	有意水準	
	5％	1％
1	12.71	63.66
2	4.30	9.92
3	3.18	5.84
4	2.78	4.60
5	2.57	4.03
6	2.45	3.71
7	2.36	3.50
8	2.31	3.36
9	2.26	3.25
10	2.23	3.17

t検定とは，2つの標本，X_1 と X_2 があるとき，「X_1 と X_2 には差がない」という仮説を立てて分析します。この仮説のことを「帰無仮説」と呼びます。分析の結果，生じている差の値がどれくらいの確率で発生するものかを考察し，その確率が5％未満という非常に低い確率で発生した差であれば，それは，偶然に発生する差ではないと判断してもよいだろうという考えです。すなわち，分析の結果，有意確率が5％未満であれば，差が見られていると判断してもよいということです。このことは帰無仮説を棄却することができる結果だということです。しかし，あくまでも統計的に得られた結果ですので，「有意確率5％未満で有意な差が見られた，あるいは5％未満の確率で有意な差が見られた（あるいは見られなかった）」といった表現をします。有意確率を p で表し5％未満を $p<0.05$ あるいは1％未満を $p<0.01$ と表記します。

上述したように算出されたt値が有意確率5％の臨界値以上なのか未満であるのかによって有意な差があるか否かの判断がなされます。2つの標本，X_1 と X_2 があるとき，「対応のない場合のt値」は以下のように表せます。

$$t=\frac{|\overline{X}_1-\overline{X}_2|}{\sqrt{\frac{n_1SD_1^2+n_1SD_2^2}{n_1+n_2-2}\left(\frac{1}{n_1}+\frac{1}{n_2}\right)}}$$

$\overline{X}_1$, $\overline{X}_2$：各条件の平均値
SD_1, SD_2：各条件の標準偏差
n_1, n_2：各条件のデータ数

この式を見ると，t値は

① 2つの標本の平均値の差が大きいほど
② 各標本の標準偏差が小さい（データの分布が狭い）ほど
③ 各標本のデータ数が多いほど

大きくなることがわかります。このような条件になるほど，tは臨界値を超えやすくなるということです。言い換えれば，このような条件になるほど，有意確率が小さくなる，すなわち統計的に差があると算出されやすくなるということがわかります。また，データ数が多いほど，表4.1で示したようにtの臨界値は小さくなるので，その値を超えやすくなります。次節では有意確率が5％や1％未満というのはどのようなものかを感覚的に説明しましょう。

4.2.2 有意確率とは

4.2.1節で述べたように，統計的に分析する場合には何らかの仮説（帰無仮説）が立てられ，統計分析した結果，その仮説が正しいのかどうかを判断します。その仮説が正しいかどうかをある確率で判断するのですが，その確率が意味のある確率，すなわち有意確率と呼ばれるものです。その有意確率のイメージを説明しましょう。

例として，1個のコインを机の上で回し，上面に「表」か「裏」が出る確率を考えてみましょう。「表」もしくは「裏」が上に出やすいようにコインに何らかの細工が施されていたとすると，そのコインは正しく作られていないことになります。コインが正しく作られているか否かががわからない状況だとします。実際にコインを机の上で回して，そのコインが正しく作られているのか否かを統計的に分析してみましょう。帰無仮説は「コインは正しく作られている」ということになります。例えば10回行ったとして表が何回，裏が何回出たらそのコインは正しく作られている，すなわち，この場合には，表が出る場合と裏が出る場合に差がないと判断できるでしょうか。表が5回，裏が5回出たときには，誰もがコインは正しく作られていると思うでしょう。それでは，どちらか一方が6回，片方が4回，あるいは7回と3回，8回と2回と，どちらか一方の面が出る回数が多く現れた場合には，その割合がどの程度までなら，コインが正しく作られていると判断できるでしょうか。ある人は片方が7回（もう一方が3回）出たら正しく作られていないと思うかもしれませんし，ある人は片方が9回（もう一方が1回）出たら正しく作られていないと判断してもよいと思うかもしれません。このように人によって基準は様々ですので，この基準を揃えて考えようというのが確率を基準に考えるということです。

表4.2に，コインを10回回したときに「表」と「裏」が出るケースを考え，その比率がでる確率をまとめたものを示します。「表」と「裏」の出る比が9：1もしくは10：0の場合の確率を合計すると，「表」が多く出る場合と，「裏」が多く出る場合がありますので，（0.01＋0.001）×2＝0.022 となり2.2％の確率になります。8：2だと 0.044×2＝0.088，すなわち8.8％になります。

表4.2　コインを10回投げたときの表と裏が出る確率

表の回数：裏の回数	10：0	9：1	8：2	7：3	6：4	5：5	4：6	3：7	2：8	1：9	0：10
生起確率	0.001	0.010	0.044	0.117	0.205	0.246	0.205	0.117	0.044	0.010	0.001

　統計分析で臨界値となる確率は，心理学等の分野で用いられてきている値が基準となっており，その値は5％です（社会学などでは10％が用いられる場合もありますし，より厳密さが求められる自然科学では1％を用いる場合もあります）。前述したように「表」と「裏」の出る比が8：2（もしくは2：8）の場合，その確率は8.8％となります。すなわち，「表」もしくは「裏」が8回と2回出たとしても，有意確率5％を基準とした場合にはそれより大きな確率となっているため，それは偶然に起こり得る値であって「コインが正しく作られていない」とは言えない，すなわち帰無仮説を棄却できないという，統計的な判断をします。それに対して，「表」か「裏」の出現比率が9：1（あるいは1：9）もしくは10：0（あるいは0：10）になる場合には，その確率は2.2％と5％未満の確率になるため帰無仮説を棄却できるという判断をします。すなわち，10回コインを回して，「表」が9回もしくはすべて「表」（あるいは「裏」が9回かすべて「裏」）が出て初めて，「コインは正しく作られている」という仮説が正しくないと判断することになります。「この比率で「表」と「裏」が出ることは，かなり小さな確率（5％未満）でしか起きないから，それをたまたま起きた事象だと考えるのは合理的ではない。すなわち，「表」と「裏」の出やすさは違っている，コインは正しく作られていないとみなしてもよいだろう」という考えです。有意確率5％を基準にして，それ以上だと帰無仮説を棄却できない，一方，それ未満だと帰無仮説を棄却できるという判断がなされますが，例えば4.9％と5.1％という有意確率が得られたときに，ほんのわずかな有意確率の違いに過ぎないのに，前者では仮説が成り立たず，後者では仮説が成り立つと判断するのは納得がいかないと思われるでしょう。4.9％なら差がある，5.1％なら差がないと断言することまではできません。そのため，あくまで統計的に行った結果ですので，その表記においても「有意確率5％未満で差が見られた」という表現になるわけです。

4．2．3　対応のないt検定の実行

　それではデータを用いて「対応のないt検定」を行ってみましょう。表4．3は女子5人男子5人の算数の点数を表したものです。算数の点数に性別による違いがあるかを調べてみましょう。要因は「性別」，条件は「女」と「男」の2条件，そして被験者がすべて異なりますので，「対応のないt検定」を使います。SPSSで「対応のないt検定」を行う場合には，表4．3に示すように縦の列に被験者を並べ，さらに次の列にそれぞれの被験者の点数を並べます。統計分析を行う場合の表は1．4節でも述べたように，それぞれの行が個々の被験者のデータを表すように並べます。1行目に性別，2行目に算数の点数をまとめた表4．4（表4．3の行と列が入れ違っている表）の構造では分析できませんので，

データを表にまとめるときにも注意が必要です。

表4.3 t検定分析データの表

性別	算数の点数
女	88
女	87
女	83
女	89
女	83
男	80
男	81
男	89
男	78
男	77

表4.4 行に性別と点数を入れた表

性別	女	女	女	女	女	男	男	男	男	男
算数の点数	88	87	83	89	83	80	81	89	78	77

分析用データの「対応のないt検定」シートのデータをSPSSで読み込みましょう（第1章1.5節を参照）。性別は「名義尺度」ですので，「尺度」が「名義 (N)」，一方算数の点数は比率尺度ですので，「尺度」を「スケール」にします。図4.3に示すように，「対応のないt検定」を行う場合はメニューの「分析」→「平均の比較」→「独立したサンプルのt検定」を選択します。

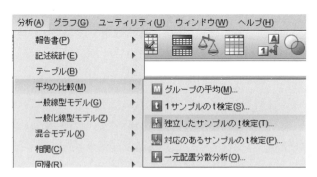

図4.3 対応のないt検定分析メニュー

図4.4の「独立したサンプルのt検定」画面が表示されますので，「検定変数」に調べたい変数，この場合は「算数の点数」を入れ，「グループ化変数」に比較したいグループ，この場合は「性別」を入れます。そして「グループの定義」をクリックし，グループとして表4.3の「性別」が「女」「男」と書かれていますので，書かれている文字である「女」「男」をそれぞれグループ1とグループ2に記述します。その後「続行」→「OK」をクリックすると分析結果が出力されます。

表4.5に分析結果を示します。Nは被験者数を表します。この場合女子，男子とも5人でそれぞれの平均値と標準偏差等が表示されます。

第4章 異なる集団間に差や違いがあるかを調べたいとき

図4.4　独立したサンプルのt検定画面

表4.5　グループ統計量

	性別	N	平均値	標準偏差	平均値の標準誤差
算数の点数	女	5	86.00	2.828	1.265
	男	5	81.00	4.743	2.121

さらに分析結果には表4.6の結果が表示されます。この結果から性別によって算数の点数の違いがあるかどうかが判断できます。まず，Leveneの検定のF値をみましょう。この結果ではF値が0.305，有意確率が0.596と出ています。この値は女子の算数の点数と男子の算数の点数が等しく分散しているかどうかを推定するためのものです。等分散というのは女子と男子の算数の点数の分布が同じような形をなしているかどうかということであって，例えば，女子，男子の算数の点数がそれぞれ正規分布していなくてはならないということではありません。分析する前提となる帰無仮説は「女子の算数の点数と男子の算数の点数は等しく分散している」ということです。有意確率をみると0.596と5％以上の値を示していますので，「帰無仮説を棄却できない」すなわち，等分散が仮定できることを意味しています。有意確率が5％未満の値を示している場合には，帰無仮説が棄却され，「等分散を仮定しない」という方の値を参照することになります。

表4.6　独立サンプルの検定

		等分散性のためのLeveneの検定		2つの母平均の差の検定						
		F値	有意確率	t値	自由度	有意確率（両側）	平均値の差	差の標準誤差	差の95%信頼区間	
									下限	上限
算数の点数	等分散を仮定する。	.305	.596	2.024	8	.078	5.000	2.470	-.695	10.695
	等分散を仮定しない。			2.024	6.525	.086	5.000	2.470	-.927	10.927

Leveneの有意確率が5％以上であることから「等分散を仮定する」方の値を見ると，t値が2.024，自由度が8（(女の数－1)＋(男の数－1)），有意確率が0.078という結果が

出ています。また，両者の算数のテストの平均値の差が5（この値は「グループ統計量」の上段から下段，すなわち女の平均値から男の平均値を引いた値）であることを示しています。このケースでは，女と男の点数に5点の平均値の差はありますが，有意確率が5％以上であることから，両者に「5％の水準で有意な差は見られなかった」という解釈ができます。

4．2．4　t 検定における被験者数の影響

4．2．3では女5人，男5人のt 検定結果を説明しましたが，4．2．1節でt 値は被験者数にも影響をうけることを述べました。これらのt 検定結果は被験者数が変わるとどのような影響がでてくるのでしょうか。そこで，表4．3のデータの被験者数を増やして30人にした場合の分析をしてみましょう。これは，単純に表4．3のデータをコピーして3倍に増やしただけのデータを分析したものです。

その結果を表4．7に示します。同じデータをコピーしていますので，当然のことですが，女と男の算数の点数の平均値の差に変化はありません。被験者数が増え，しかも標準偏差が小さくなるため，4．2．1で説明したように算出されるt 値が増加します。また，人数が増えたことにより有意確率5％を示すt の臨界値は減少するため，ますますt 値が臨界値を超える可能性が出てきます。実際，表4．8を見てわかるように，被験者数を30人に増やすと「2つの母平均の差の検定」の有意確率は0.001となり有意確率1％未満で女と男の算数の点数に差が見られる結果となっています。これは，人数によって1人が全体に与える影響度が変わってくるためです。例えば被験者が5人の場合1人の点数が10点違うと平均点に2点の影響を与えます。しかし，被験者数が100人になると，1人の点数が10点違っても平均点に与える影響は0.1点に過ぎません。すなわち被験者が少ない場合には，「ちょっとした差ぐらいは簡単に起こり得るものである」ことから，かなりの差がないと統計的には有意な差があるとは分析されないということです。逆にいうと，被験者数が多くなるとわずかな差であっても，その値が有意な差として分析されやすくなるということです。

表4．7　被験者数を30名にしたときのグループ統計量

性別		N	平均値	標準偏差	平均値の標準誤差
算数の点数	女	15	86.00	2.619	.676
	男	15	81.00	4.392	1.134

ここで，さらに「独立サンプルの検定」の結果に表示される「差の95％信頼区間」を見てみましょう。この意味は「95％の確率で母集団の平均の差が含まれている」ということを示しています。表4．6の被験者数が10人の場合の「差の95％信頼区間」の値を見ると，−0.695から＋10.695までの範囲内に95％の確率で母集団の平均の差が含まれることを示

しています。マイナスからプラスまで範囲が変化しているということは，母集団の女の算数の点数が高い場合もあるし，男の方が高い場合もあるという幅広い可能性があることを示しています。

表4.8 被験者数を30名にしたときの独立サンプルの検定

		等分散性のためのLeveneの検定		2つの母平均の差の検定						
		F値	有意確率	t値	自由度	有意確率（両側）	平均値の差	差の標準誤差	差の95%信頼区間	
									下限	上限
算数の点数	等分散を仮定する。	1.067	.311	3.787	28	.001	5.000	1.320	2.296	7.704
	等分散を仮定しない。			3.787	22.838	.001	5.000	1.320	2.268	7.732

　この「差の95%信頼区間」の値は被験者数に伴ってどのように変化するのでしょうか。表4.9に被験者数を変えたときの「差の95%信頼区間」の変化を示します。同じ表にはt値や有意確率の値も示しています。まず，被験者数が10人，30人，100人と変化したとき，その平均値の差が5点となる場合を見ると，被験者数が多くなるほどt値は増加し，同じ5点の差でも被験者が多くなると有意確率が小さくなり，統計的には有意な差として検出されています。同時に「差の95%信頼区間」も狭まっていることがわかります。被験者が100人の場合には3.6〜6.4の差が95%の確率で母集団に含まれているということですので，それだけ統計的な精度が高くなっていることを示しています。

表4.9 被験者数とt値，有意確率との関係

被験者数	平均値差	t値	有意確率	差の95%信頼区間	
				下限	上限
10	5	2.024	0.078	−0.695	10.695
30	5	3.787	0.001	2.296	7.704
100	5	7.086	0.000	3.600	6.400
10	5.2	2.364	0.046	0.127	10.27
10	1	0.579	0.578	−2.981	4.981
100	1	2.027	0.045	0.021	1.979

　被験者数が10人の場合，5.2点差が出ると有意確率は0.046と5%未満となりますが，100人の被験者では差が1点であっても有意確率は0.045という分析結果が出てきます。100人の場合には1点でも統計的には有意な差として出てきますが，10人の場合には5.2点の差がないと有意な差としては出てこないという結果を示しています。このような傾向があることから，統計分析のなかでは被験者数が少ない場合には，実際は差があるのに統計的には差がない，一方，被験者が多い場合には，実際には差がないのに統計的に差があるという誤った解釈を行う問題も出てくるのです。

4.3 ある値との有意差を調べたいとき
―― 1 サンプルの t 検定

　ここでは，2者の条件間での有意差を調べるのではなく，ある値と比較して有意差があるかどうかを分析する方法を説明します。例えば，クラスあるいは学校の成績が全国の学力テストの平均点と比較して有意な差があるかどうかを調べるときなどに使います。ここでは，対応のない t 検定で用いた4.2.3節のデータを使い，算数の試験の成績が80点と有意な差があるかどうかを調べてみます。

　図4.3で示す「メニュー」→「平均の比較」→「1サンプルの t 検定」を選択します。図4.5「1サンプルの t 検定」画面の「検定変数」に比較したいデータ，この場合には「算数の点数」を入力します。その下の「検定値」に比較する基準値となる80を入力します。「OK」をクリックすると結果が表示されます。

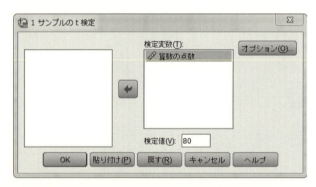

図4.5　1サンプルの t 検定

　表4.10と4.11に分析結果を示します。10人の生徒の平均点が83.5点で，この時の有意確率を見ると表4.11から0.037と有意な差があることがわかります。実際の点数の平均値の方が高いことから，80点と比較して，有意確率5％未満で有意に高い成績であることがわかります。これをもう少し詳しく，性別によって結果が違わないのかを見てみましょう。

表4.10　1サンプルの統計量

	N	平均値	標準偏差	平均値の標準誤差
算数の点数	10	83.50	4.528	1.432

第4章 異なる集団間に差や違いがあるかを調べたいとき

表4.11 1サンプルの検定

	検定値＝80					
	t値	自由度	有意確率（両側）	平均値の差	差の95％信頼区間	
					下限	上限
算数の点数	2.445	9	.037	3.500	.26	6.74

4.4　グループ別に分析する方法

　統計分析を行うときに，性別，クラス別，年齢層別でそれぞれ分けて分析したいことが多々あります。ここではその方法を説明します。4.3節で男5人，女5人全体の算数の成績を80点と比較して有意に高い成績であることがわかりました。そこで，男女別で分析したときにどのような結果になるかを調べてみます。

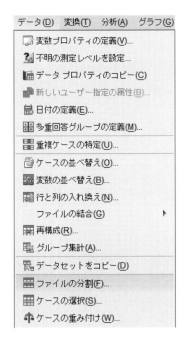

図4.6　グループ別の分析方法

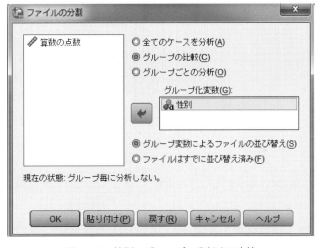

図4.7　性別のグループで分析する方法

　図4.6に示すように，SPSSメニューの「データ」→「ファイルの分割」を選択します。図4.7の「ファイルの分割」画面の「グループの比較」を選択し，「グループ化変数」に「性別」データを入力します。そして，「OK」をクリックします。これで，性別すなわち女子と男子の分析結果が比較して出力されます。この設定が終わったら，図4.5で示した手順で分析します。この方法により分析された結果を表4.12と4.13に示します。女子，男子の結果が併記された結果が表示されます。表4.13より女子の有意確率は0.009と有意確率1％未満で有意，すなわち，80点と比較して有意に高い点数であることがわか

りますが，男子の方は有意確率が0.662となり，80点と比較して有意な差は見られないことがわかります。図4．7でグループ化を設定すると，その後のすべての分析が「女」と「男」別に分析することになりますので，まとめて分析したい場合には，図4．7で「全てのケースを分析」を選択しなおします。なお，同画面に「グループごとの分析」という選択肢がありますが，これは「女」と「男」の結果がそれぞれ別々に表示されることになります。項目ごとに男女別の結果を表示したい場合には「グループの比較」，男女別に項目の結果を表示したい場合には「グループごとの分析」を選択します。

表4.12　1サンプルの統計量

性別		N	平均値	標準偏差	平均値の標準誤差
女	算数の点数	5	86.00	2.828	1.265
男	算数の点数	5	81.00	4.743	2.121

表4.13　1サンプルの検定

性別		検定値＝80					
		t値	自由度	有意確率（両側）	平均値の差	差の95%信頼区間	
						下限	上限
女	算数の点数	4.743	4	.009	6.000	2.49	9.51
男	算数の点数	.471	4	.662	1.000	-4.89	6.89

4．5　条件が3つ（正確には2つ以上）ある場合の差の有無を調べるとき

　これまでは「女」と「男」という2条件での差の有無を分析してきました。ここでは，3つ以上の条件がある場合（正確には2つ以上）の差の有無を調べる方法を説明します。表4．14のデータはA, B, C, Dの4つのクラスにおける10人の生徒の成績をまとめたものです。ここでは，このクラス間で成績に差があるかどうかを調べます。この場合，「要因」はクラス，「条件」はA, B, C, Dの4つ，生徒はすべて違うので「対応のない」ケースです。このように，対応がなく1要因，4条件（2以上）の場合には一元配置分散分析を用います。それでは，このデータを用いてSPSSで分析してみましょう。
　ここで，この表の形式に疑問をもたれた方はかなり理解が進んでいる方です。この形式でSPSSにインポートしても分析はなされません。4．2．3節で説明したように表の形式は縦に被験者が1列に並んだ形式でなくてはなりません。この表の構成では，例えば2行目の，56点，35点，84点，77点が同じ被験者から得られた構成になってしまいます。そこで，被験者（ここでは生徒）を1列目に並べた表4．15のように変えましょう。

表4.14 4クラスの試験の点数

A組	B組	C組	D組
56	35	84	77
49	42	70	70
63	42	63	92
84	49	98	98
70	21	98	85
72	55	72	72
81	61	65	85
67	45	70	77
87	38	68	90
73	45	80	85

表4.15 表4.14のデータを分析用に並べ替えた表

生徒	クラス	点数
1	A	56
2	A	49
≈	≈	≈
9	A	87
10	A	73
11	B	35
12	B	42
≈	≈	≈
19	B	38
20	B	45
21	C	84
22	C	70
≈	≈	≈
29	C	68
30	C	80
31	D	77
32	D	70
≈	≈	≈
39	D	83
40	D	90

表4.15のデータをSPSSで読み込みましょう(分析の際には,生徒のデータは不要ですが,わかりやすいように入れています)。分析用データの「一元配置分散分析」のデータを読み込んでください。図4.3で示すメニューの「分析」→「平均の比較」→「一元配置分散分析」を選択します。次に図4.8の「一元配置分散分析」画面の「従属変数リスト」に違いを調べたい「点数」を入力し,「因子」には比較対象とする「クラス」を入力します。ところが,図4.8を見てわかるように,この画面には「クラス」の変数が表示されていません。これは「因子」となる変数は数値で表記されている必要があり,このケースではクラスがA, B, C, Dという文字列で表記されていることが原因です。

図4.8 一元配置分散分析画面

ここで，もう一度，データを変換します。2.6節の「回答値を変換して分析する方法」に従って，クラスA，B，C，Dを，仮に1，2，3，4と置きかえてみましょう（図4.9）。今回は「他の変数への値の再割り当て」ではなく「同一の変数への値の再割り当て」を選択しましたが，他の変数として割り当ててもかまいません。これで，Aクラスが1，Bクラスが2，Cクラスが3，Dクラスが4に割り当てられました。（なお，A, B, C, Dを1，2，3，4と置きかえただけでは，図4.8と同じように「クラス」の変数が表示されません。変数ビューで「クラス」の「型」を「文字列」ではなく「数値」に修正しておく必要があります。）

図4.9　クラスを数値に再割り当てした画面

　これでクラス名を数値に変換できましたが，このままだと，SPSSはA組，B組……という名称ではなく，1組，2組……で出力結果が表示されることになるので，後で結果を考察するときにわかり難くなってきます。そこで，1はA組，2はB組……といったことがわかるように設定しておきます。このやり方もSPSSでは結構使いますので，覚えておきましょう。
　データの画面を「変数ビュー」に切り替えて，「クラス」の「値」の部分をクリックします。そうすると，図4.10の値ラベル画面が表示されるので，「値」に数値を，「ラベル」にその数値が意味するものを入力します。図4.10は「4」という値は「D組」を意味しているということを示している部分の図です。「追加」ボタンをクリックし，1～4まで全部入力し終えたら「OK」をクリックします。これで分析前の準備は完了です。

図4.10 値のラベル変換方法

　それではこのデータを用いて分析しましょう。メニューの「分析」→「平均の比較」→「一元配置分散分析」を選択します。今度は図4.8の「一元配置分散分析」画面が表示され，画面の左欄に「クラス」が表示されていますので，「従属変数リスト」に「点数」を，「因子」に「クラス」を入力します。これで「OK」をクリックすると，4つのクラス間で差があるかどうかが分析されます。しかし，差が生じていることがわかったときに，どのクラス間で差が生じているのかがわかった方がよいので，図4.8で示した画面の右側の「その後の検定」をクリックし，差が生じているという結果が出た後の検定方法を選択しておくとよいでしょう。分析方法として，Tukey（テューキー）法，Bonferroni（ボンフェローニ）法，Scheffe（シェフェ）法などがありますが，一般に多重比較のなかで有意差を出しやすいTukey法が多く用いられています（被験者数が少ない場合にはBonferroni法がTukey法より優れていると言われ，より有意性を厳しく分析する場合にはScheffe法が用いられています）。ここでは図4.11の「その後の多重比較検定」画面で，「Tukey（T）」法にチェックを入れます。また，A～D組の平均点をプロットしたグラフがあれば，感覚的にどのクラス間で差がありそうかがわかりやすくなりますので，図4.8の「オプション」をクリックして「平均値のプロット」にチェックを入れます。その他，クラス別の平均値を知りたい場合などは「記述統計量」にもチェックを入れましょう。

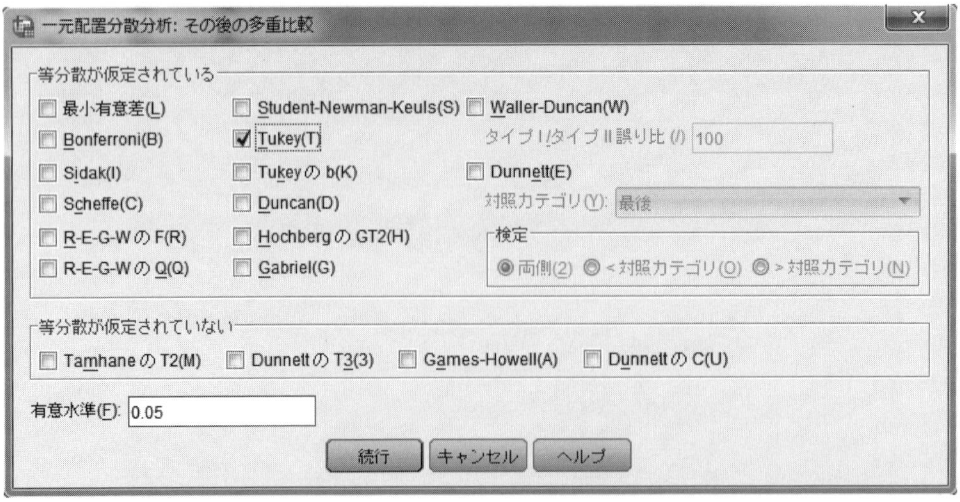

図4.11　その後の多重比較検定

　表4.16以降に分析結果を示します。表4.16からクラスごとの平均値や標準偏差などの記述統計量がわかります。表4.17を見ると有意確率が0.000とグループ間で有意な差が見られていることがわかります。ここで，各クラスの点数の平均値をプロットした図4.12を見ると，A組とB組，B組とC組，あるいはB組とD組間に大きな差が見られていますので，これらに有意な差があるのではないかと予想が立ちます。これらが統計的に有意な差であるかどうかは，「その後の検定」によって分析された表4.18の多重比較結果から判断します。表には比較するクラスのペアーが重複して出力されています。例えばA組とB組の平均値の差は26.9で有意確率が0.000となっています。その下のB組とA組を見ると，これはB組の平均値からA組の平均値を引いた値となるため，符号が逆転して−26.9となっています。95％の信頼区間の値も符号が逆転しますが，その他の値は同じになりますので，どちらか一方を見ればよいです。A組とB組の有意確率が0.000であることから1％未満で有意な差が見られています。他にもB組とC組，B組とD組間にも有意な差が見られていることがわかります。

表4.16　各クラスの記述統計

点数

	度数	平均値	標準偏差	標準誤差	平均値の95％信頼区間		最小値	最大値
					下限	上限		
A組	10	70.20	12.081	3.820	61.56	78.84	49	87
B組	10	43.30	10.985	3.474	35.44	51.16	21	61
C組	10	76.80	12.839	4.060	67.62	85.98	63	98
D組	10	83.10	8.999	2.846	76.66	89.54	70	98
合計	40	68.35	18.818	2.975	62.33	74.37	21	98

第4章 異なる集団間に差や違いがあるかを調べたいとき

表4.17 クラス間の分散分析

点数

	平方和	自由度	平均平方	F値	有意確率
グループ間	9198.900	3	3066.300	23.934	.000
グループ内	4612.200	36	128.117		
合計	13811.100	39			

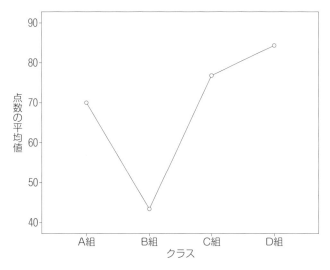

図4.12 各クラスの点数の平均値

表4.18 多重比較

従属変数:点数
Tukey HSD

(I) クラス		平均値の差 (I-J)	標準誤差	有意確率	95%信頼区間	
					下限	上限
A組	B組	26.900*	5.062	.000	13.27	40.53
	C組	-6.600	5.062	.567	-20.23	7.03
	D組	-12.900	5.062	.069	-26.53	.73
B組	A組	-26.900*	5.062	.000	-40.53	-13.27
	C組	-33.500*	5.062	.000	-47.13	-19.87
	D組	-39.800*	5.062	.000	-53.43	-26.17
C組	A組	6.600	5.062	.567	-7.03	20.23
	B組	33.500*	5.062	.000	19.87	47.13
	D組	-6.300	5.062	.603	-19.93	7.33
D組	A組	12.900	5.062	.069	-.73	26.53
	B組	39.800*	5.062	.000	26.17	53.43
	C組	6.300	5.062	.603	-7.33	19.93

＊．平均値の差は0.05水準で有意です。

4.6 対応のないt検定と分散分析の違い

4.5の分散分析の結果，A組とB組，B組とC組，B組とD組間で点数の有意な差が認められました。ここで，一元配置分散分析ではなく，これらの2者間だけを取り出して，両者の差をt検定で分析したら問題があるのでしょうか。試しにA組とD組を取り上げて，図4.13に示すように，対応のないt検定で分析してみました。

図4.13　A組とD組のt検定

その結果を表4.19と表4.20に示します。表4.19のA組とD組の平均値，標準偏差，標準誤差のいずれの値も，一元配置分散分析で分析した表4.16に記載された値と同じ結果が出てきます。しかし，表4.20の「独立サンプルの検定」結果を見ると，「等分散を仮定する」の欄の有意確率は0.014と5％の確率で有意な差が認められる結果となっています。一元配置分散分析で分析した場合には表4.18で示したように，A組とD組間の有意確率は0.69であり，有意な差としては検出されませんでした。このように，3つ以上の条件がある場合に，分散分析した結果と，そこから2条件だけ抽出してt検定を行った結果とは異なる結果が出てきます。分散分析ではすべての条件が加味されますので，表4.18の「多重比較」に示すように全体の標準誤差が大きくなります。そのため，t検定で分析した方が有意確率が低い値が得られる，すなわち有意な差として検出されやすい結果となります。

表4.19　グループ統計量

クラス		N	平均値	標準偏差	平均値の標準誤差
点数	A組	10	70.20	12.081	3.820
	D組	10	83.10	8.999	2.846

表4.20 独立サンプルの検定

		等分散性のための Levene の検定		2つの母平均の差の検定						
		F値	有意確率	t値	自由度	有意確率（両側）	平均値の差	差の標準誤差	差の95%信頼区間	
									下限	上限
点数	等分散を仮定する。	.498	.489	-2.708	18	.014	-12.900	4.764	-22.909	-2.891
	等分散を仮定しない。			-2.708	16.637	.015	-12.900	4.764	-22.968	-2.832

ここで，A組とD組だけのデータを残して（B組およびC組のデータを削除），一元配置分散分析を行うと，どのような結果になるのでしょうか。この場合，条件が2つしかありませんので，分析結果の出力に，警告「その後の検定は2つしかグループがないため点数には行われません」というメッセージが出てくるとともに，表4.21の結果が出てきます。この結果からグループ間，すなわちこの場合はA組とD組の2者ですので，その間の有意確率は0.014という「対応のないt検定」で求めた値と同じ結果が得られます。すなわち，条件が2つの場合には一元配置分散分析で分析しても，対応のないt検定で分析しても同じ分析結果が得られます。3つ以上の条件がある場合に，そこから2条件の差を分析する場合には，対応のないt検定ではなく，一元配置分散分析でグループ間の差の有無を分析し，有意な差が見られる場合に，「その後の検定」で2条件間の差を考察する手順の方がよいと考えられます。

表4.21 A組とD組の分散分析

点数

	平方和	自由度	平均平方	F値	有意確率
グループ間	832.050	1	832.050	7.333	.014
グループ内	2042.500	18	113.472		
合計	2874.550	19			

第5章
同じ児童生徒の成績の伸び（変化）をみたいとき
―― 対応のある検定 ――

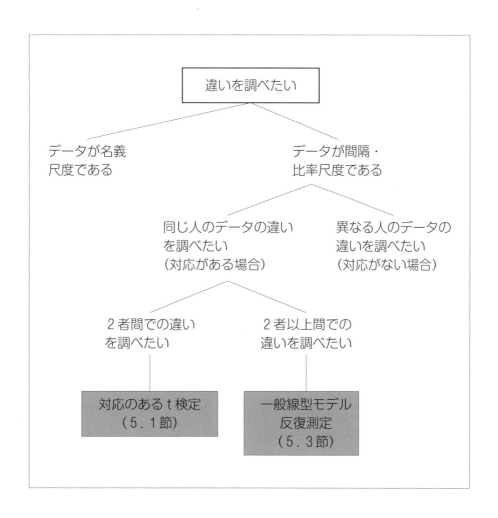

5.1 対応のある t 検定

　第4章では，1つのクラス内の男子生徒と女子生徒，あるいは3つ以上のクラス間で試験の成績に違いがあるか否かといった，データを収集した被験者がすべて異なるケースにおける分析方法を説明しました。しかし，一般にはこれらの他にも，児童生徒の成績や興味・関心の伸び（変化）など，同じ被験者間で違いがあるかを調べたい事例が存在します。このような場合には同じ被験者から複数回のデータを収集して分析します。異なる被験者から収集したデータで分析する場合を「対応がない場合」と呼びましたが，同じ被験者から収集したデータで分析する場合を「対応がある場合」と呼びます。統計的に分析しますので，個々の児童生徒の伸びに着目するのではなく，児童生徒が属する，例えばクラス全体で違いがあるか否かを調べることになります。

　それでは具体的なデータを用いて分析してみましょう。表5.1は同じ生徒の第1回目のテストの成績（100点満点のテストの成績）と第2回目のテストの成績を表しています。この10人が属するクラス全体で第1回目の成績と第2回目の成績に違いがあるのかどうかを調べる場合の分析方法を説明します。分析用データのシート「対応のある t 検定」のデータを SPSS に読み込みましょう。対応のない場合の表は，1列目に被験者，2列目に第1回か第2回というテストの回数，そして第3列目に成績が並ぶデータの構成でしたが，対応のある検定を行う場合には，第1回目と第2回目のデータが同じ被験者から得られていますので，表5.1をそのまま SPSS に読み込みます。今回の事例のように「同じ被験者」から収集したデータであること，「テストの成績」という1つの要因で，「第1回目の成績」と「第2回目の成績」という2つの条件間の違いを分析する場合には，「対応のある t 検定」を用います。

表5.1　10人の児童の1回目と2回目の試験の採点

生徒	第1回目 テストの成績	第2回目 テストの成績
1	92	75
2	73	80
3	80	70
4	64	48
5	30	35
6	73	55
7	82	87
8	70	45
9	75	70
10	98	85

それでは「対応のあるt検定」を行ってみましょう。図5．1に示すように，SPSSのメニューの「分析」→「平均の比較」→「対応のあるサンプルのt検定」を選択します。

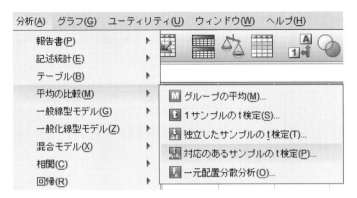

図5．1　対応のあるt検定選択画面

「対応のあるサンプルのt検定」を選択すると図5．2の画面が表示されます。変数1と変数2にそれぞれ比較したいもの，この場合は「第1回目テストの成績」と「第2回目テストの成績」を入れます。左窓の変数をクリックし，右窓の変数1あるいは変数2の入力欄にドロップして挿入できます。「OK」ボタンを選択すると，分析結果が表示されます。

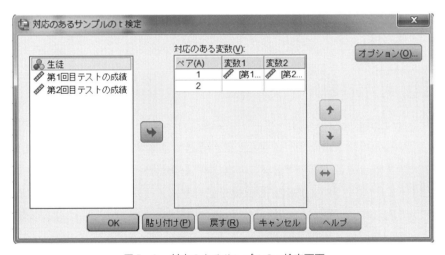

図5．2　対応のあるサンプルのt検定画面

表5．2「対応サンプルの統計量」から10人（表中のN値）の第1回目テストと第2回目テストの平均値や標準偏差等が表示されます。第2回目テストの方が第1回目テストに比べて平均点が下がっています。両者の差が有意であるか否かは表5．3の「対応サンプルの検定」結果からわかります。第1回目テストと第2回目テストのペアを比較した場合の分析結果の有意確率を見ると0.036，すなわち5％未満であることから帰無仮説（第1回目と第2回目のテストの成績に差はない）が棄却され，両者に有意な差が見られるという結果が出ています。表5．2の平均値から第1回目のテストの成績の方が高いことがわ

かりますが，表5．3の「平均値」を見ると，これは「第1回目のテストの成績」から「第2回目のテストの成績」を引いた値が表示されていますので，この値からも第1回目のテストの成績の方が高くその差が8.7点であることがわかります。

表5．2　対応サンプルの統計量

		平均値	N	標準偏差	平均値の標準誤差
ペア1	第1回目テスト	73.70	10	18.421	5.825
	第2回目テスト	65.00	10	18.098	5.723

表5．3　対応サンプルの検定

		対応サンプルの差					t値	自由度	有意確率（両側）
		平均値	標準偏差	平均値の標準誤差	差の95％信頼区間				
					下限	上限			
ペア1	第1回目テスト−第2回目テスト	8.700	11.206	3.544	.684	16.716	2.455	9	.036

5．2　「対応のないt検定」と「対応のあるt検定」との違い

　同じ被験者から収集したデータを分析する場合には「対応のある場合の検定」を用いる必要があると述べましたが，「対応のない場合の検定」の結果とどう違うのでしょうか。そこで，復習になりますが，第1回目テストと第2回目テストをまったく異なる被験者，すなわち全部で20名が受けた場合と比較してみましょう。これは「対応のないt検定」を用いればよいことはすぐにわかりますね。このとき，注意するのは表の構成です。表5．1で示した表の構成では分析できません。20名全員の点数として表5．4に示すように並べなおします。「テスト回数」の列には「第1回目テストの成績」を1，「第2回目テストの成績」を2としています。ここは，どんな数字でもかまいませんし，文字列表記のままでもかまいません。

第5章 同じ児童生徒の成績の伸び（変化）をみたいとき

表5.4 表5.1のデータを対応のないt検定
として並べ替えたもの

生徒	テスト回数	点数
1	1	92
2	1	73
3	1	80
4	1	64
5	1	30
6	1	73
7	1	82
8	1	70
9	1	75
10	1	98
11	2	75
12	2	80
13	2	70
14	2	48
15	2	35
16	2	55
17	2	87
18	2	45
19	2	70
20	2	85

第4章4.2.3の分析の流れに従って分析すると，表5.5の結果が出てきます。「グループ統計量」の結果は，表5.2の「対応のある場合のt検定」の統計量とまったく同じです。同じデータを使った結果ですので当然です。

表5.5 グループ統計量

	テスト回数	N	平均値	標準偏差	平均値の標準誤差
点数	第1回目テストの成績	10	73.70	18.421	5.825
	第2回目テストの成績	10	65.00	18.098	5.723

第1回目テストの成績と第2回目テストの成績に差があるかを見るため，表5.6の「独立サンプルの検定」を見ます。Leveneの検定の有意確率が0.470と5％以上であることから「等分散を仮定する」方のデータを見ます。有意確率は0.301と出ています。この結果から5％以上であることから，両者の成績には有意な差がないという解釈になります。この事例では「対応のあるt検定」では有意な差として出力されていますが，「対応のないt検定」では有意な差がないという結果が出てきています。

同じ人から複数のデータを収集した場合の分析ではなぜ「対応のある検定」を用いる必要があるのでしょうか。今回の事例のように学力は人に依存するものですし，この他に何かを評価する場合にも，厳しめに評価したり，甘めに評価したりするなど，人はその人な

りの能力や評価基準をもっています。同じ能力や評価基準のもとで，第1回目と第2回目の比較を行う必要があるわけです。すなわち，それぞれのデータを被験者ごとに対応させて分析する必要があるので「対応のある場合の検定」を行うのです。

表5.6　独立サンプルの検定

		等分散性のための Levene の検定		2つの母平均の差の検定						
		F値	有意確率	t値	自由度	有意確率（両側）	平均値の差	差の標準誤差	差の95%信頼区間	
									下限	上限
点数	等分散を仮定する。	.545	.470	1.065	18	.301	8.700	8.166	-8.457	25.857
	等分散を仮定しない。			1.065	17.994	.301	8.700	8.166	-8.457	25.857

このことを確認するために，表5.7に示すように，「第2回テストの成績を入れ替えたもの」で分析してみましょう。この数値は「第2回目のテスト」とまったく同じ点数を用いていますが，被験者を意識せずに並べ替えたものです。「第1回目テストの成績」と「第2回目テストの成績を並べ替えたもの」のデータを使って，「対応のあるt検定」を行ってみましょう。

表5.7　第2回目のデータを並べ替えたもの

生徒	第1回目テストの成績	第2回目テストの成績	第2回目テストの成績を並べ替えたもの
1	92	75	70
2	73	80	35
3	80	70	87
4	64	48	55
5	30	35	85
6	73	55	48
7	82	87	70
8	70	45	45
9	75	70	75
10	98	85	80

今度は，図5.2で「第1回目のテストの成績」と「第2回目テストの成績を並べ替えたもの」を入力して分析します。分析結果を見てみましょう。出力された表5.8の統計量は第2回テスト点数を並べ替える前の値とまったく同じです。並べ替えただけで同じデータを使っていますので，この結果は当然です。両者に差があるかどうかを表5.9「対応サンプルの検定」結果から見ると，有意確率が0.316と5％以上であることから，両者に有意な差は見られないという結果になっていることがわかります。数値を入れ替える元のデータでは有意差が確認されましたが，第2回テスト点数を並べ変えたデータでは有意差は確認されていません。このことから，データがペアすなわち「対応していることが意味をもっている」ことが理解できます。

第5章 同じ児童生徒の成績の伸び（変化）をみたいとき

表5．8　対応サンプルの統計量

		平均値	N	標準偏差	平均値の標準誤差
ペア1	第1回目テスト	73.70	10	18.421	5.825
	第2回テスト点数を並べ替えたもの	65.00	10	18.098	5.723

表5．9　対応サンプルの検定

		対応サンプルの差					t値	自由度	有意確率（両側）
		平均値	標準偏差	平均値の標準誤差	差の95％信頼区間				
					下限	上限			
ペア1	第1回目テスト―第2回テスト点数を並べ替えたもの	8.700	25.915	8.195	-9.838	27.238	1.062	9	.316

　なお，「第1回テストの成績」と「第2回テスト点数を並べ替えたもの」のデータを使って，これらがまったく異なる被験者から得られたものと仮定して「対応のないt検定」で分析するとどのような結果になるかは，予測できると思います。ここでは分析結果を表示しませんが表5．5および5．6の「第1回目テストの成績」と「第2回目テストの成績」のデータを対応のないt検定で分析した結果と同じ結果が出てきます。対応のないt検定では，データを並べ替えても分析結果は同じになることは容易に理解できると思います。

5．3　テストを3回以上行ったときの変化を見たいとき
――一般線形モデル反復測定

　5．1節では，テストを2回行って両者に違いがあるかを分析しましたが，実際には3回以上テストを行って違いがあるかどうかを調べたいケースも多々あります。このような，条件が3個以上（正しくは2個の場合にも使えますので，条件が2個以上）の場合には「対応のあるt検定」ではなく，「一般線形モデル」を使います。表5．10は表5．1の事例に引き続き第3回テストを行ったときの成績を示したものです。

表5．10　テストを3回実施したときのデータ

生徒	第1回目テスト	第2回目テスト	第3回目テスト
1	92	75	90
2	73	80	82
3	80	70	87
4	64	48	65
5	30	35	36
6	73	55	80
7	82	87	87
8	70	45	65
9	75	70	85
10	98	85	95

この3回のテスト間に差が見られるのかどうかを分析してみましょう。分析用データの「一般線形モデル反復測定」をSPSSに読み込みましょう。図5.3に示すように，SPSSメニューの「分析」→「一般線形モデル」→「反復測定」を選択します。

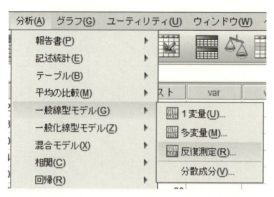

図5.3　条件が3つ以上の場合の対応のある検定

図5.4の「反復測定の因子の定義」の画面が表示されますので，「被験者内因子名」に「テストの成績」と入れます。この名称はなんでもかまいません。どのような条件の違いを見るかということを記述するものですので，ここでは「テストの成績」としました。「水準数」には条件の数を入れます。この場合の条件数は第1回テストから第3回テストまでの3個になりますので，「3」と記入します。「水準数」を記入すると「追加」ボタンがクリックできるようになりますので，それをクリックしてください。そうすると，中央の欄に「テストの成績(3)」と表示されます。

次に図5.4の下段に表示されている「定義」をクリックできるようになりますのでそれをクリックします。

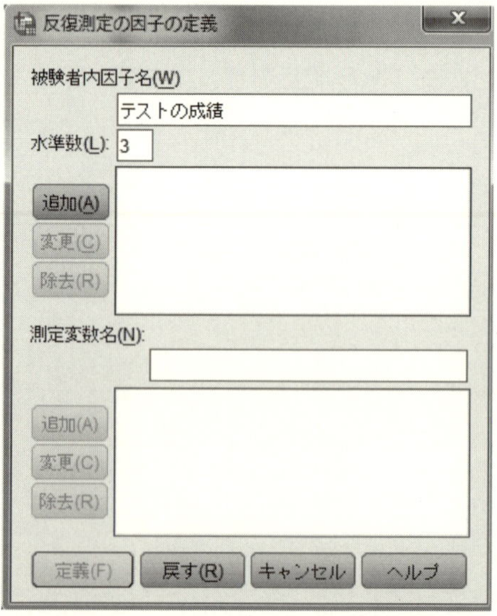

図5.4　反復測定の因子の定義画面

第5章 同じ児童生徒の成績の伸び（変化）をみたいとき

図5.5　反復測定画面

　図5.5「反復測定」の画面が表示されますので，「被験者内変数」の「＿?＿（1）」に「第1回目テスト」をクリック＆ドロップで入れます。同様に「第2回目テスト」と「第3回目テスト」にも入れます。

　必須ではありませんが，4.5節の「一元配置分散分析」において説明したように，それぞれのテストの平均値のグラフを表示させると，テスト間の点数の変化がおおよそわかりますので，画面の右側メニューにある「作図」を選択し，図5.6に示す「プロファイルのプロット」の「横軸」に「テストの成績」を入れます。その後，左中央にある「追加」ボタンをクリックすると，画面の下の「作図」欄に「テストの成績」が挿入されます。

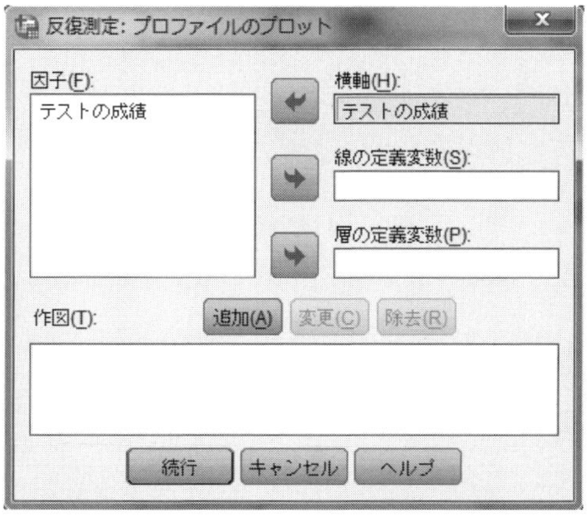

図5.6　プロファイルのプロット画面

　第1回目テスト，第2回目テスト，第3回目テストのどの間で差があるのかを調べるために，図5.5の右側メニューの「オプション」を選択します。

図5.7右側の「平均値の表示」の窓に違いを検証したい項目，すなわち「テストの成績」を挿入します。そうすると，「主効果の比較」にチェックが入れられるように表示が変わりますので，そこに☑を入れましょう。「信頼区間の調整」では，ここではBonferroni法を選択しています。分析結果のなかに表示させたい項目があれば「表示」のなかから必要なものに☑を入れましょう。☑を入れなくても有意差の有無の分析結果は表示されます。ここでは「記述統計量」に☑を入れています。「続行」をクリックすると図5.5が表示されます。「OK」をクリックすると分析結果が表示されます。

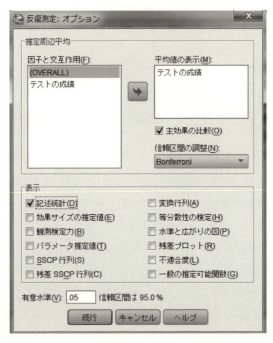

図5.7　反復測定のオプション画面

表5.11の分析結果を見てみましょう。記述統計量を見るとそれぞれのテストの平均値等がわかります。第1回目テストと第2回目テストは同じデータを使っていますので，表5.2で得られた結果と同じ値を示しています。

表5.11　記述統計量

	平均値	標準偏差	N
第1回目テスト	73.70	18.421	10
第2回目テスト	65.00	18.098	10
第3回目テスト	77.20	17.511	10

次に表5.12の「Mauchlyの球面性検定」を見ましょう。Mauchlyの球面性とは組ごと（この場合それぞれのテストの点数）の差の理論上の分散が同じになることを意味しています。その有意確率は0.044と5％未満の値を示していますので，この仮説は棄却され，この例では「球面性が仮定されない」ことになります。この場合，表5.13の「被験者内

効果の検定」のGreenhouse-GeisserかHuynh-Feldtの有意確率を見ます。いずれも有意確率が1％未満の値を示していますので，有意な差が見られることを示しています。そこで，表5.14の「ペアごとの比較」を見ると，2回目テストと3回目テスト間の有意確率が0.005と1％未満で有意な差が見られる（3回目のテストの成績が2回目のテストの成績に比べて高い）ことがわかります。図5.8の「作図」によるグラフ化した結果を見てもその予想は可能です。

表5.12　Mauchlyの球面性検定 [a]

測定変数名：MEASURE_1

被験者内効果	MauchlyのW	近似カイ2乗	自由度	有意確率	イプシロン [b]		
					Greenhouse-Geisser	Huynh-Feldt	下限
テストの成績	.458	6.248	2	.044	.648	.712	.500

正規直交した変換従属変数の誤差共分散行列が単位行列に比例するという帰無仮説を検定します。
a. 計画：切片
被験者計画内：テストの成績
b. 有意性の平均検定の自由度調整に使用できる可能性があります。修正した検定は，被験者内効果の検定テーブルに表示されます。

表5.13　被験者内効果の検定

測定変数名：MEASURE_1

ソース		タイプIII平方和	自由度	平均平方	F値	有意確率
テストの成績	球面性の仮定	789.267	2	394.633	10.364	.001
	Greenhouse-Geisser	789.267	1.297	608.546	10.364	.005
	Huynh-Feldt	789.267	1.424	554.229	10.364	.004
	下限	789.267	1.000	789.267	10.364	.011
誤差（テストの成績）	球面性の仮定	685.400	18	38.078		
	Greenhouse-Geisser	685.400	11.673	58.718		
	Huynh-Feldt	685.400	12.817	53.477		
	下限	685.400	9.000	76.156		

表5.14　ペアごとの比較

測定変数名：MEASURE_1

(I) テストの成績		平均値の差(I-J)	標準誤差	有意確率 [b]	95％平均差信頼区間 [b]	
					下限	上限
1	2	8.700	3.544	.109	-1.694	19.094
	3	-3.500	1.688	.204	-8.452	1.452
2	1	-8.700	3.544	.109	-19.094	1.694
	3	-12.200*	2.728	.005	-20.201	-4.199
3	1	3.500	1.688	.204	-1.452	8.452
	2	12.200*	2.728	.005	4.199	20.201

推定周辺平均に基づいた
＊．平均の差は.05水準で有意です。
b．多重比較の調整：Bonferroni。

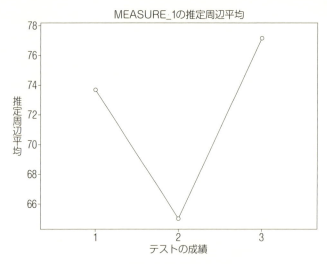

図5.8 3回のテストの成績プロット

5.4 対応のあるt検定と一般線形モデルとの違い

5.1節で示したように，対応のあるt検定では，1回目テストと2回目テスト間で有意確率が0.036という値が得られ，有意な差が見られる結果となりました。しかし，一般線形モデルでは表5.14に示すように，これらのテスト間では有意確率が0.109と5％以上を示し，両者に有意な差は見られず異なる結果となっています。このように，条件が3つ以上の場合において一般線形モデルの反復測定で分析した場合には，対応のないt検定と一元配置分散分析で説明したことと同じような傾向，すなわち，3つ目のデータの影響を受け分散が広がるために，差が現れ難くなっています。それでは，初めから2個の条件しかない場合，すなわちこの事例では第1回目テストと第2回目テストのデータしかない場合に，一般線形モデルの反復測定で分析したらどうなるのでしょうか。

表5.15は第1回目テストと第2回目テストのデータだけを一般線形モデルの反復測定で分析した結果を示します。表5.1のデータを一般線形モデルで分析したというものです。この結果の有意確率を含め，すべて「対応のあるt検定」で行った場合の結果（表5.15は表5.2と，表5.16は表5.3の結果）と同じ値が得られています。

表5.15 推定値

測定変数名：MEASURE_1

テストの成績	平均値	標準誤差	95%信頼区間	
			下限	上限
1	73.700	5.825	60.522	86.878
2	65.000	5.723	52.053	77.947

第5章 同じ児童生徒の成績の伸び（変化）をみたいとき

表5.16　ペアごとの比較

測定変数名：MEASURE_1

(I) テストの成績		平均値の差 (I-J)	標準誤差	有意確率[b]	95%平均差信頼区間[b]	
					下限	上限
1	2	8.700*	3.544	.036	.684	16.716
2	1	-8.700*	3.544	.036	-16.716	-.684

推定周辺平均に基づいた

＊．平均の差は.05水準で有意です。

b．多重比較の調整：Bonferroni。

　逆に，第1回目テスト，第2回目テスト，第3回目テストをそれぞれ2者選択して，図5.9のように条件を設定して，それぞれの間に差があるか否かを「対応のあるt検定」で分析してみましょう。

図5.9　3テストの成績をそれぞれ対応のあるt検定で分析

　この分析では，表5.17の有意確率を見てわかるように第1回目テストと第2回目テスト，また第2回目テストと第3回目テストの有意な差が見られる結果となっています。一般線形モデル反復測定で分析した表5.14の第2回目テストと第3回目テスト間の有意確率は0.005ですが，対応のあるt検定では表5.17に示すように0.002と若干小さく出ています。

表5.17　対応サンプルの検定

		対応サンプルの差					t 値	自由度	有意確率(両側)
		平均値	標準偏差	平均値の標準誤差	差の95%信頼区間				
					下限	上限			
ペア1	第1回目テスト―第2回目テスト	8.700	11.206	3.544	.684	16.716	2.455	9	.036
ペア2	第2回目テスト―第3回目テスト	-12.200	8.626	2.728	-18.370	-6.030	-4.473	9	.002
ペア3	第1回目テスト―第3回目テスト	-3.500	5.339	1.688	-7.319	.319	-2.073	9	.068

このように，3つ以上の条件がある場合に，そこから2つを抽出してその間に有意な差があるかどうかを対応のあるt検定で分析した場合と，3つ以上の条件すべてを考慮して分析し，そのなかでどの2つの間に有意な差があるかどうかを分析した場合とでは，結果が異なってきます。対応のないt検定と一元配置分散分析と同様の傾向，すなわち，t検定の方が有意差が生じやすい傾向となります。そのため，3つ以上の条件がある場合には，一般線形モデルの反復測定で分析して，その後にどの2者間で差があるかを分析する方が望ましいでしょう。

第6章
比較する要因が2つあるとき
―― 一般線形モデル1変量分析 ――

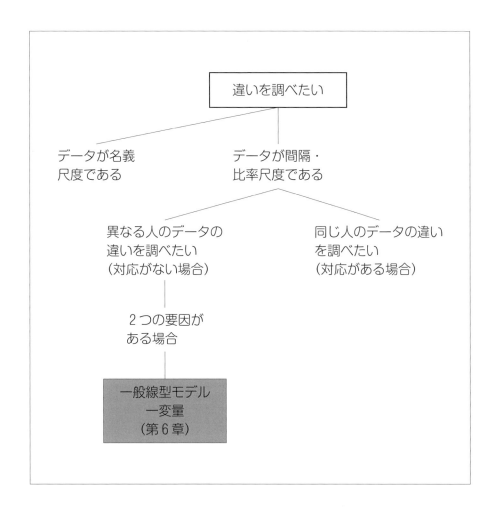

第4章では「男女間で算数の点数に違いがあるかどうか」，あるいは「A組，B組，C組，D組のクラス間で試験の成績に違いがあるかどうか」を分析する方法について説明しました。すなわち，比較している要因が「男女間」あるいは「クラス間」というように，1つの場合を扱ってきました。このようなケース以外に「学校間でかつ男女間で成績に違いがあるかどうか」「国籍別で男女間で成績に違いがあるかどうか」「進学校と非進学校間で進学希望先別（大学，就職，専門学校など）で学習意欲に違いがあるかどうか」など，比較する要因が，「学校と性別」「国籍と性別」「学校（進学校と非進学校）と進学先希望先別」といったように2つ存在する場合があります。ここでは，比較する要因が2つある場合の検定について説明します。なお，この場合の分析では，用いることのできるデータは第4章同様に「間隔尺度」もしくは「比率尺度」に限ります。また，すべてのデータが異なる被験者から得られている，すなわち「対応がない場合」を扱っています。

6.1　交互作用がないケース

6.1.1　一般線形モデルの1変量分析の利用

　まず，表6.1に示すように3つの学校において数学の試験を行ったときの点数を性別ごとにまとめたデータがあるとしましょう。このデータは3つの学校でそれぞれ男女30人の試験の点数をまとめたものです。このデータを基に学校間あるいは性別間で点数に違いがあるかを分析してみましょう。この例では，要因として「性」と「学校」の2つが存在します。表6.1をSPSSで読み込む前に，第4章の4.5節を思い出してください。この表の形式ではSPSSで分析できません。表6.2に示すように列に「性」「学校」「点数」といった変数が並ぶように並べなおす必要があります。すなわち，被験者ごとに並べる必要があります。すでに並べ変え，「男」を1，「女」を2，A学校を1，B学校を2，C学校を3に置き換えたデータを分析用データの「交互作用がない2要因の分散分析」シートに掲載していますので，それをSPSSに読み込んでください。

第6章 比較する要因が2つあるとき

表6.1 学校別，男女別得点

	A学校	B学校	C学校
男	76	77	87
男	80	75	76
男	67	67	80
男	55	75	76
男	70	80	77
男	73	85	75
男	78	74	69
男	80	70	86
男	92	67	79
女	77	80	85
女	76	76	88
女	80	73	86
女	85	84	74
女	73	92	77
女	90	87	69
女	83	80	65
女	78	75	78
女	65	73	85

表6.2 表6.1を並べ直したデータ

性	学校	点数
男	A学校	76
男	A学校	80
⋮	⋮	⋮
女	A学校	77
女	A学校	76
⋮	⋮	⋮
男	B学校	77
男	B学校	75
⋮	⋮	⋮
女	B学校	80
女	B学校	76
⋮	⋮	⋮
男	C学校	87
男	C学校	76
⋮	⋮	⋮
女	C学校	85
女	C学校	88
⋮	⋮	⋮

　分析を行う前に図6.1の学校別，性別の点数のグラフを見てください。この図は後に描き方を説明しますが，表6.1，6.2のデータをグラフ化したものです。このグラフからわかることや予測されることを挙げてみましょう。

① どの学校においても女子の点数が男子より高く，性別で有意な差があるかもしれない。

② C学校は男子および女子ともA学校やB学校に比べて点数が高く，他の学校と有意な差があるかもしれない。

③ 男女間の点数の差はC学校，A学校，B学校の順に大きく，C学校やA学校では男女間に有意な差があるかもしれない。

④ 女子の点数を見るとC学校，B学校，A学校の順に大きく，学校間で有意な差があるかもしれない。

⑤ 男子の点数を見るとC学校，B学校，A学校の順に大きく，B学校とC学校の差はそれほど大きくないが，A学校とB学校，A学校とC学校には有意な差があるかもしれない。

　このように分析する前におおよその仮説を立てることで，調べることが明確になってきます。

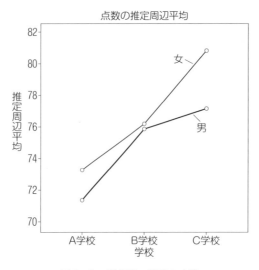

図6.1　学校別, 性別の点数

　それでは, このデータをSPSSで分析してみましょう。このケースは, 要因が2個で対応のない被験者のデータですので,「2要因の分散分析」を用います。SPSSでは一般線形モデル1変量分析を用います。性別は男・女の2条件で, 学校はA学校, B学校, C学校の3条件となっています。まず, 図6.2に示すようにメニューの「分析」→「一般線形モデル」→「1変量」を選択します。

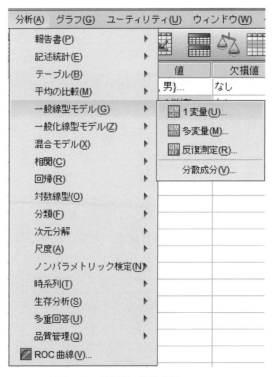

図6.2　2要因の分散分析メニュー

表示される図6.3(a)の「従属変数」に比較する対象である「点数」を入力し,「固定因子」に要因である「性」と「学校」を入力します。結果を推測するにあたり,点数が性別や学校別でどのような関係があるかを目視できるとわかりやすくなります。そこで,図6.1で示したグラフを作成するために,図6.3(a)の右側メニューの「作図」をクリックします。図6.3(b)の画面が表示されますので,「横軸」に「学校」を「線の定義変数」に「性」を入力します。これは図6.1に示すように,縦軸が「点数」,「横軸」が「学校」,そしてパラメータとして「性別」すなわち男女それぞれの折れ線グラフが描かれることを示しています。「横軸」と「線の定義変数」の変数を入れ替えてもかまいません。その場合は,横軸が「性別」そしてグラフとして3本の学校のデータが表されることになります。図6.3(b)の「作図」の「追加」をクリックすると,図6.3(b)下のボックスに「学校＊性」が表示されます。

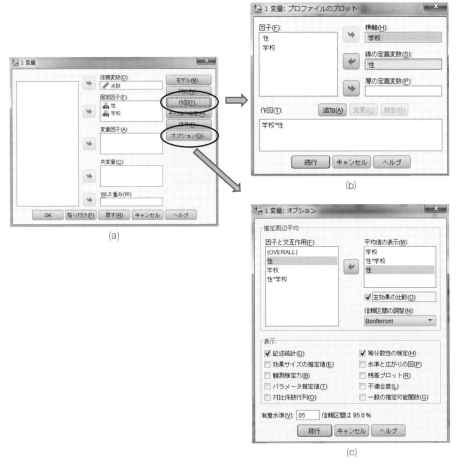

図6.3　分析データ設定画面

次に図6.3(a)の右側メニューの「オプション」をクリックします。図6.3(c)の平均値の表示に,要因である「学校」と「性」,そして「性＊学校」を入力します。この「性＊

学校」は2つの要因に交互作用があるかどうかを調べるものです。交互作用とは，例えば，学校別に点数をプロットしたときに，性別によってその傾向が逆転（例えば男子の点数はA学校に比べてB学校やC学校の方が大きいが，女子はそれと逆転する傾向を示す）したり，あるいは，男女間の差が学校間で有意に異なったりする場合などに「交互作用」が見られるという表現を使います。2要因の分散分析では「交互作用」があるかないかを分析する必要があります。

　図6．3(c)では「主効果の比較」に☑を入れ，ここでは「Bonferroni法」を選択します。第4章の一元配置分散分析では「その後の検定」で「Tukey法」を選択しましたが，その分析法の中に「Bonferroni法」もあったことを思い出してください。「主効果」とはそれぞれの要因が独自に従属変数（この場合は数学の点数）に与える効果のことを意味しています。主効果が有意だと判断された場合，その要因が従属変数に対して効果があることを意味します。例えば，この場合，男と女の数学の点数に有意な差が見られていれば「性」の主効果がある，と表現します。すなわち，「性」によって点数の違いが見られることを意味します。また，学校間で数学の点数に有意な違いが見られれば，「学校」の主効果がある，と表現します。

　交互作用がないと判断される場合には，従属変数に対する要因の効果，すなわち主効果を見ればよいのですが，交互作用が見られる場合には，それぞれの要因における他の要因の効果，この場合では「学校」別に「性」の影響を見る（例えばB学校は男女間で点数に差はないがA学校では有意な差が見られるといった分析），また「性」別に「学校」の影響を見る（例えば男子ではB学校とC学校では差は見られないが，B学校とA学校では有意な差が見られるといった分析）必要があります。このような交互作用がある場合のそれぞれの要因における他の要因の効果を「単純主効果」と言います。

　それでは，図6．3に戻りましょう。図6．3(c)の「表示」の項目のなかで今回は男女別，学校別の平均値を見るために「記述統計量」と，それぞれの点数が性別や学校間で等質に分散しているかを見るために「等分散性の検定」に☑を入れています。「続行」をクリックすると図6．3(a)の画面に戻りますので，「OK」をクリックします。

　分析結果の記述統計量を表6．3に示します。性別に学校ごとの平均値等が表示されています。表6．4の等質性検定の有意確率を見ると0.409と5％以上となっています。帰無仮説である「点数が性別や学校間で等質に分散している」が棄却されないことから，本データは等質に分散していることがわかります。

表6.3 記述統計量

従属変数：点数

性	学校	平均値	標準偏差	N
男	A 学校	71.37	9.919	30
	B 学校	75.87	8.561	30
	C 学校	77.17	7.288	30
	総和	74.80	8.916	90
女	A 学校	73.27	8.432	30
	B 学校	76.20	6.905	30
	C 学校	80.83	6.762	30
	総和	76.77	7.963	90
総和	A 学校	72.32	9.177	60
	B 学校	76.03	7.713	60
	C 学校	79.00	7.211	60
	総和	75.78	8.487	180

表6.4 Levene の誤差分散の等質性検定[a]

従属変数：点数

F 値	自由度1	自由度2	有意確率
1.018	5	174	.409

従属変数の誤差分散がグループ間で等しいという帰無仮説を検定します。

a. 計画：切片＋性＋学校＋性＊学校

次に表示されている表6.5の被験者間効果の検定を見ます。ここで重要な項目は左列「ソース」の「性」「学校」「性＊学校」の有意確率です。要因である「性」あるいは「学校」の有意確率が5％未満であれば主効果があり，「性＊学校」の有意確率が5％未満であれば「交互作用」があると判断されます。表6.5からは「性」の有意確率が0.103であることから，「性」による主効果は見られませんが，「学校」の有意確率は0.000ですので，この主効果は見られます。また，「性＊学校」の有意確率は0.527と5％以上であることから，この事例では交互作用は見られません。

表6.5 被験者間効果の検定

従属変数：点数

ソース	タイプⅢ 平方和	自由度	平均平方	F 値	有意確率
修正モデル	1603.117[a]	5	320.623	4.942	.000
切片	1033760.450	1	1033760.450	15932.980	.000
性	174.050	1	174.050	2.683	.103
学校	1345.633	2	672.817	10.370	.000
性＊学校	83.433	2	41.717	.643	.527
誤差	11289.433	174	64.882		
総和	1046653.000	180			
修正総和	12892.550	179			

a. R2乗 = .124（調整済み R2乗 = .099）

さらに分析結果には，表6.6，表6.7に示すように「性」「学校」のペアごとの比較結果が表示されます。表6.6の性別の比較結果から，有意確率は表6.5に示しているのと同じ0.103であることから「性」による点数の違い，すなわち「男」と「女」で有意な差は見られないことがわかります。一方，表6.7ではA学校とB学校での有意確率が0.037，A学校とC学校での有意確率が0.000と，これらの学校間に有意な差が見られて

いますが，B学校とC学校間では有意確率が0.136であり有意な差は見られていません。

これらの結果から，図6．1から予測した項目の①については，女子の点数が男子の点数より高いものの，有意な差ではないということがわかります。②については，C学校はA学校に比べて点数が高い，またB学校はA学校に比べて点数が高く，これらには有意な差が見られているが，C学校とB学校間の差は有意な差ではないということがわかります。③〜⑤の項目に関しては，これらの分析結果からはわかりません。また，この結果で書かれている，「性」による違いというのは3つの学校における男子と女子をそれぞれ合計した値での比較，すなわち表6．3の「女」と「男」の「総和」の比較，一方，学校別による違いというのは，それぞれの学校における男子と女子を合計した値での比較がなされています。例えば，表6．7のA学校とB学校の平均値の差とは，表6．3のA学校の総和72.32とB学校の総和76.03との差である−3.71が記述されています。

それぞれの学校において男女間に有意な違いがあるかどうか，あるいは，男子もしくは女子それぞれにおいて，学校間に有意な違いがあるかどうかを分析しているものではありませんので，注意が必要です。

表6．6 ペアごとの比較（性別の比較）

従属変数：点数

(I) 性		平均値の差 (I-J)	標準誤差	有意確率[a]	95%平均差信頼区間[a]	
					下限	上限
男	女	−1.967	1.201	.103	−4.337	.403
女	男	1.967	1.201	.103	−.403	4.337

推定周辺平均に基づいた
a. 多重比較の調整：Bonferroni。

表6．7 ペアごとの比較（学校別の比較）

従属変数：点数

(I) 学校		平均値の差 (I-J)	標準誤差	有意確率[b]	95%平均差信頼区間[b]	
					下限	上限
A学校	B学校	−3.717*	1.471	.037	−7.272	−.162
	C学校	−6.683*	1.471	.000	−10.238	−3.128
B学校	A学校	3.717*	1.471	.037	.162	7.272
	C学校	−2.967	1.471	.136	−6.522	.588
C学校	A学校	6.683*	1.471	.000	3.128	10.238
	B学校	2.967	1.471	.136	−.588	6.522

推定周辺平均に基づいた
*. 平均の差は .05水準で有意です。
b. 多重比較の調整：Bonferroni。

6．1．2　一元配置分散分析の利用

ここで，第4章で説明した一元配置分散分析を思い出してください。対応のない1要因

の2条件以上における違いを分析するときに用いました。この一元配置分散分析ではどのように分析されるのでしょうか。表6．1に示すデータを基に一元配置分散分析を行ってみましょう。これらの分析は1要因を対象とするので，性もしくは学校のそれぞれの要因を分析することに相当します。

表6．8に一元配置分散分析の男女間の比較，表6．9には学校間の比較を行った結果を示しています。一元配置分散分析の方法については4．5節を参照してください。4．5節の図4．8の因子に「性」あるいは「学校」を入力することにより，それぞれ，「性」による点数の違い，「学校」による点数の違いを分析することができます。4．5節では「その後の検定」でTukey法を用いましたが，ここでは一般線形モデルで分析した表6．6と表6．7がBonferroni法で求めていますので，比較するためにそれと同じ方法で分析した結果を示しています。この結果を見ても，表6．8の有意確率の値（0.120）からは「性」による点数の有意な差は見られません。一方，表6．9からは，A学校とB学校を比較すると，平均値の差が−3.717と負であり，有意確率が0.038であることから，B学校がA学校より点数が高く，その差は5％の水準で有意な差が見られるという判断ができます。A学校とC学校間にも有意な差が見られ，平均値の差が−6.683であることから，A学校に比べてC学校の方が点数が高いことがわかります。表6．9の値と一般線形モデルの1変量で分析した結果の表6．7を比較すると，標準誤差や有意確率の数値が若干異なりますが，同様の結果が得られています。

表6．8　一元配置分散分析の男女間の比較

点数

	平方和	自由度	平均平方	F値	有意確率
グループ間	174.050	1	174.050	2.436	.120
グループ内	12718.500	178	71.452		
合計	12892.550	179			

表6．9　一元配置分散分析による多重比較

従属変数：点数
Bonferroni

(I) 学校		平均値の差 (I-J)	標準誤差	有意確率	95%信頼区間	
					下限	上限
A学校	B学校	−3.717*	1.475	.038	−7.28	−.15
	C学校	−6.683*	1.475	.000	−10.25	−3.12
B学校	A学校	3.717*	1.475	.038	.15	7.28
	C学校	−2.967	1.475	.137	−6.53	.60
C学校	A学校	6.683*	1.475	.000	3.12	10.25
	B学校	2.967	1.475	.137	−.60	6.53

＊．平均値の差は0.05水準で有意です。

4．5節でも説明しましたが，一元配置分散分析を行う場合，違いを見る要因は1個し

か入力できません。一方，一般線形モデル1変量分析では，図6.4(a)に示すように「固定因子」に「学校」と「性」の2つの要因を含めて分析しています。そのため若干分析結果の値が変わってきます。それでは，一般線形モデル1変量分析において，1つの要因だけを入力して分析するとどうなるでしょう。一般線形モデル1変量分析画面図6.4(a)の「固定因子」に「学校」のみを入力し，さらに右側メニューの「その後の検定」をクリックし，図6.4(b)で示すように「その後の検定」に「学校」を入力して分析してみます。初めから「学校」の要因だけを分析の対象にしているという場合です。分析した「学校別の比較」の結果を表6.10に示します。この結果は一元配置分散分析で求めて得られた表6.9の結果とまったく同じです。図6.4(a)の固定因子に「性」のみを入力して一般線形モデル1変量で分析した結果は，ここには挙げておりませんが，表6.8の一元配置分散分析と同じ結果になります。このように「学校」だけの一要因で比較した場合には，「性」の要因は考慮されません。しかし，実際には性別の影響が学校によって異なりますので，「性」の要因も考慮して分析するのが妥当です。すなわち，一般線形モデルと一元配置分散分析で比較した場合，類似した結果が得られますが，要因が2つの場合には一般線形モデルを用いた方がよいということです。

(a)

(b)

図6.4 交互作用がない場合，固定因子に一方の要因だけ入力して「その後の検定」で多重比較を実施

表6.10 図6.4の設定を行ったときの学校別の比較（一般線形モデル1変量分析結果）

従属変数：点数

(I) 学校		平均値の差 (I-J)	標準誤差	有意確率[b]	95%平均差信頼区間[b]	
					下限	上限
A 学校	B 学校	-3.717*	1.475	.038	-7.281	-.153
	C 学校	-6.683*	1.475	.000	-10.247	-3.119
B 学校	A 学校	3.717*	1.475	.038	.153	7.281
	C 学校	-2.967	1.475	.137	-6.531	.597
C 学校	A 学校	6.683*	1.475	.000	3.119	10.247
	B 学校	2.967	1.475	.137	-.597	6.531

推定周辺平均に基づいた
*．平均の差は.05水準で有意です。
b．多重比較の調整：Bonferroni。

6.1.1で述べたように，それぞれの要因の効果（主効果）の分析においては，学校間の有意差が見られている表6．7や表6．9の結果は，男女の点数を総合して学校間の比較を示していることに注意が必要です。交互作用がある場合には，場合によっては男女別で比較すると学校間に有意な差が見られるのに，それらを総合して比較した結果，差が見られないという結果が出てくることもあります。それについては次節で説明します。

6.2 交互作用があるケース

6.2.1 一般線形モデル1変量分析の利用

次に表6.11のデータを用いて6．1節と同様に「性」と「学校」の点数の違いを分析してみましょう。この表も表6．2で示したように行と列を変える必要があります。そのデータは分析用データの「交互作用がある2要因の分散分析」に掲載しています。本データは「性」と「学校」を数値で表記し，男を1，女を2，A学校を1，B学校を2，C学校を3としたデータを用いています。

表6.11 学校別，男女別数学の点数

	A学校	B学校	C学校
男	87	77	76
男	76	75	80
男	80	67	67
男	76	75	55
男	77	80	70
男	75	85	73
男	69	74	78
男	86	70	80
女	77	80	85
女	76	76	88
女	80	73	86
女	85	84	74
女	73	92	77
女	90	87	69
女	83	80	65

まず，分析結果を説明する前に，図6．1で示したように表6.11のデータを学校別に男女の点数をグラフ化した図6．5を見て，どのような結果が推測されるか考えてみましょう。

① 男子と女子の点数の傾向が逆であることから，男女総合の点数を見ると，A学校，B学校，C学校間で有意な差がないように見える。

② 男子の点数の平均と女子の点数の平均はちょうどB学校の点数のあたりに位置し，性別間に有意な差がないように見える。

③ 男子の点数はA学校が最も高く，その次にB学校，C学校の順になっており，男

子の点数が学校によって有意な差があるかもしれない。
④ 一方，女子の点数は男子と逆の傾向を示しており，C学校が最も高く，次にB学校，A学校の順になっており，女子の点数が学校によって有意な差があるかもしれない。
⑤ A学校とC学校では男女間で点数の差が大きく，有意な差があるかもしれない。

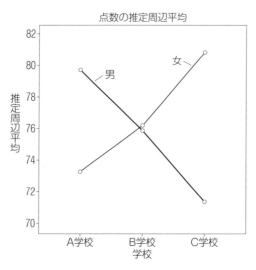

図6.5　学校別，性別の点数

推測を立てたら，実際に分析してみましょう。分析のやり方は6.1節に説明した流れと同じです。表6.12に一般線形モデル1変量分析で行った男女別，学校別の点数の平均値を示します。ここでは「Leveneの誤差分散の等質性検定」結果を省略しますが，有意確率は5％以上で等質性は確保されていることを確かめています。

表6.12　記述統計量

従属変数：点数

性		平均値	標準偏差	N
男	A学校	79.70	7.489	30
	B学校	75.87	8.561	30
	C学校	71.37	9.919	30
	総和	75.64	9.270	90
女	A学校	73.27	8.432	30
	B学校	76.20	6.905	30
	C学校	80.83	6.762	30
	総和	76.77	7.963	90
総和	A学校	76.48	8.546	60
	B学校	76.03	7.713	60
	C学校	76.10	9.676	60
	総和	76.21	8.636	180

表6.13の被験者間効果の検定を見ると「性」と「学校」のそれぞれの主効果は有意ではなく,「性＊学校」の有意確率が0.000と1％未満で有意であることがわかります。表6.14と表6.15により詳細なペアごとの比較を示しますが,表6.14から性別に有意差は見られず,また,表6.15からも学校別の有意差は見られません。この結果は先ほど図6.5から推定される①と②の結果を表しています。表6.14は男子の3つの学校の平均値と女子の3つの学校の平均値を比較した分析結果,すなわち,表6.12の「男」の「総和」の75.64と「女」の「総和」の76.77が比較されているということです。一方,表6.15は男女を総合した平均値を学校間で比較した結果,すなわち,表6.12の記述統計量の「総和」のA学校：76.48,B学校：76.03,C学校：76.10が比較の対象になっています。そのため,いずれも有意な差が見られていない結果となっています。

これらの分析結果からは,当初予測した③〜⑤の検証はわかりません。

表6.13 被験者間効果の検定

従属変数：点数

ソース	タイプⅢ平方和	自由度	平均平方	F値	有意確率
修正モデル	1973.828[a]	5	394.766	6.038	.000
切片	1045311.606	1	1045311.606	15989.025	.000
性	56.672	1	56.672	.867	.353
学校	7.078	2	3.539	.054	.947
性＊学校	1910.078	2	955.039	14.608	.000
誤差	11375.567	174	65.377		
総和	1058661.000	180			
修正総和	13349.394	179			

a. R^2乗＝.148（調整済みR^2乗＝.123）

表6.14 ペアごとの比較（性別の比較）

従属変数：点数

(I) 性		平均値の差 (I-J)	標準誤差	有意確率[a]	95%平均差信頼区間[a]	
					下限	上限
男	女	-1.122	1.205	.353	-3.501	1.257
女	男	1.122	1.205	.353	-1.257	3.501

推定周辺平均に基づいた

a. 多重比較の調整：Bonferroni。

表6.15 ペアごとの比較（学校別の比較）

従属変数：点数

(I) 学校		平均値の差 (I-J)	標準誤差	有意確率[a]	95%平均差信頼区間[a]	
					下限	上限
A 学校	B 学校	.450	1.476	1.000	-3.119	4.019
	C 学校	.383	1.476	1.000	-3.185	3.952
B 学校	A 学校	-.450	1.476	1.000	-4.019	3.119
	C 学校	-.067	1.476	1.000	-3.635	3.502
C 学校	A 学校	-.383	1.476	1.000	-3.952	3.185
	B 学校	.067	1.476	1.000	-3.502	3.635

推定周辺平均に基づいた
a. 多重比較の調整：Bonferroni。

　ここで，再度表6.13を見ると，「性＊学校」が有意であることがわかります。これを交互作用があると表現します。このような交互作用が有意である場合には，一方の要因を基にしてもう片方の効果を見ることが必要となります。すなわち，「性」を基準として「学校」の影響を調べる，また，「学校」を基準として「性」の影響を調べることが必要となります。

　SPSSでの分析については，これまでマウスを使って，メニューを選択して分析してきましたが，この分析を行うためにはシンタックスというプログラムを若干変更する必要が出てきます。これはシンタックスエディタ画面上で行う必要があります。このエディタ画面は図6.4(a)の「1変量」画面の下の「貼り付け」メニューをクリックすると表示されます。図6.6に示す内容がシンタックスエディタ画面に表示されます。このエディタ画面でプログラムの修正を行います。

図6.6　変更前のシンタックス

この中の，/EMMEANS=TABLES(性＊学校) を以下の２行に書き換えます。

/EMMEANS=TABLES(性＊学校)　COMPARE(性)　ADJ(BONFERRONI)
/EMMEANS=TABLES(性＊学校)　COMPARE(学校)　ADJ(BONFERRONI)

(性)，(学校) のカッコは半角で表記しますので注意してください。

　上の行は「学校」を基準として「性」という要因の効果をBonferroni法で分析することを示しています。一方，下の行は「性」を基準として「学校」という要因の効果を行うことを示しています。書き換えた後のシンタックスを図6.7に示します。書き換えたら，図6.7の上のメニューにある「実行」の「すべて」を選択します。そうすると分析が行われ，分析結果が表示されます。

図6.7　変更後のシンタックス

　分析結果として表6.12～表6.15の結果が同様に出力されますが，これらの結果の他に「性＊学校」という結果の中に，表6.16に示すそれぞれの学校ごとに性別に分析された結果が表示されます。表6.16を見ると，A学校およびC学校では有意確率が5％未満であることから，男女間の点数に有意な違いが見られることがわかります。A学校では「平均値の差」から男子が女子に比べて点数が高く，一方，C学校では女子が男子に比べて高いことがわかります。また，B学校の有意確率は0.873であることから男女間の点数に有意な差は見られていません。この結果は図6.1の結果から当初予測した⑤を検証するものとなっています。

表6.16 学校ごとの性別間比較

従属変数：点数

学校			平均値の差 (I-J)	標準誤差	有意確率[b]	95%平均差信頼区間[b]	
						下限	上限
A学校	男	女	6.433*	2.088	.002	2.313	10.554
	女	男	-6.433*	2.088	.002	-10.554	-2.313
B学校	男	女	-.333	2.088	.873	-4.454	3.787
	女	男	.333	2.088	.873	-3.787	4.454
C学校	男	女	-9.467*	2.088	.000	-13.587	-5.346
	女	男	9.467*	2.088	.000	5.346	13.587

推定周辺平均に基づいた
＊．平均の差は.05水準で有意です．
b．多重比較の調整：Bonferroni．

表6.17は性別ごとに学校間の点数の違いを見た結果です。「男」を見ると，A学校とC学校間の有意確率が0.000であり，これらの学校間に有意な差が見られ，平均値の差からA学校の方が高いことがわかります。一方，「女」の結果を見ると，A学校とC学校間の有意確率が0.001であり，これらの学校間に有意な差が見られ，C学校の方が点数が高いことがわかります。これらの結果は図6.1から当初予測した③と④を検証するものとなっています。このように交互作用が見られる場合には，1つの要因を基にして他の要因の効果，すなわち単純主効果を見る必要があります。

表6.17 性別ごとの学校間比較

従属変数：点数

性			平均値の差 (I-J)	標準誤差	有意確率[b]	95%平均差信頼区間[b]	
						下限	上限
男	A学校	B学校	3.833	2.088	.204	-1.213	8.880
		C学校	8.333*	2.088	.000	3.287	13.380
	B学校	A学校	-3.833	2.088	.204	-8.880	1.213
		C学校	4.500	2.088	.097	-.547	9.547
	C学校	A学校	-8.333*	2.088	.000	-13.380	-3.287
		B学校	-4.500	2.088	.097	-9.547	.547
女	A学校	B学校	-2.933	2.088	.485	-7.980	2.113
		C学校	-7.567*	2.088	.001	-12.613	-2.520
	B学校	A学校	2.933	2.088	.485	-2.113	7.980
		C学校	-4.633	2.088	.083	-9.680	.413
	C学校	A学校	7.567*	2.088	.001	2.520	12.613
		B学校	4.633	2.088	.083	-.413	9.680

推定周辺平均に基づいた
＊．平均の差は.05水準で有意です．
b．多重比較の調整：Bonferroni．

6.2.2 一元配置分散分析の利用

6.1.2で一般線形モデル1変量分析で行った結果と一元配置分散分析を用いて行った結果を比較したように，ここでも一元配置分散分析を用いて分析した結果と比較してみましょう。すなわち，本来2要因であるところを学校と性別を分けて，学校だけの1要因，また性別だけの1要因で違いを見るものです。表6.18は一元配置分散分析を用いて，学校別に違いがあるかどうかを分析した結果ですが，この結果から学校間に有意な差は見られないことがわかります。また，表6.19は性別に違いがあるかどうかを分析した結果ですが，この結果から性別に有意な差は見られないことがわかります。表6.18および表6.19の結果は，それぞれ，一般線形モデル1変量で分析して得られた結果である表6.15と表6.14と同様の結果を示しています。ただし，表6.19と表6.14の有意確率に若干の差が見られます。いずれの分析においても，男女総合した学校間の比較であり，かつ学校を総合した男女間の比較であるため，交互作用を考慮した分析は行われていません。

表6.18 一元配置分散分析で「学校」による違いを分析した多重比較

従属変数：点数
Bonferroni

(I) 学校		平均値の差 (I-J)	標準誤差	有意確率	95%信頼区間	
					下限	上限
A 学校	B 学校	.450	1.585	1.000	-3.38	4.28
	C 学校	.383	1.585	1.000	-3.45	4.21
B 学校	A 学校	-.450	1.585	1.000	-4.28	3.38
	C 学校	-.067	1.585	1.000	-3.90	3.76
C 学校	A 学校	-.383	1.585	1.000	-4.21	3.45
	B 学校	.067	1.585	1.000	-3.76	3.90

表6.19 一元配置分散分析で「性」による違いを分析した結果

点数

	平方和	自由度	平均平方	F 値	有意確率
グループ間	56.672	1	56.672	.759	.385
グループ内	13292.722	178	74.678		
合計	13349.394	179			

そこで，どちらかの要因を基に他の要因の効果を一元配置分散分析を用いて見てみましょう。この分析を行うためにはSPSSメニューの「データ」→「ファイルの分割」を使います。まず図6.8(a)に示すようにグループ化変数に「学校」を入力し，図6.8(b)のように「因子」に「性」を入力します。これは，学校別に「性」の影響を調べることを意味します。グループ化した後の一元配置分散分析はこれまでと同じ流れです。「その後の検定」ではBonferroni法を用いています。

(a) 「学校」をグループ化したファイルの分割

(b) 「性」を因子とした一元分散分析

図6.8 学校別における「性」の違いを見る一元配置分散分析

分析結果のなかに，表6.20に示す結果が表示されます。表6.20からA学校とC学校では男女間に有意な差が見られますが，B学校では見られません。この結果は，一般線形モデル1変量分析で交互作用を考慮して単純主効果を調べたときの表6.16と同様の結果が得られています。ただし，有意確率が少し異なります。一般線形モデルと一元配置分散分析で得られた有意確率は，それぞれA学校では0.002と0.003，B学校では0.873と0.869，C学校では0.000と0.000という結果となっています。

表6.20 学校の違い（一元配置分散分析）

点数

学校		平方和	自由度	平均平方	F値	有意確率
A学校	グループ間	620.817	1	620.817	9.763	.003
	グループ内	3688.167	58	63.589		
	合計	4308.983	59			
B学校	グループ間	1.667	1	1.667	.028	.869
	グループ内	3508.267	58	60.487		
	合計	3509.933	59			
C学校	グループ間	1344.267	1	1344.267	18.656	.000
	グループ内	4179.133	58	72.054		
	合計	5523.400	59			

さらに，今度は図6.9に示すように，グループ化変数に「性」を入れて学校間の影響を見てみましょう。

(a) 「性」をグループ化したファイルの分割

(b) 「学校」を因子とした一元分散分析

図6.9 男女別における「学校」の違いを見る一元配置分散分析

その結果を表6.21に示します。この結果は，一般線形モデル1変量分析で交互作用を考慮して単純主効果を調べたときの表6.17と同様の結果が得られています。ただし，有意確率が少し異なります。

表6.21 性別の違い（一元配置分散分析による多重比較）

従属変数：点数
Bonferroni

性			平均値の差 (I-J)	標準誤差	有意確率	95%信頼区間	
						下限	上限
男	A学校	B学校	3.833	2.250	.276	-1.66	9.33
		C学校	8.333*	2.250	.001	2.84	13.83
	B学校	A学校	-3.833	2.250	.276	-9.33	1.66
		C学校	4.500	2.250	.146	-.99	9.99
	C学校	A学校	-8.333*	2.250	.001	-13.83	-2.84
		B学校	-4.500	2.250	.146	-9.99	.99
女	A学校	B学校	-2.933	1.912	.386	-7.60	1.73
		C学校	-7.567*	1.912	.000	-12.23	-2.90
	B学校	A学校	2.933	1.912	.386	-1.73	7.60
		C学校	-4.633	1.912	.052	-9.30	.03
	C学校	A学校	7.567*	1.912	.000	2.90	12.23
		B学校	4.633	1.912	.052	-.03	9.30

＊．平均値の差は0.05水準で有意です。

このように一元配置分散分析でも分析結果は出てきますが，1つの要因だけを抽出して個々に分析していますので，厳密にいうと的確ではありません。有意確率が若干変わってきますので，分析結果で有意確率が5％近辺となる場合には，有意であるか否かの判断が変わる場合が出てきます。

6.3 交互作用がないケースにおけるさらなる分析

6.1節の分析結果では，図6.1から推測された「学校別に男女間の点数の違いがあるか」「男女別で学校間に点数の違いがあるか」については分析されていませんでした。これらの結果についても分析したくなります。そこで，表6.2のデータに戻って分析してみましょう。

交互作用がない場合には，一般には主効果を見ればよいとされていますが，6.1節で述べたように，それぞれの学校において男女間に有意な違いがあるかどうか，あるいは，男子もしくは女子において，学校間に有意な違いがあるかどうかが分析できているわけではありません。そこで，今度は交互作用がない場合においてもシンタックスを書き換えて，単純主効果がどのようになるのか見てみましょう。表6.2の「交互作用のない2要因の分散分析」データを使い，シンタックスを図6.7のように書き換えて，一般線形モデル

1変量分析を行います。重要な結果だけに焦点をあて，表6.22にそれぞれの学校における男女間の点数の違い，表6.23に性別における学校間の点数の違いを示します。

表6.22の結果から，A学校，B学校，C学校で男女間の点数に有意な差は見られません。また，表6.23の結果からは，男子ではA学校とC学校に有意な差が見られ，平均値の差からC学校の方が点数が高いことがわかります。一方，女子では，同様にA学校とC学校に有意な差が見られC学校の方が点数が高いことがわかります。これらの結果は，当初図6.1のグラフの傾向から予測した③，④，⑤の検討につながっています。

表6.22 シンタックスを書き換えて交互作用のないデータで分析した学校ごとの性別の違い
 （一般線形モデル1変量分析）

従属変数：点数

学校			平均値の差 (I-J)	標準誤差	有意確率[a]	95%平均差信頼区間[a]	
						下限	上限
A学校	男	女	-1.900	2.080	.362	-6.005	2.205
	女	男	1.900	2.080	.362	-2.205	6.005
B学校	男	女	-.333	2.080	.873	-4.438	3.771
	女	男	.333	2.080	.873	-3.771	4.438
C学校	男	女	-3.667	2.080	.080	-7.771	.438
	女	男	3.667	2.080	.080	-.438	7.771

推定周辺平均に基づいた
a. 多重比較の調整：Bonferroni。

表6.23 シンタックスを書き換えて交互作用のないデータで分析した男女ごとの学校間の違い
 （一般線形モデル1変量分析）

従属変数：点数

	性		平均値の差 (I-J)	標準誤差	有意確率[b]	95%平均差信頼区間[b]	
						下限	上限
男	A学校	B学校	-4.500	2.080	.096	-9.528	.528
		C学校	-5.800*	2.080	.018	-10.828	-.772
	B学校	A学校	4.500	2.080	.096	-.528	9.528
		C学校	-1.300	2.080	1.000	-6.328	3.728
	C学校	A学校	5.800*	2.080	.018	.772	10.828
		B学校	1.300	2.080	1.000	-3.728	6.328
女	A学校	B学校	-2.933	2.080	.481	-7.961	2.094
		C学校	-7.567*	2.080	.001	-12.594	-2.539
	B学校	A学校	2.933	2.080	.481	-2.094	7.961
		C学校	-4.633	2.080	.082	-9.661	.394
	C学校	A学校	7.567*	2.080	.001	2.539	12.594
		B学校	4.633	2.080	.082	-.394	9.661

推定周辺平均に基づいた
＊．平均の差は.05水準で有意です。
b. 多重比較の調整：Bonferroni。

次に，交互作用がない場合において，一つの要因を固定して（ファイル分割して）一元配置分散分析した結果も参考までに見てみましょう。

表6.24は「学校」をグループ化変数に入力して，学校別に男女間の違いがあるかを分析した結果を示します。A学校およびB学校には男女間の有意差は見られていませんが，C学校では有意差が見られています。一般線形モデル1変量分析では表6.22に示したように，3つの学校すべてにおいて有意な差は見られていませんので，異なった結果となっています。表6.24のC学校の有意確率は0.048と5％近辺ですので，一般線形モデル1変量分析で分析した結果と比較したとき，わずかな有意確率の差が異なる解釈を生んだ事例となっています。

表6.24 学校ごとの性別の違い（ファイル分割した一元分散分析）

点数

学校		平方和	自由度	平均平方	F値	有意確率
A学校	グループ間	54.150	1	54.150	.639	.427
	グループ内	4914.833	58	84.739		
	合計	4968.983	59			
B学校	グループ間	1.667	1	1.667	.028	.869
	グループ内	3508.267	58	60.487		
	合計	3509.933	59			
C学校	グループ間	201.667	1	201.667	4.081	.048
	グループ内	2866.333	58	49.420		
	合計	3068.000	59			

一方，表6.25は「性」をグループ化変数に入力して，男女別に学校間の違いがあるかを分析した結果を示しています。男子，および女子ともA学校とC学校間に有意な差が見られ，いずれもA学校よりC学校の方が高く，この結果は一般線形モデル1変量の結果である表6.23と同じ結果が得られています（ただし，有意確率は若干異なります）。

表6.25 男女ごとの学校間の違い（ファイル分割した一元分散分析）

従属変数：点数
Bonferroni

性			平均値の差 (I-J)	標準誤差	有意確率	95%信頼区間	
						下限	上限
男	A学校	B学校	-4.500	2.235	.141	-9.96	.96
		C学校	-5.800*	2.235	.033	-11.26	-.34
	B学校	A学校	4.500	2.235	.141	-.96	9.96
		C学校	-1.300	2.235	1.000	-6.76	4.16
	C学校	A学校	5.800*	2.235	.033	.34	11.26
		B学校	1.300	2.235	1.000	-4.16	6.76
女	A学校	B学校	-2.933	1.912	.386	-7.60	1.73
		C学校	-7.567*	1.912	.000	-12.23	-2.90
	B学校	A学校	2.933	1.912	.386	-1.73	7.60
		C学校	-4.633	1.912	.052	-9.30	.03
	C学校	A学校	7.567*	1.912	.000	2.90	12.23
		B学校	4.633	1.912	.052	-.03	9.30

＊．平均値の差は0.05水準で有意です。
＊．平均の差は.05水準で有意です。
b．多重比較の調整：Bonferroni。

このように，交互作用がない場合でもシンタックスを書き換えることにより，1つの要因に対するもう一方の要因の影響の分析結果が出てきます。一元配置分散分析でもファイル分割により分析されますが，この場合には1つの要因のみ考慮した分析を行いますので，有意確率が一般線形モデルで分析した結果と若干異なります。今回の例で示したように有意確率が5％近辺となる場合，両分析による有意確率が5％を基準にして分かれる場合があり，有意差の有無に関して解釈が異なる場合が出てきますので，2要因の分析を行う場合には一般線形モデル1変量分析を用いた方がよいでしょう。

第7章
名義尺度のデータを用いて，関連性や違いがあるかを調べたいとき
—— χ^2 検定 ——

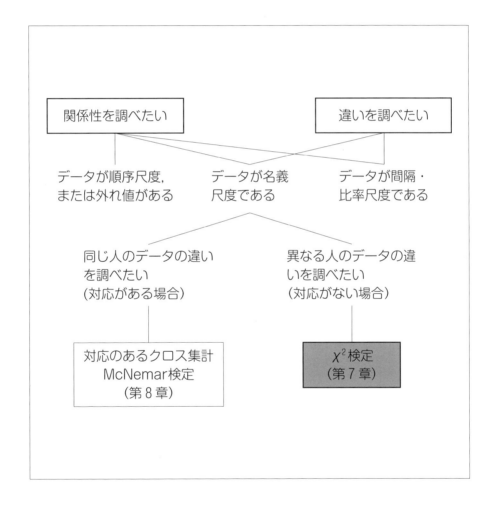

7.1 χ^2 検定のイメージ

算数が好き／嫌い，学習意欲が有り／無し，通塾している／していないといったデータは名義尺度にあたります。これらの名義尺度のデータを用いて，例えば，塾に通っている，あるいは通っていない子どもと，それらの子どもの算数の好き／嫌い間に関連性があるのか，あるいは違いがあるのかを調べたいときには，これまで述べたt検定や第9章で述べる相関分析等の方法は使えません。t検定や相関分析で用いられるデータは間隔尺度か比率尺度（相関分析では順序尺度も可）である必要があるからです。例えば，「算数のテストの成績が男女別あるいはクラス別に差があるのか否か」を調べたい場合には，性別およびクラス別という「要因」は名義尺度になりますが，比較の対象となる算数の成績は比率尺度になりますのでt検定や分散分析が利用できます。しかし，名義尺度どうしのデータを用いて，それらに関連性や違いがあるかないかを分析したいとき，しかも異なる被験者からデータが得られているならば，χ^2（カイ2乗）検定という分析方法を使います。

まず，χ^2 検定のイメージを説明しましょう。

表7.1はA小学校の100人の小学生に対して自宅での学習時間を尋ねて，おおまかな学習時間で分類した人数の割合を示しています。この例を用いて，A小学校の子どもたちの家での学習時間が全国平均分布と違いがあるのかどうかを調べてみましょう。時間そのものは比率尺度ですが，30分以下，31〜60分，61〜120分，120分以上のなかから学習時間がどれに相当するかを選択させているものですので，これらの時間帯は名義尺度に相当します。また，国内の小学生が家で学習する時間の平均分布を期待度数として示しています（この平均分布は仮に作ったもので，架空のデータです）。

表7.1 自宅での学習時間の割合

	30分以下	31〜60分	61〜120分	120分以上
観測度数	36	25	26	13
期待度数	40	30	20	10

それぞれの観測度数が期待度数に一致していれば，A小学校は全国平均と変わらないと言えます。すなわち，この例では期待度数と観測度数に違いがあるか否かを分析していることになります。それではどれくらいまで違っていても，全国平均と差がないと言えるでしょうか。ここで用いられるのが χ^2 値と呼ばれるものです。χ^2 値は「｛(期待度数−観測度数)^2÷期待度数｝の総和」で表せます。本事例では次の式で求まります。

$$\chi^2 = \frac{(40-36)^2}{40} + \frac{(30-25)^2}{30} + \frac{(26-20)^2}{20} + \frac{(13-10)^2}{10}$$

上記の式から観測度数が期待度数に近ければ χ^2 値が小さくなります。このように χ^2 値は観測度数と期待度数との違いを反映している値ですので，この値から両者が統計的に違

うか否かが判断できることになります。この考え方は第4章で説明したt検定に類似しています。t検定ではt分布という確率密度関数を考え，有意確率が5％もしくは1％になるtの臨界値を求め，データを基に計算されたt値とこの臨界値との大きさから有意な差が見られるか否かを推定したように，χ^2検定ではχ^2分布というものを考え，χ^2臨界値と実際のデータから算出されるχ^2値との大きさを比較します。

上記の式を計算すると，$\chi^2=2.93$が得られます。一方，χ^2分布もt分布と同じように自由度によって関数の形が変わります。また，χ^2の臨界値も自由度によって変わります。t検定の場合に自由度は2つの比較する標本の数がn_1，n_2の場合，$(n_1-1)+(n_2-1)$で求められますが，χ^2検定の自由度は変数の数－1で求められます。この場合は変数の種類は「学習時間」という1つの変数ですが，変数が2つある場合には（変数Aの数－1）と（変数Bの数－1）の積で求められます。自由度は分析方法によって定義が異なりますので，注意が必要です。この問題における変数の数は「30分以下」「31～60分」「61～120分」「120分以上」の4つですので自由度3のχ^2分布を考えます。

表7．2は自由度が1から5までの場合における，有意水準とχ^2の臨界値を示したものです。表7．2から自由度3の有意確率5％のχ^2臨界値は7.81です。先ほど求めたχ^2値＝2.93は臨界値より小さい（有意確率5％より大きい）ことがわかります。本事例の場合，帰無仮説は「期待度数と観測度数に差はない」ということですので，χ^2値が臨界値より小さいことから，帰無仮説を棄却できず，期待度数と観測度数に差はない。すなわち，A小学校の子どもの家での学習時間は全国平均と比較して，有意確率5％で「有意な差はない」という結果が得られます。

表7．2　χ^2の臨界値（一部）

自由度	有意確率（両側検定）	
	5％	1％
1	3.84	6.63
2	5.99	9.21
3	7.81	11.34
4	9.49	13.28
5	11.07	15.09

7．2　「AとBのいずれかの選択」に違いがあるかを調べたいとき

まず，もっとも単純なケースを取り上げてみましょう。「うどんが好きか，そばが好きか」「国語が好きか，算数が好きか」といった，「どちらか一つを選択した場合に両者に違いがあるか否か」を分析する場合を取り上げます。この事例は，うどんが好きか嫌いか，そばが好きか嫌いか，あるいは国語が好きか嫌いか，算数が好きか嫌いかといったように，それぞれで好き嫌いを尋ねているのではなく，好きな方がどちらかを選ばせている事例です。

表7.3は100人の児童に国語と算数のどちらが好きかを選ばせた結果の一部を示しています。このデータを用いてSPSSで分析してみましょう。

表7.3　国語と算数のどちらが好きかを尋ねた結果（一部）

被験者	国語が好き：1 算数が好き：2
1	1
2	1
3	1
4	1
5	2
6	1
7	1
8	1
9	1
10	1

データ集から「単純なχ^2検定用データ」をSPSSで読み込んでください。「変数ビュー」で「被験者」および「国語が好き：1算数が好き：2」の両変数とも名義尺度にします。また，メニューの「値」を選択して「1」のラベルに「国語が好き」，「2」のラベルに「算数が好き」を入れます（4.5節を参照）。

それでは分析しましょう。図7.1に示すように，メニューの「分析」→「ノンパラメトリック検定」→「過去のダイアログ」→「カイ2乗」を選択します。図7.2の「検定変数リスト」に変数である「国語が好き：1算数が好き：2」を入れます。「OK」をクリックすると結果が表示されます。

図7.1　カイ2乗検定メニュー

図7.2　カイ2乗検定画面

第7章　名義尺度のデータを用いて，関連性や違いがあるかを調べたいとき

表7．4　度数

国語が好き：1
算数が好き：2

	観測度数 N	期待度数 N	残差
1	63	50.0	13.0
2	37	50.0	-13.0
合計	100		

表7．5　検定統計量

	国語が好き：1 算数が好き：2
カイ2乗	6.760[a]
自由度	1
漸近有意確率	.009

a. 0セル（0.0%）の期待度数は5以下です。必要なセルの度数の最小値は50.0です。

　表7．4の結果から「国語が好き」が63人，「算数が好き」が37人，そして両方の理論的に求まる期待度数は50人になっていることがわかります。さらに，表7．5の検定統計量の表を見ると，「カイ2乗値」が6.76と出力されています。表7．2の自由度が1のときの有意確率5%のときのχ^2臨界値が3.84ですので，分析の結果得られた「カイ2乗値」の6.76は臨界値より大きいことから有意確率5%未満で差が見られることがわかります。また，この値は表7．2の有意確率1%のときの臨界値となる6.63よりも大きい値となっていますので，有意確率1%未満で有意な違いが見られる結果となっています。実際は表7．2のようなχ^2値の臨界値をわざわざ調べる必要はなく，表7．5の「漸近有意確率」を見ればわかります。漸近有意確率が0.009という1%未満の値が得られています。有意確率1%未満で「国語が好き」と「算数が好き」な人数に有意差が見られ，表7．4から前者が多いという解釈ができます。

7．3　クロス表を用いて項目間の関連性や違いを調べたいとき

　7．2節では国語が好きか，算数が好きかを選択させた単純な例ですが，一般には「両科目とも好き」「国語は好きだが算数は嫌い」「国語は嫌いだが算数は好き」「両科目とも嫌い」という4つのケースがあります。これらのケースの数量から，両科目の好き嫌いに関連があるのかどうかを調べるケースを取り上げましょう。このようなケースでは，一般に国語の好き嫌いと数学の好き嫌いという2つの変数を，行と列に入れたクロス表を作ります。そうすることによって，前述した4つのケースの人数が一目でわかりますし，関係が推測できます。

　クロス表とは表7．6に示すように，2つの変数AとBが行と列に記載され，それぞれのケースに関連する数量が記載されているものです。この表はAとBの条件がそれぞれ3つある場合のイメージを示しています。そして，A1であり，かつB1であるものがn_{11}（一般に数や割合を表す数値）であることを示しています。

表7.6 変数AとBのクロス表

	B1	B2	B3	計
A1	n_{11}	n_{12}	n_{13}	n_1
A2	n_{21}	n_{22}	n_{23}	n_2
A3	n_{31}	n_{32}	n_{33}	n_3

$n_{1j}/n_1 = n_{2j}/n_2 = n_{3j}/n_3$ が成立した状態から大きく食い違っているほど，AがBの条件によって変わる（あるいはその逆）ことを示しますので，AとBの間に強い関連性があると言えます。

事例では，B1，B2がそれぞれ国語が好き，国語が嫌い，A1，A2がそれぞれ算数が好き，算数が嫌いという変数に当てはめられますが，行と列は入れ替えてもかまいません。

それでは，一般によく使われるクロス表を実際に作成して，さらにχ^2検定を行って分析する方法を説明しましょう。ここでは授業形態に対する好き嫌いを実際に調査したデータを用います。分析用データのシート「クロス表を用いたχ^2検定」を使います。表7.7はそのデータの一部を示しています。「講義スタイルの好き嫌い」「参加型学習の好き嫌い」「グループ学習の好き嫌い」で示す1と2はそれぞれ，「好き」「嫌い」を示しています。これらのデータは名義尺度に相当します。一方，フォーラム投稿数というのは，eラーニングシステムに組み込まれたフォーラムに，グループの仲間に対して意見を投稿した数を表示したものです。これは比率尺度に相当します。

表7.7 授業形態の好き嫌い

被験者	講義スタイルの好き嫌い	参加型学習の好き嫌い	グループ学習の好き嫌い	フォーラム投稿数
1	1	1	1	2
2	1	2	2	6
3	1	1	1	9
4	2	1	1	19
5	2	1	1	68
6	1	1	1	40
7	1	2	2	40
8	1	2	2	14
9	1	1	1	47
10	1	1	2	11
11	1	1	1	14
12	2	1	1	98
13	1	2	2	4
14	1	1	1	21
15	1	1	1	24
16	1	1	1	35
17	1	1	1	32
18	2	2	2	29
19	1	2	1	14
20	1	1	1	48

第7章 名義尺度のデータを用いて，関連性や違いがあるかを調べたいとき

それでは，それぞれの学習の好みに関連があるのかどうかを分析してみましょう。SPSS にデータを読み込んだら，図7.3に示すように，メニューの「分析」→「記述統計」→「クロス集計表」を選択します。

図7.3 クロス集計による分析

図7.4 クロス集計表画面

まず，「グループ学習の好き嫌い」が「講義スタイルの好き嫌い」あるいは「参加型学習の好き嫌い」と関連があるかどうか調べてみましょう。図7.4の「クロス集計表」の画面の「行」に「グループ学習の好き嫌い」を，「列」に「参加型学習の好き嫌い」と「講義スタイルの好き嫌い」を入れます。このように入れると，「グループ学習の好き嫌い」と「参加型学習の好き嫌い」および，「グループ学習の好き嫌い」と「講義スタイルの好き嫌い」とのクロス表と関連性が分析されます。なお，「参加型学習の好き嫌い」と「講義スタイルの好き嫌い」との関連性を調べた場合には，それぞれを行と列で分ければ分析できます。

次に「統計量」をクリックして，表示された図7.5(a)の「統計量の検定」画面の「カイ2乗」に☑を入れます。また，図7.4の画面右側の「セル」をクリックして表示される図7.5(b)の「度数」の「観測」と「期待」に☑を入れましょう。出力に観測度数と理論的に期待される度数を表示させるためです。同じように「残差」の「調整済みの標準化」にも☑を入れます。χ^2 検定では，比較する両者に違いや関連性があるという結果のみが得られます。どの値に期待度数との違いがあるかを調べるために，Haberman の残差分析を行います。残差とは観測度数と期待度数の差分を意味します。観測度数と期待度数が一致すれば残差はなくなりますが，両者の差が大きいと残差は大きくなります。残差の大きさから両者に統計的な差が見られるのかどうかが判断できるわけです。他のセルの残差と比較できるようにするため，基準を揃えた値，すなわち標準化した値で比較します。そのために「残差」の「調整済みの標準化」に☑を入れます。Haberman の残差分析では絶

119

対値が1.96を超える場合に5％水準で有意差があることを示し，絶対値が2.58を超える場合に1％水準で有意差があることを示します。

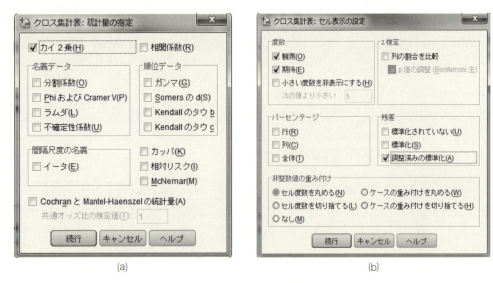

図7.5　クロス集計の分析設定

画面下の「続行」をクリックし，さらに「OK」をクリックすると分析結果が出力されます。

表7.8が「グループ学習の好き嫌い」と「参加型学習の好き嫌い」のクロス表です。観測度数，期待度数，調整済み残差の値が表示されています。この表から例えば，グループ学習が好きで，かつ参加型学習が好きな人が61人，いずれも嫌いな人が20人いるといったことなどがわかります。次に表7.9の「カイ2乗検定」結果を見て，両者に関連性があるか否かを判断します。このときの帰無仮説は，両者は独立している（両者に関連性はない）ということです。この表では，「Pearson のカイ2乗」の「漸近有意確率」，もしくは「Fisher の直接法」の「正確有意確率」を見ます。

表7.8　グループ学習の好き嫌いと参加型学習の好き嫌いのクロス表

			参加学習の好き嫌い		合計
			好き	嫌い	
グループ学習の好き嫌い	好き	度数	61	15	76
		期待度数	53.5	22.5	76.0
		調整済み残差	3.2	-3.2	
	嫌い	度数	22	20	42
		期待度数	29.5	12.5	42.0
		調整済み残差	-3.2	3.2	
合計		度数	83	35	118
		期待度数	83.0	35.0	118.0

表7.8で期待度数が5以下であったり，周辺度数（表7.8の行と列の「合計」に書かれている数）に10に満たないものがあったりする場合には，通常のχ^2検定は不適切となります。このような条件のときには，「Fisherの直接法」の結果を見ます。期待度数が5未満のセルがあるかどうかは，表7.8からわかりますが，表7.9の表の下にも表示されます。この場合は「0セルは期待度数が5未満です」と書かれ，該当するものはないことがわかります。また，表7.8の「調整済み残差」の値が「+1.96」を越えていれば，そのセルの観測度数は5％水準で有意に期待度数より多い，一方「-1.96」を下回っていれば，そのセルの観測度数は5％水準で期待度数より小さいと言えます。表7.8の結果は，すべて調整済み残差が絶対値|1.96|を越えていますので，個々の観測変数は期待度数より有意に多い，もしくは小さいと言えます。

表7.9　カイ2乗検定

	値	自由度	漸近有意確率（両側）	正確有意確率（両側）	正確有意確率（片側）
Pearsonのカイ2乗	10.080[a]	1	.001		
連続修正[b]	8.788	1	.003		
尤度比	9.847	1	.002		
Fisherの直接法				.003	.002
線型と線型による連関	9.994	1	.002		
有効なケースの数	118				

a. 0セル（0.0%）は期待度数が5未満です。最小期待度数は12.46です。
b. 2x2表に対してのみ計算

　表7.8の結果を見ると，期待度数はすべて5より大きく，周辺度数も10以上となっていますので，表7.9の「Pearsonのカイ2乗」の漸近有意確率を見ます。この値は0.001と1％未満で有意であることから，「グループ学習の好き嫌い」と「参加型学習の好き嫌い」とは有意な関連性があることがわかります。関連性があるというのは，表7.8から推測すると，グループ学習が好きな（嫌いな）人は参加型学習が好き（嫌い）であるという傾向が見られるということを示していますが，その関連性の強さまではわかりません。

　出力結果には表7.10，表7.11に示すように「グループ学習の好き嫌い」と「講義スタイルの好き嫌い」との分析結果が続けて出力されます。前述したことと同様に，関連性を見ると「Pearsonのカイ2乗」の漸近有意確率が0.652と5％以上であることから，「グループ学習の好き嫌い」と「講義スタイルの好き嫌い」との有意な関連性はないと言えます。表7.10の「調整済み残差」を見てもすべて絶対値|1.96|より小さいので，観測度数と期待度数に有意な差はないという結果となっています。

表7.10 グループ学習の好き嫌いと講義スタイルの好き嫌いのクロス表

			講義スタイルの好き嫌い		合計
			好き	嫌い	
グループ学習の好き嫌い	好き	度数 期待度数 調整済み残差	55 56.0 -.5	21 20.0 .5	76 76.0
	嫌い	度数 期待度数 調整済み残差	32 31.0 .5	10 11.0 -.5	42 42.0
合計		度数 期待度数	87 87.0	31 31.0	118 118.0

表7.11 カイ2乗検定

	値	自由度	漸近有意確率 (両側)	正確有意確率 (両側)	正確有意確率 (片側)
Pearson のカイ2乗	.204[a]	1	.652		
連続修正[b]	.054	1	.816		
尤度比	.206	1	.650		
Fisher の直接法				.827	.412
線型と線型による連関	.202	1	.653		
有効なケースの数	118				

a. 0 セル (0.0%) は期待度数が5未満です。最小期待度数は11.03です。
b. 2x2 表に対してのみ計算

　なお，図7.6に示すように，「クロス集計」画面の「行」に「グループ学習の好き嫌い」，「列」に「参加学習の好き嫌い」，「層」に「講義スタイルの好き嫌い」と入力すると，表7.12に示すように「層」に入力した変数の内容別，すなわち講義スタイルが好きな人における「グループ学習の好き嫌い」と「参加学習の好き嫌い」との関係，および講義スタイルが嫌いな人における「グループ学習の好き嫌い」と「参加学習の好き嫌い」との関係を示すクロス表が出力され，また，それらの条件において，「グループ学習の好き嫌い」と「参加学習の好き嫌い」との関連性が分析されます。このようにある変数の条件下で，別の変数間の関係性などを調べたい場合には図7.6のように，条件とする変数を「層」に入力します。

第7章 名義尺度のデータを用いて，関連性や違いがあるかを調べたいとき

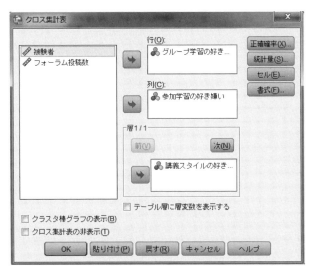

図7.6 クロス集計表で「層」に変数を入力した場合

表7.12 グループ学習の好き嫌いと参加学習の好き嫌いと講義スタイルの好き嫌いのクロス表

講義スタイルの好き嫌い				参加学習の好き嫌い		合計
				好き	嫌い	
好き	グループ学習の好き嫌い	好き	度数 期待度数 調整済み残差	47 39.2 3.8	8 15.8 -3.8	55 55.0
		嫌い	度数 期待度数 調整済み残差	15 22.8 -3.8	17 9.2 3.8	32 32.0
	合計		度数 期待度数	62 62.0	25 25.0	87 87.0
嫌い	グループ学習の好き嫌い	好き	度数 期待度数 調整済み残差	14 14.2 -.2	7 6.8 .2	21 21.0
		嫌い	度数 期待度数 調整済み残差	7 6.8 .2	3 3.2 -.2	10 10.0
	合計		度数 期待度数	21 21.0	10 10.0	31 31.0
合計	グループ学習の好き嫌い	好き	度数 期待度数 調整済み残差	61 53.5 3.2	15 22.5 -3.2	76 76.0
		嫌い	度数 期待度数 調整済み残差	22 29.5 -3.2	20 12.5 3.2	42 42.0
	合計		度数 期待度数	83 83.0	35 35.0	118 118.0

　この条件で分析した表7.13のカイ2乗検定結果を見ましょう。講義スタイルが好きな人を対象として，「参加学習の好き嫌い」と「グループ学習の好き嫌い」を見ると，期待度数がすべて5以上であることからPearsonのカイ2乗の漸近有意確率を見ます。その値0.000から有意水準1％未満で両者に有意な関係があると解釈できます。一方，講義ス

タイルが嫌いな人を対象として，「参加学習の好き嫌い」と「グループ学習の好き嫌い」を見ると，期待度数が5未満の値が含まれますので，表7.13のFisherの直接法の正確有意確率（両側）の値を見ます。その値が1.000ですので両者に有意な関係はないと解釈できます。どの観測度数と期待度数間に有意な差があるかは，表7.12の「調整済み残差」の値が＋1.96より大きいか，あるいは−1.96より小さいかどうかで判断できます。講義スタイルが好きな人のなかではグループ学習が好き（嫌い）な人は参加型学習も好き（嫌い）という関係が見られますが，講義スタイルが嫌いな人のなかではそのような傾向は見られないということが図7.6に示す「層」への変数の入力を利用した分析からわかります。

表7.13 カイ2乗検定

講義スタイルの好き嫌い		値	自由度	漸近有意確率（両側）	正確有意確率（両側）	正確有意確率（片側）
好き	Pearson のカイ2乗	14.703[c]	1	.000		
	連続修正[b]	12.880	1	.000		
	尤度比	14.502	1	.000		
	Fisher の直接法				.000	.000
	線型と線型による連関	14.534	1	.000		
	有効なケースの数	87				
嫌い	Pearson のカイ2乗	.034[d]	1	.853		
	連続修正[b]	0.000	1	1.000		
	尤度比	.035	1	.852		
	Fisher の直接法				1.000	.595
	線型と線型による連関	.033	1	.855		
	有効なケースの数	31				
合計	Pearson のカイ2乗	10.080[a]	1	.001		
	連続修正[b]	8.788	1	.003		
	尤度比	9.847	1	.002		
	Fisher の直接法				.003	.002
	線型と線型による連関	9.994	1	.002		
	有効なケースの数	118				

a. 0セル（0.0%）は期待度数が5未満です。最小期待度数は12.46です。
b. 2x2表に対してのみ計算
c. 0セル（0.0%）は期待度数が5未満です。最小期待度数は9.20です。
d. 1セル（25.0%）は期待度数が5未満です。最小期待度数は3.23です。

7.4 リッカート尺度データを用いた場合との違い

実は表7.7に示したデータは講義スタイル，グループ学習および参加学習の好き嫌いについて，4件法で実際に調査した結果をもとに作成したものです。具体的には，「グループ学習が好きですか」という質問に対して，「1．全くそう思わない」「2．そう思わない」「3．そう思う」「4．非常にそう思う」の4段階で回答してもらい，「1」および「2」と回答したものを「嫌い」，すなわち名義尺度の「2」をあて，「3」および「4」

と回答したものを「好き」，すなわち名義尺度の「1」をあてたものです。第1章で説明しましたが，このように，順序尺度や間隔尺度，比率尺度で測定したデータを名義尺度に変換することは可能です。

そこで，元々のリッカート尺度で得たデータを基に，「グループ学習の好き嫌い」と「講義スタイルの好き嫌い」および「参加型学習の好き嫌い」の相関を参考までに調べてみましょう。分析用データは「χ^2検定（リッカート尺度）」を用います。相関係数の分析の仕方については第9章を参考になさってください。ここでは結果だけを示します。表7.14にSpearmanの相関係数を示します。この結果を見ると，「講義スタイルの好き嫌い」は「参加型学習の好き嫌い」あるいは「グループ学習の好き嫌い」のいずれとも関連性はなく，「グループ学習の好き嫌い」と「参加型学習の好き嫌い」とは相関係数が0.351と弱い正の相関があることがわかります。これらの結果は7.3節で説明した結果と整合しますが，名義尺度を用いたχ^2検定で調べるより，リッカート尺度で得られたデータで相関分析を調べる方が，相関係数の大きさから関連性の強さも推定できます。このように名義尺度で回答してもらうより，リッカート尺度で回答してもらう質問形式の方が，多くの分析手法を用いることができるとともに，より詳細な結果がわかります。

表7.14 相関係数

			講義スタイルが好きである	参加学習が好きである	グループ学習が好きである
Spearmanのロー	講義スタイルが好きである	相関係数 有意確率（両側） N	1.000 118	-.050 .589 118	-.007 .936 118
	参加学習が好きである	相関係数 有意確率（両側） N	-.050 .589 118	1.000 118	.351** .000 118
	グループ学習が好きである	相関係数 有意確率（両側） N	-.007 .936 118	.351** .000 118	1.000 118

＊＊．相関係数は1%水準で有意（片側）です。

7.5 比率尺度で測定したデータを分類化して，分類間での違いや関連性を調べたいとき

再び，ここで表7.7のデータに戻りましょう。表7.7で掲載している「投稿数」は比率尺度のデータですので，このままでは「投稿数」と「講義スタイルの好き嫌い」といった名義尺度との相関を求めるには不適切です。このような場合には投稿数をいくつかのグループに分類して名義尺度間で比較する方法が考えられます。例えば，投稿数が少ない群，中間群，多い群といった3段階に分類するという方法が考えられます。このように比率尺

度を名義尺度に変換して分析するケースは他にも多く存在します。調査のなかで年齢を尋ねて，それを10代，20代，30代……といった年齢層に分け，年齢層間での違いや関連性を分析したい場合や，成績を低い群，平均的な群，高い群に分類する，あるいは学習時間のデータを分類化する場合など，多くの事例が存在します。この方法を，表7．7のデータを例にとって説明しましょう。2．6節で行った「変数の変換」の方法を思い出してください。

表7．7のデータを SPSS で読み込んで，メニューの「変換」→「他の変数への値の再割り当て」を選びます。「同一の変数への値の再割り当て」を選択すると，その変数の値が変わってしまいますので，元の値も使いたい場合には「他の変数への値の再割当て」を選択しましょう。「他の変数への値の再割り当て」の画面で「数値型変換」に他の値に変えたい変数，ここでは「フォーラム投稿数」を入れます。そうすると「変換先変数」に「名前」を入れられるようになります。ここに自分で好きな名前を入れます。ここでは，「投稿数分類」と入れています。「変更」をクリックすると，「数値型変換」の入力欄に「フォーラム投稿数」→「投稿数分類」と表示されます。

次に「今までの値と新しい値」をクリックします。投稿数をどのように分類するかは，分析者が決めます。ここでは，少ない群と中間群，そして多い群の人数がだいたい同じくらいになる投稿数を求めて，それらを基準にすることにしています。その結果を基に，1～18を少ない群，19～34を中間群，35以上を多い群に分けます。

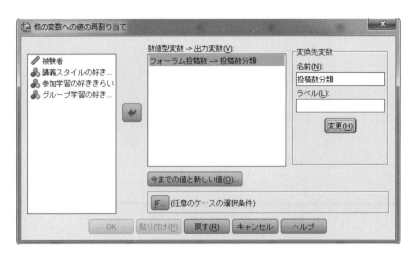

図7．7　ほかの変数への値の再割り当て画面

余談ですが，分割する際にどれくらいの数値を基準にすればよいかは度数分布から予測できます。メニューの「分析」→「記述統計」→「度数分布表」を選択し，「度数分布表」画面の「統計量」をクリックして，図7．8に示すように，本件の場合にはおおよそ人数が3等分になるようにしたいので，「パーセンタイル」に33と入れ「追加」をクリックします。さらに66を入れ「追加」をクリックします。「続行」を押すと，表7．15に示す結果

が出力されます。この表から33％と66％に対応する投稿数が19と35という目安がたちます。

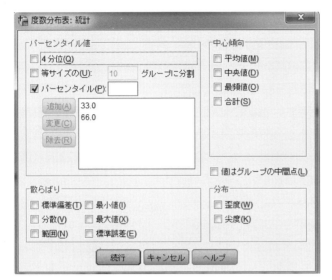

表7.15 統計量
フォーラム投稿数

度数	有効 欠損値	118 0
パーセンタイル	33 66	19.00 34.54

図7.8 度数分布分析における出力値の設定画面

　図7.7に戻ります。「今までの値と新しい値」をクリックすると図7.9の画面が表示されます。少ない群は投稿数が18以下ですので，「範囲：最小値から次の値まで」を選択して入力欄に「18」と入れます。ここでは少ない群を「1」と設定します。この数値はなんでもかまいません。そこで，「新しい値」の入力欄に「1」を入れます。「追加」ボタンを押すと，「旧→新」の画面に「Lowest thru 18→1」と表示されます。これは最小値から18までを「1」に変換するという意味になります。次に，19～34までを中間群すなわち，ここでは「2」としたいので，画面の「範囲」を選択して「19」から「34」と入れ，さらに「新しい値」に「2」と入れます。ここまでが図7.9に示している画面です。「追加」ボタンを押すと，「旧→新」の画面に「19 thru 34→2」が表示されます。高い群は35以上の投稿数の場合ですので，「範囲：下の値から最大値まで」をチェックし，「35」を入力し，「新しい値」に「3」を入れ，「追加」ボタンを押します。そうすると，「旧→新」の画面に「35 thru Highest→3」が表示されます。これで，投稿数を3つの領域にわけることができましたので，「続行」をクリックします。

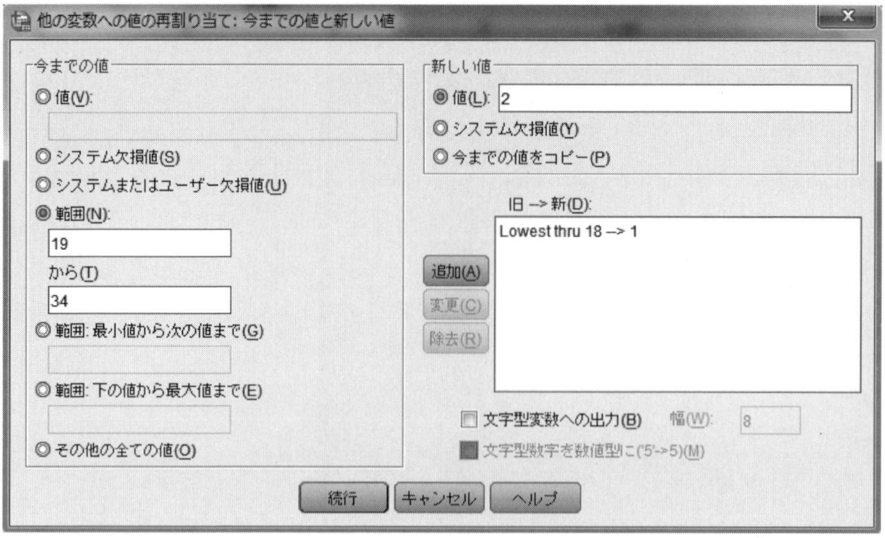

図7.9 他の変数への値の再割り当て画面

　そうするとSPSSのデータビュー画面の最右列に新しく設定した「投稿数分類」が作られます。小数点が気になる場合には，「変数ビュー」で「少数桁数」を0にしましょう。このとき変数ビューの「投稿数分類」の「値」のところに，1のラベルが「少ない群」，2のレベルが「中間群」，3のラベルが「多い群」と明記しておけば，出力結果にも「1」「2」「3」という数値ではなく，「少ない群」「中間群」「多い群」と表示されますのでわかりやすくなります。これで投稿数を比率尺度から名義尺度に変換できました。

　この値を用いて，例えば「投稿数」と「グループ学習の好き嫌い」間で関連があるのかどうかをカイ2乗分析で調べてみましょう。分析の手順は7.3節を参考にしてください。表7.16，表7.17の結果が出力されます。「Pearsonのカイ2乗」の漸近有意確率を見ると0.005と1％の有意水準では関連性が見られるという結果になります。そこで，次は「調整済み残差」の値を見ます。1.96より大きいのは，「グループ学習が嫌いで投稿数が少ない群」で，投稿数が少ない群のグループ学習が嫌いな人の人数は期待度数より観測値は多いということがわかります。一方，小さいのは「グループ学習が好きで投稿数が少ない群」で，投稿数が少ない群のグループ学習が好きな人の人数は期待度数より観測値は少ないということがわかります。本事例ではフォーラム投稿数を3分類しましたが，分類の数は分析者が決めます。ちなみに，ここでは具体的な分析結果を表では示しませんが，フォーラム投稿数を2分類してクロス集計した結果（投稿数の少ない群と多い群の人数がおおよそ同じになる投稿数は26であることから，最小値から25までを投稿数が少ない群，26以上を多い群と設定して分析）した結果，Pearsonのχ^2漸近有意確率は0.039となり，2分類にした場合でも，投稿数とグループ学習の好き嫌いには関連がある結果が得られています。

第7章　名義尺度のデータを用いて，関連性や違いがあるかを調べたいとき

表7.16　グループ学習の好き嫌いと投稿数分類のクロス表

			投稿数分類			合計
			少ない群	中間群	多い群	
グループ学習の好き嫌い	好き	度数 期待度数 調整済み残差	16 23.8 -3.2	31 26.4 1.9	29 25.8 1.3	76 76.0
	嫌い	度数 期待度数 調整済み残差	21 13.2 3.2	10 14.6 -1.9	11 14.2 -1.3	42 42.0
合計		度数 期待度数	37 37.0	41 41.0	40 40.0	118 118.0

表7.17　カイ2乗検定

	値	自由度	漸近有意確率（両側）
Pearsonのカイ2乗	10.617[a]	2	.005
尤度比	10.423	2	.005
線型と線型による連関	6.888	1	.009
有効なケースの数	118		

a. 0セル（0.0％）は期待度数が5未満です。最小期待度数は13.17です。

　なお，7.5節で示したリッカート尺度で求めたデータと比率尺度の投稿数のデータを用いてグループ学習の好き嫌いとの関係を調べるために，両者間のSpearmanの相関係数を求めることができます。相関分析を行うと，表7.18に示すように有意確率は0.045となり5％未満で有意という結果が得られています。この結果は，表7.17で示したように，「有意確率5％未満であることから両者に関連性が見られる」という結果と一致します。ところが，確かに有意確率は5％未満ですが，相関係数を見ると0.185という0.2以下の値です。この値から見ると，ほとんど相関はないという判断ができます。間隔尺度や比率尺度で相関分析した場合には，有意確率以外に相関係数が表示されるため，関係の強さがわかりますが，それらを名義尺度に変換して分析した場合には有意確率しか出力されませんので，若干結果の解釈が変わってくることもあります。留意が必要です。

表7.18　相関係数

			グループ学習が好きである	フォーラム投稿数
Spearmanのロー	グループ学習が好きである	相関係数 有意確率（両側） N	1.000 118	.185* .045 118

＊．相関係数は1％水準で有意（両側）です。

余談ですが，フォーラム投稿数は比率尺度であり，グループ学習の好き嫌いが名義尺度ですので，対応のないt検定を使って，グループ学習が好きな群と嫌いな群で投稿数に差があるかどうかを調べることもできるのではないかと思われた方は，第4章の理解がなされている方です。表7.7のデータを使って「対応のないt検定」を行ってみましょう。分析の仕方は4.2節を参考にしてください。「検定変数」に比率尺度の「フォーラム投稿数」を入れ，「グループ変数」に名義尺度の「グループ学習の好き嫌い」を入力して分析します。その結果を表7.19と表7.20に示します。表7.20からLeveneの検定の有意確率が5％未満であることから「等分散を仮定しない」方の「2つの母平均の差の検定」の有意確率を見ると0.002ですので，グループ学習が好きな人と嫌いな人では，有意水準1％でフォーラムの投稿数に有意な差が見られている（表7.19からグループ学習が好きな人の方が投稿数は多い）ことがわかります。

表7.19　「対応のないt検定」で分析したグループ統計量

グループ学習の好き嫌い		N	平均値	標準偏差	平均値の標準誤差
フォーラム投稿数	好き	76	37.61	28.327	3.249
	嫌い	42	24.17	16.613	2.563

表7.20　独立サンプルの検定

		等分散性のためのLeveneの検定		2つの母平均の差の検定						
		F値	有意確率	t値	自由度	有意確率（両側）	平均値の差	差の標準誤差	差の95%信頼区間	
									下限	上限
フォーラム投稿数	等分散を仮定する	5.968	.016	-2.815	116	.006	-13.439	4.773	-22.893	-3.984
	等分散を仮定しない			-3.247	115.540	.002	-13.439	4.139	-21.636	-5.241

　これはフォーラム投稿数がグループ学習の好きな群と嫌いな群で差があるかを分析したものです。一方，表7.17はフォーラム投稿数を3つの群に分けて投稿数とグループ学習の好き嫌いとの関連の有無を，名義尺度を用いたχ^2分析で行ったものです。さらに，表7.18はリッカート尺度のデータを用いて相関分析により関連の有無を調べた結果です。いずれの結果においても有意確率から関連性がある，あるいは有意な差が見られるという結果が得られました。データの尺度によって分析方法に制限はありますが，種々の方法を用いて分析してみるのもよいでしょう。

7.6　生データがなく，まとめた数値だけがわかっているときの分析のしかた

　表7.21はA, B, C, D組の生徒，合計165人に対して，自分の思考スタイルが立案型か

順守型か評価型なのか，いずれかを選択してもらった時の人数をまとめたものです。立案型は何をどのようにするかを自分で決めようとし，創造的な活動を好むスタイルであり，順守型は事前に構造化，規格化された問題を好み，与えられた問題を解き，他の人の発想に従って話をしたり実行したりすることを好むもので，立案型とは相対するスタイルです。一方，評価型はすでにある物事やアイデアを分析したり，意見を述べたり評価することを好むスタイルです。この結果からクラスによって，思考スタイルに違いがあると言えるか否かを分析してみましょう。今までの事例は個人ごとにデータが存在していましたが，本事例は総計がわかっているだけです。

表7.21 クラス別の生徒の思考スタイル

	立案型	順守型	評価型
A組	25人	7人	9人
B組	12人	21人	10人
C組	12人	18人	8人
D組	11人	17人	15人

このデータから表7.22に示すように，生データを作って分析することは可能です。立案型の思考スタイルを1，順守型を2，評価型を3と置き，A組の25人に1，7人に2，9人に3と入力したデータを作ります。B～D組に対しても同じように作って行けば，表7.22に示す，これまでの分析で用いた構造のデータができます。このデータを用いて思考スタイルがクラスによって違いがあるかどうかを調べてみましょう。分析用データの「χ^2検定（思考スタイル）」をSPSSに読み込んでください。クラスも思考スタイルも名義尺度で，しかもすべて異なる被験者ですので，分析方法としてχ^2検定を使います。

表7.22 生データの作成

クラス	思考スタイル	
A	1	⎫
A	1	⎬ 1が25名
A	1	⎭
⋮	⋮	
A	2	⎫
A	2	⎬ 2が7名
⋮	⋮	⎭
A	3	⎫
A	3	⎬ 3が9名
⋮	⋮	⎭
B	1	⎫
B	1	⎬ 1が12名
⋮	⋮	⎭
B	2	⎫
B	2	⎬ 2が21名
⋮	⋮	⎭
B	3	⎫
B	3	⎬ 3が10名
⋮	⋮	⎭
C	1	
C	1	
略	略	
C	2	
C	2	
⋮	⋮	
D	1	
D	1	
⋮	⋮	
D	2	
⋮	⋮	

　表7.23, 表7.24に得られたクロス表とカイ2乗検定の結果を示します。「カイ2乗検定」結果の「Pearsonのカイ2乗」の「漸近有意確率」を見ると0.006であることから，クラスによって思考スタイルに違いがあると解釈できます。「調整済み残差」が1.96より大きい，もしくは−1.96より小さいところを見ると，A組の立案型の人数が期待度数より有意に大きく，同じA組の順守型の人数が期待度数より有意に小さいことがわかります。すなわち，A組は他のクラスに比べて立案型の生徒が多く，順守型の生徒が少ないことがわかります。

第7章 名義尺度のデータを用いて，関連性や違いがあるかを調べたいとき

表7.23 クラスと思考スタイルのクロス表

			思考スタイル			合計
			立案型	順守型	評価型	
クラス	A	度数	25	7	9	41
		期待度数	14.9	15.7	10.4	41.0
		調整済み残差	3.8	-3.2	-.6	
	B	度数	12	21	10	43
		期待度数	15.6	16.4	10.9	43.0
		調整済み残差	-1.3	1.7	-.4	
	C	度数	12	18	8	38
		期待度数	13.8	14.5	9.7	38.0
		調整済み残差	-.7	1.3	-.7	
	D	度数	11	17	15	43
		期待度数	15.6	16.4	10.9	43.0
		調整済み残差	-1.7	.2	1.7	
合計		度数	60	63	42	165
		期待度数	60.0	63.0	42.0	165.0

表7.24 カイ2乗検定

	値	自由度	漸近有意確率（両側）
Pearson のカイ2乗	18.284[a]	6	.006
尤度比	18.328	6	.005
有効なケースの数	165		

a. 0セル（0.0%）は期待度数が5未満です。最小期待度数は9.67です。

　このように新規に仮の生データを作成して分析することはできますが，この人数が膨大になると，データ入力だけでも大変です。このような場合には，次のような方法を用いる方が便利です。
　表7.21から表7.25のような「クラス」と「思考スタイル」および「人数」を列に入れた形式の表を作成し，これをSPSSで読み込みます。分析用データのシート「χ^2検定（重み付け）」を読み込んでください。このようなデータを用いる場合には，図7.10に示すように，メニューの「データ」→「ケースの重みづけ」を選択します。「ケースの重みづけ」の画面で「ケースの重み付け」に☑をいれ，「度数変数」に「人数」を入れます。「重み付け」とは，「クラスAで立案型1の人のデータが40行，順守型2の人のデータが7行あります……」ということをSPSSが認識して，表7.22で示したようなデータとして分析することを意味しています。

表7.25 クラス別思考スタイルの人数表

クラス	思考スタイル	人数
A	1	25
A	2	7
A	3	10
B	1	12
B	2	21
B	3	10
C	1	12
C	2	18
C	3	8
D	1	11
D	2	17
D	3	15

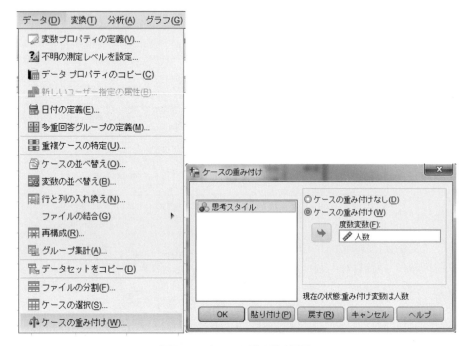

図7.10 ケースの重み付け画面

　この条件で，これまで説明したようにχ^2検定を行います。出力されるクロス表およびカイ2乗検定結果は，表7.23および7.24と同じ結果となります。生データではなく，クロス表で総計のデータが表示されている場合でも，そのデータを表7.25で示したように並べ替え，さらに「ケースの重み付け」機能を用いることによりχ^2検定分析ができます。

第8章
同じ被験者から得られた名義尺度のデータを用いて，関連性や違いがあるかを調べたいとき
—— McNemar の検定，Q 検定 ——

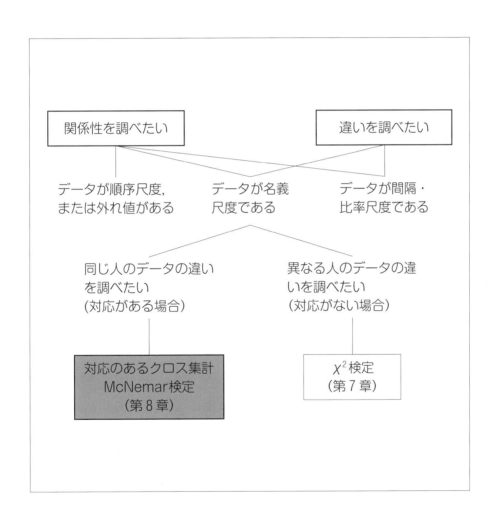

8.1　同じ被験者から得られた2条件の名義尺度のデータを使ったとき

　第7章で説明したχ^2検定は，異なる被験者からデータが得られている場合に使える分析方法です。すなわちクロス集計表を作成した場合に，すべてのセルに異なる被験者が属し，同一の被験者が同時に異なるセルに属していないデータが分析の対象となります。被験者が重複している名義尺度のデータを用いて，かつ条件が2個の場合，変数間の違いや関連性を調べる場合にはχ^2検定ではなく，以下に示すようなMcNemarの検定を用います。

　次の例を考えてみましょう。保護者55人に対して習熟度別指導について賛成か反対かの調査を行いました。その後，習熟度別指導に関する説明会を実施し，説明会の後に再度，賛成か反対かの調査を行いました。その結果の一部を表8．1に示します。

　この結果から，説明前後で賛否の意見の比率に違いがあるかどうかついて調べてみましょう。分析用データのシート「対応のある名義尺度2条件」をSPSSで読み込んでください。分析用データでは1を「賛成」，2を「反対」に充てています。この場合，説明会によって賛成から反対に転じた割合と，反対から賛成に転じた割合に違いがあるかどうかを調べることにもなります。

表8．1　説明前後の習熟度別指導に対する賛成・反対意見

保護者	説明前	説明後
1	賛成	賛成
2	賛成	賛成
3	反対	反対
4	反対	反対
5	賛成	賛成
6	賛成	賛成
7	賛成	賛成
8	賛成	賛成
9	賛成	賛成
10	賛成	賛成
11	反対	賛成
12	反対	賛成
13	反対	反対
14	反対	反対
15	賛成	賛成

　第7章で示した事例と本事例との違いは，説明前と説明後で調査した被験者は同じであるということです。すなわち，この例は「対応のある場合」のケースになります。しかも，説明による違いという1つの要件で，説明前と説明後の2つの条件間で，賛成と反対という2つの回答の違いがあるかどうかを調べることになりますので，χ^2検定ではなく，

第8章　同じ被験者から得られた名義尺度のデータを用いて，関連性や違いがあるかを調べたいとき

McNemar 検定を用います。なお，条件が「説明前」「第1回説明」「第2回説明」と3つの条件になった場合には，間隔尺度や比率尺度のデータを対象とした場合，対応のない t 検定では分散分析を，対応のある t 検定では「一般線形モデルの反復測定」を使ったように，名義尺度のデータを使った場合も異なる方法を用います。そのときは 8.2 節で説明する Cochran の Q 検定を用います。また，条件が 2 つであっても，選択肢が「賛成」と「反対」の 2 つの場合には McNemar の検定を用いますが，さらに「どちらでもない」という回答など，3 つ以上の選択肢がある場合には，8.3 節で説明するように McNemar-Bowker 検定を用います。ちょっとややこしいですが，まず，もっともシンプルな表 8.1 のデータを使って分析してみましょう。

　クロス集計表で表すと説明前後の「賛成」「反対」の数がわかりやすくなりますので，第 7 章で行ったようにメニューの「分析」→「記述統計」→「クロス集計表」を選択します。図 8.1 の画面の「行」に「説明前」を「列」に「説明後」を入れます。今回のように 2 × 2 のクロス表で対応がある場合には McNemar の検定を用います。そのため「統計量」をクリックして，統計量の指定を「カイ 2 乗」ではなく「McNemar」を選択します。

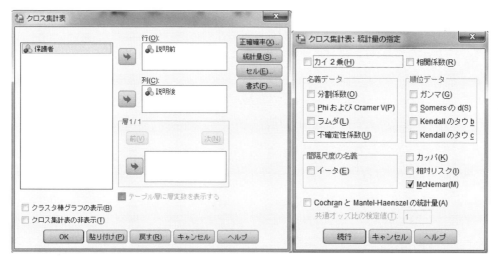

図 8.1　クロス集計表の統計量の検定

　表 8.2 に出力結果を示します。表 8.2 は説明前と説明後のクロス表です。この結果の後に，表 8.3 の「カイ 2 乗検定」が表示されます。SPSS の出力結果には「カイ 2 乗検定」という表題がついていますが，McNemar 検定を行った結果を示しています。この結果の McNemar 検定の「正確有意確率（両側）」の値を見ると 0.035 と 5 ％未満という値が得られていますので，説明前と説明後の賛成と反対の比率に有意な違いがあると解釈できます。

表8.2　説明前と説明後のクロス表

			説明後		合計
			賛成	反対	
説明前	賛成	度数 説明前の%	18 75.0%	6 25.0%	24 100.0%
	反対	度数 説明前の%	17 54.8%	14 45.2%	31 100.0%
合計		度数 説明前の%	35 63.6%	20 36.4%	55 100.0%

表8.3　カイ2乗検定

	値	正確有意確率 （両側）
McNemar 検定		.035[a]
有効なケースの数	55	

a. 2項分布を使用

この場合，表8.2のクロス表の割合から，説明会によって賛成から反対に意見を転じた割合（25%）に比べ，反対から賛成に転じた割合（54.8%）が多いことがわかります。すなわち，説明会によって賛成意見をもつ比率が有意に高まったという解釈ができます。

前述した例では「分析」→「記述統計」→「クロス集計表」から求めましたが，その他の分析も可能です。図8.2に示すように「分析」→「ノンパラメトリック検定」→「過去のダイアログ」→「2個の対応サンプルの検定」を選びます。名義尺度や順序尺度を分析する場合には，母集団が正規分布しているという仮定の下で成り立つパラメトリック検定は使えず，正規分布を仮定しない，分布に依存しないノンパラメトリック検定しか使えません。

図8.2　ノンパラメトリック検定から分析する方法

図8.3のペアの変数1に「説明前」を,変数2に「説明後」を入力します。検定の種類でMcNemarに☑を入れます。これで,「OK」をクリックすると,表8.4の「説明前&説明後」のクロス表が出力されます。また,表8.5の検定統計量の結果が出力され,そのMcNemar検定の「正確有意確率(両側)」を見ます。本結果では,この値が0.035であることがわかります。この結果は,前述した表8.2,8.3と同じです。

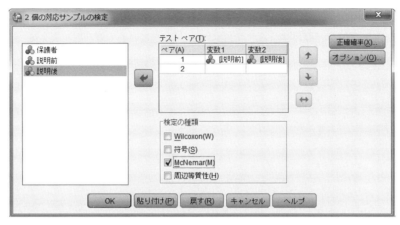

図8.3　2個の対応サンプルの検定

表8.4　説明前&説明後

説明前	説明後	
	賛成	反対
賛成	18	6
反対	17	14

表8.5　検定統計量[a]

	説明前&説明後
N	55
正確有意確率(両側)	.035[b]

a. McNemar検定
b. 使用された2項分布

8.2　比較する条件が3つ以上のとき

8.1節の例では,「説明前」と「説明後」という2つの条件間で違いがあるかどうかを調べましたが,さらにもう1回説明会を開催して,3つの条件で違いがあるかを分析してみましょう。条件が3以上(正確には2以上)のときには,対応のないt検定では一元配置分散分析を,対応のあるt検定では「一般線形モデルの反復測定」を使ったのと同じような扱いです。表8.6に分析用データの一部を示します。表8.6のデータは表8.1のデータに第2回説明会後の賛成,反対意見が追加されたものです。ここで分析に用いるデータは分析用データのシート「対応のある名義尺度3条件」のデータです。これをSPSSに読み込みましょう。

表8.6　3条件のときの分析用データ（一部）

保護者	説明前	第1回説明後	第2回説明後
1	1	1	1
2	1	1	1
3	2	2	1
4	2	2	2
5	1	1	1
6	1	1	1
7	1	1	1
8	1	1	2
9	1	1	1
10	1	1	2
11	2	1	1
12	2	1	1
13	2	2	1
14	2	2	2
15	1	1	2

　それでは分析してみましょう。図8.4に示すように，「分析」→「ノンパラメトリック検定」→「過去のダイアログ」→「k個の対応サンプルの検定」を選択します。表示される図8.5の画面の「検定変数」に3つの条件，ここでは「説明前」「第1回説明会」「第2回説明会」を入れます。「検定の種類」で「Cochran」に☑を入れます。これで「OK」をクリックすると，表8.7で示す度数（クロス表）および，表8.8の検定統計量が表示されます。表8.8のCochranのQの漸近有意確率を見ます。0.027であることから5％水準で有意である，すなわち，説明会によって賛成，反対の意見の割合に違いが見られるということがわかります。しかし，表8.7を見ると，この違いというのは8.1節の違いがある結果をそのまま反映しているもののように思えます。すなわち説明前と第1回説明後との違いが見られているのであり，第2回説明後による違いは見られないということです。この分析ではどの条件間に違いがあるのかまではわかりません。おおよその見当をつけたい場合には，第1回説明後と第2回説明後の結果を8.1節で示したMcNemar法で分析するとわかります。ここにはその分析結果表を示しませんが，両者間に違いは見られていません。

第8章 同じ被験者から得られた名義尺度のデータを用いて,関連性や違いがあるかを調べたいとき

図8.4 対応のある名義尺度で3条件の場合の分析

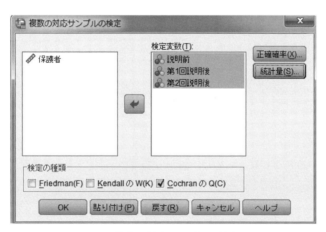

図8.5 複数の対応サンプルの検定画面

表8.7 度数

	値	
	1	2
説明前	24	31
第1回説明後	35	20
第2回説明後	36	19

表8.8 検定統計量

N	55
CochranのQ	7.189[a]
自由度	2
漸近有意確率	.027

a. 1は成功したものとして処理されます。

141

8．3　m×mのクロス集計表で両者の違いの有無を調べたいとき

　8．1節では条件が2つで回答が「賛成」「反対」の2つから選択した場合の事例，そして，8．2節では条件が3つの場合について説明しました。8．1節の事例は説明前後の「賛成」「反対」の数，すなわちクロス表で言うと，表8．4に示したように2×2のケースを扱いました。McNemar検定は2×2のケースのみが対象となります。そこで，ここでは，表8．1のデータの回答に「賛成」「反対」の他に「どちらでもない」という3択を行った場合のデータを用いて説明前と説明後で意見の違いがあるか否かを調べる例を取り上げます。今度は表8．1のように生データがあるのではなく，表8．9に示すようにすでに集計されたデータがある場合を取り上げます。表8．2が2×2のクロス表であったものが，3×3のクロス表になっている点が異なります。この場合の分析の仕方を説明しましょう。

　ここで，7．6節を思い出された方はかなり理解が進んでいます。クロス表で生のデータがない場合には，「ケースの重み付け」を用います。まず，分析の基になる表を作成する必要があります。表8．10に示すように，1行目に説明前，説明後，そして人数を入力し，「賛成」を1，「どちらでもない」を2，「反対」を3とした表を作ります。もちろん，1，2，3の数値はなんでもかまいません。表8．10（分析用データのシート「3×3対応のあるクロス表」）をSPSSに読み込みます。

　「データ」→「ケースの重み付け」を選択し，図8．6に示すように，「度数変数」に「人数」を入れます。これで，例えば「説明前と説明後の「賛成」意見の人のデータが18行ある」ということをSPSSが認識します。

　それでは分析してみましょう。実はこのときの分析のやり方も図8．1で説明した流れで分析を行います。

表8．9　説明前後の習熟度別指導に対する賛成・反対意見数

		説明後			計
		賛成	どちらでもない	反対	
説明前	賛成	18	6	6	30
	どちらでもない	7	5	4	16
	反対	17	14	14	28
	計	42	25	24	74

表8.10 SPSS分析用データ構造

説明前	説明後	人数
1	1	18
1	2	6
1	3	6
2	1	7
2	2	5
2	3	4
3	1	17
3	2	14
3	3	14

図8.6 ケースの重み付け

分析を行うと表8.11の説明前と説明後のクロス表と、表8.12のカイ2乗検定が表示されます。表8.12の結果を見るとMcNemar検定ではなく「McNemar-Bowker検定」が実行され、その漸近有意確率（両側）の値が表示されます。この有意確率が0.012であることから、5％未満の水準で説明前後の「賛成」「反対」「どちらでもない」の比率の違いが見られていると解釈できます。表8.11を見ると、説明前の反対意見をもつ人が45人いるのに対して、説明後には24人に減少し、「賛成」意見が30人から42人に、一方「どちらでもない」という意見が16人から25人増えていることから、説明前に反対していた人の意見がこれらの意見に移行していることがわかります。この検定方法では説明前と説明後の意見に違いが見られたことまでしかわからず、クロス表の結果からその内容を推定することになります。

表8.11 説明前と説明後のクロス表

			説明後			合計
			賛成	どちらでもない	反対	
説明前	賛成	度数 説明前の%	18 60.0%	6 20.0%	6 20.0%	30 100.0%
	どちらでもない	度数 説明前の%	7 43.8%	5 31.3%	4 25.0%	16 100.0%
	反対	度数 説明前の%	17 37.8%	14 31.1%	14 31.1%	45 100.0%
合計		度数 説明前の%	42 46.2%	25 27.5%	24 26.4%	91 100.0%

表8.12 カイ2乗検定

	値	自由度	漸近有意確率 （両側）
McNemar-Bowker検定	10.893	3	.012
有効なケースの数	91		

なお，このデータを図8.2，図8.3のように「分析」→「ノンパラメトリック検定」→「過去のダイアログ」→「2個の対応サンプルの検定」で「McNemar」を選択して分析しても，分析はなされません。McNemar検定は2×2の変数で実行される検定法であるため，この3×3の場合は分析されません。

第9章
相互関係があるかどうかを調べたいとき
―― 相 関 分 析 ――

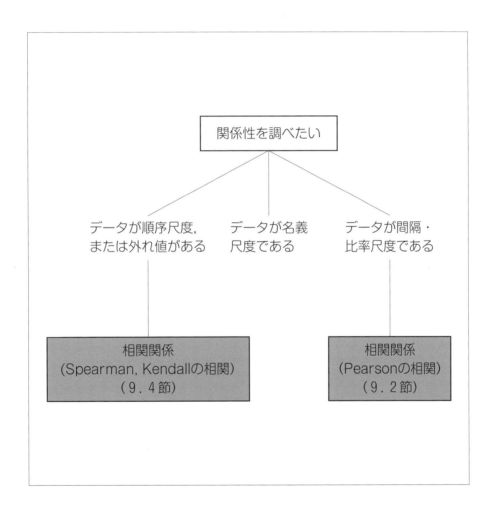

9.1 相関関係とは

「自己肯定感が高いほど成績は高いのだろうか？」「思考スタイルが立案型であるほど主体的な学習能力が高いのだろうか？」「授業でのICT活用時間数と児童・生徒の理解度には関係があるのだろうか？」など，項目間の関係やその関係の強さなどを調べたい場合があります。本章では，項目間の相互関係の程度を分析する相関分析法について取り上げます。ここで扱う相関とは2つの項目が直線的な関係にある場合です。例えば，携帯電話の「機能の数」と「使いやすさ」といったような，機能が増えるとあるところまでは使い勝手がよくなりますが，あまり機能が増えすぎると今度は複雑になるため使いにくくなるといった上に凸の曲線関係を示すものなど，直線的な関係にないケースには適用できません。

2つの項目XとYにおいて，相関の強さは相関係数という-1から1までの数値で示します。相関係数の絶対値が1に近くなるほど関係性が強く，両者にプラスの相関がある場合にはXが増大するとYも増大する，一方マイナスの相関がある場合にはXが増大するとYは減少するという傾向を示します。相関係数が0とは項目間にまったく関係がないこと，+1もしくは-1は両者に直線的な関係があることを示します。

相関の強さをrを相関係数とすると，一般に，$0.0 \leq |r| \leq 0.2$ の領域では「ほとんど相関なし」，$0.2 < |r| \leq 0.4$ の領域では「弱い相関あり」，$0.4 < |r| \leq 0.7$ の領域では「比較的強い相関あり」，$0.7 < |r| \leq 1.0$ の領域では「強い相関あり」と表現します。XとYの2つの変数間の相関係数をイメージで表した相関図を図9.1に示します。

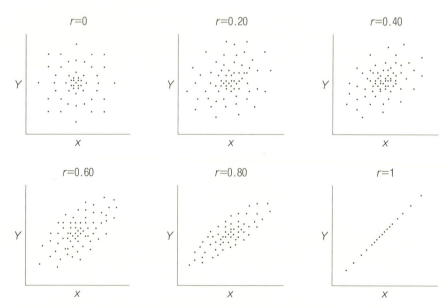

図9.1 相関係数と相関図の関係

(吉田寿夫著『本当にわかりやすい，すごく大切なことが書いてあるごく初歩の統計の本』北大路書房，1998年，75ページ)

相関があるかないかを見る場合に気をつけなくてはならないことがいくつかあります。扱うデータは比率尺度もしくは間隔尺度，順序尺度であること，そして，尺度によって分析する方法が異なることです。また，2つの項目間に相関があると見える場合，あるいはないと見える場合であっても，それが2つの項目以外の項目の影響を受けているために，そのような見え方になっている場合もあります。これについては9.2.2で取り上げます。それから，複数のデータが混在する場合に，個別で見ると相関があるのに，全体として見ると相関がないように見えるケースもあります。例えば，図9.2(a)に示すように，クラスの男子および女子は共にXとYの相関が見られるのに対して，男女すべてを含んだクラス全体で見ると，XとYの相関はほとんど見られなくなるといったケースが考えられます。それから実際には相関があるけれども，それが直線関係でない場合，例えば図9.2(b)の年齢と体力のように，年齢の増加に伴い体力は増加するが，さらに年齢が増加すると体力は低下するといった曲線の関係を示すものに対しては，相関がないという分析結果になってしまいますので注意が必要です。このようなこともあるので，相関分析を行う場合には，散布図を描いておおよその予測を立て，ケースによっては分けて（例えば，図9.2(a)では性別に，図9.2(b)では年齢層別に分けて）分析することが必要となります。

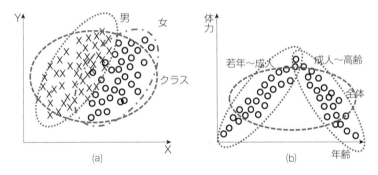

図9.2　相関の留意点

　図9.1で相関係数とデータのイメージを示しましたが，相関係数が0.2～0.4の範囲で弱い相関があるに過ぎないのに，あたかもその関係性が大きいような表現をしている論文や資料などが見られますので，適切な表現を用いることが重要です。また，相関係数が0.8の場合，それは相関係数0.4の2倍であるということを表しているのではありません。それから相関が見られることで一方がもう片方の原因もしくは結果である，といった因果関係があるかのような表現を見受けることもありますが，相関があることは因果関係があることの必要条件に過ぎませんので，因果関係があるとは限りません。

　相関分析を行う方法には，間隔尺度や比率尺度のデータに関して相関係数を求めるPearsonの積率相関分析と，順序尺度や外れ値が存在する場合に対して行うSpearmanやKendallの順位相関分析があります。Pearsonの積率相関係数はデータが正規分布をなし，また2つの項目が線形関係であることを仮定したときに求められるものです。一方，順位相関分析は正規分布を考慮する必要もなく，外れ値があっても分析できる方法です。一般

に多く使われている Pearson の積率相関係数は下記の式から求まります。式の，$\bar{x}$ と $\bar{y}$ はそれぞれ x と y の平均値，x_i, y_i は個々のデータの値を示しています。

$$\frac{\sum_{i=1}^{n}(x_i-\bar{x})(y_i-\bar{y})}{\sqrt{\sum_{i=1}^{n}(x_i-\bar{x})^2}\sqrt{\sum_{i=1}^{n}(y_i-\bar{y})^2}} \qquad (9-1)式$$

9.2 相関分析の実行

9.2.1 2変量の相関

統計分析用データのシート「相関分析1」のデータ（表9.1にデータの一部を掲載）を使って分析してみましょう。このデータは93人の大学生に対してグループ学習に関連する質問に対して，「1：全くあてはまらない，2：ややあてはまらない，3：少しあてはまる，4：非常にあてはまる」の4件法で回答してもらったデータです。

表9.1 分析用データの一部

被験者	グループ討論しながら進める授業が向いている	他の人と議論することが好きである	一人で主体的に学習する方が好きである	他の人の考えが参考になる
1	1	1	4	3
2	2	2	3	4
3	1	1	4	3
4	2	2	4	3
5	1	2	4	3
6	2	2	3	3
7	2	2	3	3
8	2	2	3	3
9	3	4	3	4
10	1	1	3	3

リッカート尺度は第1章でも述べましたが，程度の順序を表していますので順序尺度です。点数の間隔がどこでも同じという保証はありません。しかし，①母集団が正規分布に従っていること，②サンプルのサイズが大きいこと，③得られたデータの偏りがないことといった条件が満たされていれば，間隔尺度として扱っても問題ないという意見があります。また，複数の項目の回答を累積して統計分析する場合には，経験的に間隔尺度として扱われています。実際，リッカート尺度で得られたデータを用いて Pearson の積率相関分析で相関関係を求めている論文や資料等は非常に多く見受けられます。後述するようにリッカート尺度のデータの相関を求める場合，外れ値は出てこないので，Pearson の積率相関分析と Spearmen の順位相関分析で求めた値にそれほど大きな差は生じません。また，リッカート尺度のデータは数段階（本ケースでは回答値が4段階）しかありませんので，相関係数を分析した場合に，得られた相関係数の精度には問題が残ります。そのため，

第9章 相互関係があるかどうかを調べたいとき

おおまかな関係を見る程度にとどめた方がよいでしょう。リッカート尺度の段階を多く取った方が間隔尺度に近づくと考えられますが，一方で段階が多くなるほど被験者にとって選択する回答値に迷いが生じてしまい，その結果，今度は回答値の信頼性の精度の問題が起きてきます。このような状況から，いずれの相関分析を用いても大きな影響の差は出ないと考えられますが，リッカート尺度で収集したデータ間の相関を分析する場合には順序尺度に対する分析方法を用いる方が妥当であると思います。

表9．1のデータはリッカート尺度ですので，Spearmenの分析方法を用いるのが妥当だと考えますが，その前にまずPearsonの積率相関分析を行ってみましょう。後に順序尺度のデータを分析するSpearmanの分析も行ってみます。SPSSにデータを読み込みましょう。表示されたSPSS画面の「変数ビュー画面」でデータの「被験者」を名義尺度，その他の質問を「順序」に設定します（「順序」を「スケール」にしても結果は変わりません）。

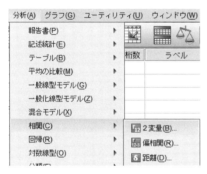

図9．3　相関分析実施メニュー

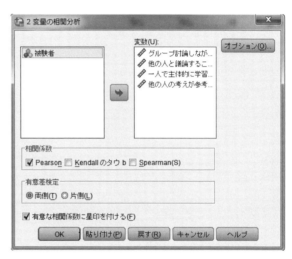

図9．4　2変量の相関分析画面

SPSS画面メニュー（図9．3）の「分析」→「相関」→「2変量」を選択します。「2変量の相関分析」とは2つの項目間に直接的もしくは間接的に関連があるかどうかを調べるものです。表示される図9．4の2変量の相関分析画面の「変数」の欄に分析したい項目を入れます。相関係数に「Pearson」「Kendall」「Spearman」のチェック欄がありますが，まず「Pearson」を選択しましょう。なお，「Kendall」や「Spearman」にチェックを入れてもかまいません。それぞれの方法で分析された結果が表示されます。有意確率は相関を調べる場合には一般に「両側検定」で分析します。有意確率の意味については第4章の4．2．2節で説明しましたが，相関関係を調べる場合には，2つの項目のどちらかが片方に比べて相関が強いといった方向性があるものではないので，「両側検定」を用います。

図9．4の「OK」をクリックすると，表9．2に示す相関係数の分析結果が出力されます。図9．4の右側にある「オプション」をクリックして，個々の質問項目に対する回答

値の平均値や標準偏差といった記述統計量を出力結果に表示させることもできますが，これらの結果が必要なければ，行と列に4項目のうちの個々の2項目間の相関係数のみが表示されます。対角線を境に右上と左下に同じ数値が表示されますので，論文等へ掲載する場合には，どちらか一方だけを記載します。表9.2の出力結果には，Pearsonの相関係数と有意確率，およびNの値が表示されています。Pearsonの相関係数は式9-1から計算された値，Nは本データの被験者数93名を示します。この結果を見ると，「グループ討論しながら進める授業が向いている」と「他の人と議論することが好きである」とは，0.738という強い正の相関が見られます。これは，他の人と議論することが好きな人ほど，グループ討論しながら進める授業が向いていることを示しています。また，「他の人の考えが参考になる」とも0.446と比較的強い正の相関が見られます。一方，「グループ討論しながら進める授業が向いている」と「一人で学習する方が好きである」とは，-0.558という比較的強い負の相関が見られます。これらの項目は相反する内容ですので負の相関，すなわちグループ討論しながら進める授業が向いている人は，一人で学習する方が好きではないという傾向を示しているものであり，これは当然の結果だと言えるでしょう。

表9.2　相関係数

		グループ討論しながら進める授業が向いている	他の人と議論することが好きである	一人で主体的に学習する方が好きである	他の人の考えが参考になる
グループ討論しながら進める授業が向いている	Pearsonの相関係数 有意確率(両側) N	1 93	.738** .000 93	-.558** .000 93	.446** .000 93
他の人と議論することが好きである	Pearsonの相関係数 有意確率(両側) N	.738** .000 93	1 93	-.456** .000 93	.478** .000 93
一人で主体的に学習する方が好きである	Pearsonの相関係数 有意確率(両側) N	-.558** .000 93	-.456** .000 93	1 93	-.394** .000 93
他の人の考えが参考になる	Pearsonの相関係数 有意確率(両側) N	.446** .000 93	.478** .000 93	-.394** .000 93	1 93

＊＊．相関係数は1％水準で有意（両側）です。

ここで，相関係数に星印＊が1個，あるいは2個ついているのがあります。これは分析条件の設定の際に，図9.4の画面で「有意な相関係数に星印をつける」にチェックを入れると表示されます。星印1個は有意確率が5％未満，星印2個は有意確率が1％未満の相関係数につけられています。相関を求める統計分析では，前提となる帰無仮説は「両項目間に相関がない」ということです。仮説が正しくないという状況は起こり難い，すなわちその確率は低いということを前提とし，その臨界の確率を有意確率＝5％と考え，その値未満である場合には帰無仮説が棄却され，相関が見られるという考え方をします。この

ようなことから，相関係数が大きくなるほど，仮説から外れていくのでますます有意確率は小さな値を示すことになります。ところが，気をつけなければならないのは，相関係数と有意確率との関係は被験者数に影響を受けることです。第4章のt検定でも説明したように同じ値の差が生じていても，被験者数が少ないほど有意確率が大きくなるのと同じように，被験者数が少ない場合には，相関係数が大きい場合でも，有意確率は大きな値を示し，有意確率から判断すると相関が見られないということが起きます。一方，被験者数が多くなると，相関係数が0.2未満でも有意確率が5％未満となってしまい，有意確率から判断すると相関があるということになります。そのような場合，9.1節で述べたように相関係数が0.2以下は「ほとんど相関はない」と解釈されますので，有意確率が5％未満だからといって「有意な相関が見られた」と解釈することには問題があります。

余談ですが，下記の図9.5のように2つの変数XとYの間に直線関係があった場合に，相関係数はどうなるでしょうか。図中の直線CはX軸と平行な直線，DはY軸と平行な直線，Aは傾きが大きく，Bは傾きが小さい直線を示しています。もしかしたら直線の傾きが大きいほど相関が強いと思われるかもしれませんが，傾きの大きさには関係せず，AおよびBの傾向を示す場合いずれも相関係数は1になります。一方，CはX軸に平行な直線ですので，9-1式の $(y_i - \bar{y})$ が0になります。分子が0になりますが，分母も0になるので，相関係数は算出されません。同様に直線Dの傾向を示す場合には $(x_i - \bar{x})$ が0になるので，この場合も相関係数は算出されません。一般には，2つの項目において片方が変わってももう一方に変化がない場合には，両者には相関はないと考えます。

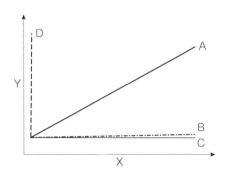

図9.5 X，Y関係と相関係数

9.2.2 偏相関の分析

表9.2の結果に戻りましょう。表9.2の結果は，妥当な傾向を示す結果が出ているように思えます。しかし，ここで「他の人の考えが参考になる」ことと「グループ討論しながら進める授業が向いている」こととは直接的な関係が本当にあるのかが気になります。もしかしたら，他の要因があるために，あたかも両者に関係があるかのように見えているのかもしれません。すなわち，図9.6に示すようにAとBが第三者のCを介してあたかも関係があるかのように見えているのではないかということです。このようなことが考

えられる場合には，Cの影響を除いてAとBの直接的な相関を調べることができます。このように他の項目の影響を削除した直接的な2者間の相関を偏相関と呼びます。

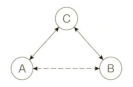

図9.6　3者の相互関係

　偏相関係数を求める場合には，SPSSの図9.3画面の「相関」→「偏相関」を選択します。図9.7の画面が表示されますので，変数に直接的な相関を求めたい変数，ここでは，「グループ討論しながら進める授業が向いている」と「他の人の考えが参考になる」という項目を入れます。制御変数には影響を除きたい項目を入れます。この場合は「他の人と議論することが好きである」という項目を入力しています。他にも影響を除きたい変数があれば，複数の項目を制御変数のなかに入力してもかまいません。条件設定が終わったら「OK」をクリックします。

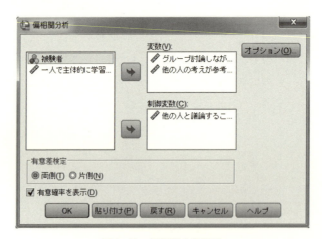

図9.7　偏相関分析画面

　表9.3に分析結果を示します。この結果を見ると，先ほど0.446と比較的強い相関が見られた両者の直接的な相関は0.158となり，有意確率も0.133と5％以上を示し，両者にほとんど相関が見られないことがわかります。すなわち，「他の人と議論することが好きである」という項目を介して，「グループ討論しながら進める授業が向いている」と「他の人の考えが参考になる」という項目間に関係があるかのように見えていたのです。

表9.3 偏相関係数

制御変数			グループ討論しながら進める授業が向いている	他の人の考えが参考になる
他の人と議論することが好きである	グループ討論しながら進める授業が向いている	相関	1.000	.158
		有意確率（両側）		.133
		df	0	90

図9.6に示すようにAとC，BとC間に相関があることにより，AとB間の関係がCの影響を受ける場合があります。Cの影響を除いた場合に，本データのようにAとBの相関が見えなくなる場合（第三者の変数により相関が見かけ以上に大きく見えていることから疑似相関と呼びます）や，逆に強くなる場合（第三者の変数により相関が見えにくくなっている状態ですので，これを疑似無相関と呼びます），あるいは符号が逆転してAとBに負の相関が見られる場合などがあります。このように，第三者のCがAとBの両方に影響を与えている場合には，その影響を除いた偏相関を調べることが重要となります。

9.3 潜在変数間の相関を調べる

上記は質問項目間で相関があるかを調べた例ですが，例えば，自己肯定感と学習意欲との関係，思考スタイルと主体的学習能力との関係，ICT活用能力と思考力との関係を調べたい場合などがあります。これらは質問項目間の相関を求めるケースとは異なります。これらの事例は1つの質問項目で判断できるものではなく，複数の質問項目への回答値からその程度の高さを測定することが多いからです。このように実際に観測できる変数からその裏にある潜在変数を求め，それらの相関を調べたいケースは多々あります。

例えば，自己肯定感と学習意欲との間に相関があるかを調べたい場合には以下のような分析の仕方が考えられます。仮に，自己肯定感で10個，学習意欲で8個の質問項目を作ったとしましょう。

① 自己肯定感を測るための10個の質問項目に対してリッカート尺度の回答項目に回答してもらい，その回答値の平均値を個人ごとに求めます。
② 同様に，学習意欲を測定する8個の質問項目に対しても同様の処理を行います。
③ それぞれの平均値を被験者別に入力したデータを基に，相関分析を行います。

この事例は複数の項目の回答を累積して統計分析する場合ですので，リッカート尺度が経験的に間隔尺度として扱われています。このとき，自己肯定感を測定する複数の項目が自己肯定感を測定する項目として信頼できる項目であるのか，また同様に学習意欲を測定する複数の項目が学習意欲を測定する項目として信頼性があるのかを調べた方がよいでしょう。これは第2章の2.4.3質問項目の信頼性で述べたように，クローンバックのα係数から推定できます。質問のなかに逆転項目が混在している場合には，第2章の2.4.

2で説明したように逆転項目に対する回答値も逆変換しておく必要があります。

9.4 順序尺度データや外れ値があるときの相関分析

ここでは，分析データの「相関分析2」のデータを用いて分析してみましょう。このデータは10人の被験者の学習時間と100点満点の試験の成績をまとめたものです。学習時間も成績も比率尺度ですので，Pearsonの積率相関係数を調べればよいと判断されます。実際にPearsonの相関分析を行ってみると，表9.5の結果が表示されます。学習時間と成績の相関係数は0.666と比較的強い正の相関が見られます。学習時間が長い人ほど成績が高い関係があることがわかります。

表9.4　はずれ値のあるデータ

学生	学習時間（分）	成績（点）
1	22	30
2	45	20
3	80	51
4	90	98
5	30	40
6	12	33
7	60	38
8	50	43
9	32	45
10	52	25

表9.5　相関係数

		学習時間（分）	成績（点）
学習時間（分）	Pearsonの相関係数	1	.666*
	有意確率（両側）		.036
	N	10	10

＊．相関係数は5%水準で有意（両側）です。

ここで，表9.4のデータをよく見ると，4番目の被験者のデータの成績が特に高いように感じます。そこで，学習時間と成績の関係をグラフに表してみましょう。SPSSメニュー「グラフ」→「レガシーダイアログ」→「散布図/ドット」を選択します。その次に現れる画面から「単純な散布」を選択し，「定義」をクリックします。表示された画面のY軸に「成績」，X軸に「学習時間」を入れ「OK」を選択します。すると図9.8のグラフが表示されます。

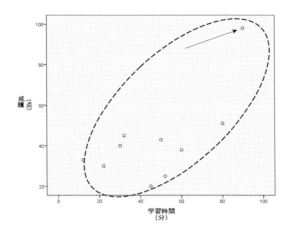

図9.8　学習時間と成績との散布図

　このグラフを見ると，学習時間90分の被験者のデータ（図9.8中の矢印部のデータ）が他より大きく外れていることがわかります。このような外れ値がある場合には分析に留意が必要です。外れ値をどのように捉えるかは分析者によって異なるかもしれません。たまたま現れているデータなので信頼性が不明だからこのデータを削除して分析しようとか，この外れ値があってもデータはデータだからそのまま分析した方がよいのではないか，といった迷いが出てきます。学習時間と成績には強い関係があるに違いないと思っている人は後者の進め方をとるかもしれませんし，統計的に不確実なデータであると判断する人は前者の分析を行うかもしれません。このような外れ値がある場合に，そのデータを残したまま順位を示す値に置き換えて相関を分析する方法があります。それがSpearmanやKendallの順位相関係数を求めるものです。

　それではこのデータを使ってSpearmanの相関係数を求めてみましょう。図9.3の「2変量の相関係数」の画面でSpearmanにチェックを入れれば分析されます。その結果を表9.6に示します。先ほどのPearsonの相関係数0.666より小さくなり，0.479という低い値が得られています。

表9.6　相関係数

			学習時間 （分）	成績 （点）
Spearmanのロー	学習時間 （分）	相関係数 有意確率（両側） N	1.000 10	.479 .162 10

　Spearmanの順位相関分析はデータに小さい方から順番をつけて順位を示す値に変換して，それを基に相関係数を求めるものです。PearsonとSpearmanの分析を比較するために，この学習時間と成績のデータをそれぞれ小さい方から順位づけしてみましょう。そのデータを表9.7に示します。表9.4の学習時間がもっとも少ないのはナンバー6の学生

だから，それに1を，次に少ないのはナンバー1の学生だから，それに2を……といったように順位づけしたデータを示しています。成績についても同じ考え方で順位をつけていきます。

表9.7　表9.4のデータを順位値に変換したもの

学生	学習時間の順位	成績の順位
1	2	3
2	5	1
3	9	9
4	10	10
5	3	6
6	1	4
7	8	5
8	6	7
9	4	8
10	7	2

これらのデータの散布図を描くと図9.9のようになり，外れ値がなくなります。また，図9.8と図9.9の楕円を見ると，図9.9の方がデータの分散が大きくなり相関係数が小さくなっていることも感覚的にわかります。

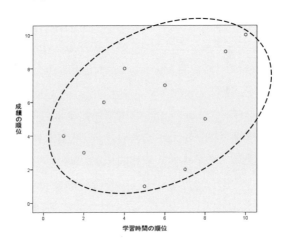

図9.9　順位変数に変換した散布図

それでは，この順番に並べたデータを使ってPearsonの相関係数を求めたらどうなるでしょうか。出力結果の表は示しませんが，相関係数はSpearmanで求めた係数と同じ値，すなわち0.479に，そして有意確率もSpearmanで求めた0.162となります。このことからSpearmanの相関係数はデータを順番に並べ替えて，そのデータを使ってPearsonの相関係数を求めていることが理解できます。なお，Kendallの相関係数はさらに異なる式で計算され，Spearmanで求めた値よりさらに小さな値となります。ちなみに，このデータでは0.378という値が得られます。

なお，表9.6の分析結果を見ると相関係数は0.479と比較的強い相関係数が示されているにもかかわらず，有意確率は0.162と5％以上の値，すなわち有意ではないという結果を示しています。これは前述したように被験者数が10人と少ないために出てきている結果です。

ここで，PearsonとSpearmanの分析をさらに比較するために，再度表9.1のリッカート尺度で回答したデータに戻りましょう。本来，リッカート尺度は「順序尺度」ですので，順序尺度のデータを分析するSpearmanの順位相関係数を求めることが妥当だと思われます。そう考えると，間隔尺度とみなして分析したPearsonの相関係数との違いがどの程度あるのか気になります。そこで，今度は表9.1のデータをPearsonではなくSpearmanで分析してみましょう。表9.8に分析して得られたSpearmanの順位相関係数を示します（右上半分の結果のみ表示しています）。表9.2のPearsonの結果と比較すると相関係数に多少の違いが見られますが，それほど大きな差はありません（本ケースの場合は約1～5％の差）。また，Spearmanの順位相関係数とPearsonの積率相関係数を絶対値で比較したとき，前者が後者に比べて大きい場合もあれば，小さい場合もあります。リッカート尺度の回答値には，決められた数値からの選択であるため外れ値に該当するデータは出てこないので，PearsonとSpearmanで分析した結果に大きな差は出てこないと推定されます。

表9.8 表3.1のデータをSpermanで求めた相関係数

			グループ討論しながら進める授業が向いている	他の人と議論することが好きである	一人で主体的に学習する方が好きである	他の人の考えが参考になる
Spearmanのロー	グループ討論しながら進める授業が向いている	相関係数 有意確率(両側) N	1.000	.730** .000 93	-.562** .000 93	.468** .000 93
	他の人と議論することが好きである	相関係数 有意確率(両側) N		1.000	-.469** .000 93	.483** .000 93
	一人で主体的に学習する方が好きである	相関係数 有意確率(両側) N			1.000	-.382** .000 93

＊＊．相関係数は1％水準で有意（片側）です。

これも余談ですが，リッカート尺度で得られた回答値を順位値に変換したデータを用いて相関係数を求めてみましょう。表9.9は表9.1のデータを順に並べ替えたデータの一部を示します。「グループ討論しながら進める授業が向いている」のデータを取り上げ，順序をつける方法を説明します。

1と回答した個数が20個，2の回答は47個，3の回答が22個，4の回答が4個で回答の個数は計93個になります。1と回答した人は1～20番目ですので，$(1+20) \div 2 = 10.5$，2

と回答した人は21～67番目ですので（21＋67）÷2＝44, 3と回答した人は68～89番目ですので，（68＋89）÷2＝78.5, 4と回答した人は90～93番目ですので，（90＋93）÷2＝91.5となり，1～4の値がそれぞれこれらの値に変換されます。このようにしてすべての項目のデータを変換したのが表9.9のデータです。このデータは分析用データのシート「相関分析3」に挙げています。このデータを用いてSpearmanの順位相関係数を求めると，当然のことながら表9.8の結果と同じ結果が出てきます。また，同様に表9.9は順番に並べ替えたデータですので，それを用いてPearsonの相関係数を求めると，その結果も表9.8とまったく同じ結果が得られます。すなわち，前述したようにSpearmanの順位相関係数はデータを順番に並べ替えてPearsonの相関係数を求めたものであることがわかります。

表9.9 表9.1のデータを順位値に変換したデータ

被験者	グループ討論しながら進める授業が向いている	他の人と議論することが好きである	一人で主体的に学習する方が好きである	他の人の考えが参考になる
1	10.5	10	81.5	37.5
2	44	42	47	80.5
3	10.5	10	81.5	37.5
4	44	42	81.5	37.5
5	10.5	42	81.5	37.5
6	44	42	47	37.5
7	44	42	47	37.5
8	44	42	47	37.5
9	78.5	89.5	47	80.5
10	10.5	10	47	37.5
11	10.5	10	47	5
12	10.5	10	81.5	37.5
13	78.5	75	47	80.5

第10章
ある変数が変化したときに，それが別の変数にどのような影響を与えるかを調べたいとき
——回帰分析——

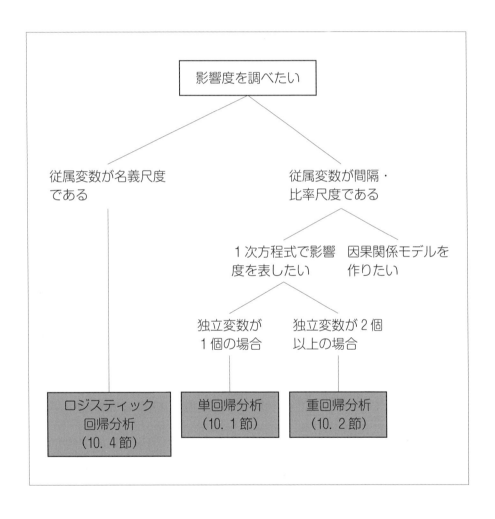

10.1　大学の成績への高校時代の成績の影響
——単回帰分析

　1つの変数の値を変えると，それに影響を受けている変数がどの程度変わるのか，といったことを調べたい場合があります。第9章で項目間の相関係数を分析する方法を説明しましたが，相関分析では相関係数の大きさから，変数間のおおよその関係性の強さを知ることはできても，一方の変数の値を変えたときに，もう一方の変数がどの程度変化するのかはわかりません。本章ではこれらの変数間の関係を数式で表す方法について説明します。影響を与える変数を説明変数，影響を受ける変数を目的変数，または，影響を与える変数を，独立に変わる変数という意味で独立変数，影響を受ける変数を，それに従って変わるという意味から従属変数と呼びます。本章では後者の呼び名を使い，独立変数と従属変数の関係が，もっともシンプルな一次方程式で記述できるケースを扱います。そのため，例えば年齢と体力といったように，誕生後，年齢が上がるにつれて体力が増加するが，若い時代を過ぎて中高年になると体力が減少していくといった，上に凸となるような関係や一次関数以外の関係を示すケースは取り扱っていません。ただし10.4節，10.5節で後述するロジスティック回帰分析のように，対数を一次関数で表記する場合についても取り扱います。

　1個の従属変数を1個の独立変数を使って一次方程式で表すことを目的とした分析方法を単回帰分析と呼びます。一方，複数の独立変数を使って，1つの従属変数をどのような数式で表せるかを分析する方法を重回帰分析と呼びます。なお，回帰分析では，従属変数を独立変数を用いた数式で表せますので，従属変数への独立変数の影響の程度がわかりますが，因果関係を分析しているものではありません。すなわち，独立変数が原因，従属変数が結果を表しているとは限らないことに注意しましょう。

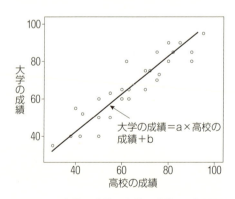

図10.1　高校の成績と大学の成績との相関図

　それではもっとも単純な単回帰分析について説明していきます。分析データ「単回帰分析」を使って，大学の成績が高校の成績を使ってどのように表せるかを分析してみましょ

う。もう少しわかりやすく言うと，図10.1に示すように，大学の成績を高校の成績を用いて式で表したときの傾きaと切片bの値を求めるということです。この例では，独立変数が高校の成績だけですので単回帰分析を用いますが，後述する重回帰分析も同じ分析方法を用います。

それでは，分析用データ「単回帰分析」をSPSSで読み込んでください。読み込んだら，図10.2，10.3に示すメニューの「分析」→「回帰」→「線型」を選択し，線型分析画面で「従属変数」に大学の成績を，「独立変数」に高校の成績を入力します。同じ画面で「方法」が選択できるようになっており，「強制投入法」「ステップワイズ法」「強制除去法」「変数減少法」「変数増加法」を選べるようになっています。単回帰分析の場合には，独立変数が1つしかありませんので，どの方法を選んでも変わりません。これらの方法の違いについては重回帰分析のところで説明します。

図10.2　回帰分析実施メニュー

図10.3　線形回帰画面

入力が終わったら，画面の「OK」をクリックします。すると，表10.1～10.3の結果が表示されます。表10.1「モデル要約」のRは両者の相関係数を表します（両者の相関係数を求めたときのPearsonの相関係数に相当します）。相関係数を2乗した「R2乗」は決定係数と呼ばれるもので，回帰式によって説明できる割合，すなわち回帰式の当てはまりの良さを示した指標です。これは表10.2の分散分析の結果に示されている回帰の平方和（予測値と従属変数の平均値との差の平方和，簡単に言うと，予測値と実際の値との一致度合）が全体の合計平方和の中で占める割合から求まります。合計平方和とは，回帰の平方和と残差の平方和（予測値と従属変数とのずれを表す指標）との和のことです。本事例では決定係数が0.84ですので，このモデルの説明力は84％ということです。今，このモデルと言いましたが，それは大学の成績を高校の成績を用いて一次方程式で表した

　　　　大学の成績＝a×高校の成績＋b

を指しています。この式の係数であるaと定数のbは表10.3「係数」表から求まります。表10.3の標準化されていない係数のBの部分の0.887がa, 定数の9.361がbに該当します。決定係数が0.84と十分な値であることから, このモデルはよく当てはまっていると言えます。単回帰分析の場合に70％以上の当てはまりの良さを考えた場合, 相関係数はその平方値である0.84以上となりますので, かなり独立変数と従属変数の相関が強い場合に, 一次関数で表すことの意味が出てくるということになります。

表10.1 モデル要約

モデル	R	R^2乗	調整済みR^2乗	推定値の標準誤差
1	.916[a]	.840	.834	6.700

a. 予測値：(定数), 高校の成績。

表10.2 分散分析[a]

モデル		平方和	自由度	平均平方	F値	有意確率
1	回帰	6578.151	1	6578.151	146.524	.000[b]
	残差	1257.049	28	44.895		
	合計	7835.200	29			

a. 従属変数 大学の成績
b. 予測値：(定数), 高校の成績。

表10.3 係数[a]

モデル		標準化されていない係数		標準化係数	t値	有意確率
		B	標準誤差	ベータ		
1	(定数)	9.361	4.884		1.916	.066
	高校の成績	.887	.073	.916	12.105	.000

a. 従属変数 大学の成績

表10.4 係数[a]

モデル		標準化されていない係数		標準化係数	t値	有意確率
		B	標準誤差	ベータ		
1	(定数)	1.493	5.359		.279	.783
	大学の成績	.947	.078	.916	12.105	.000

a. 従属変数 高校の成績

　また, 当然のことですがSPSSはどちらが従属変数で, どちらが独立変数なのかを判断できるわけではありません。入力されたデータに従っているだけです。独立変数なのか従属変数なのかは分析者が判断します。そのため, 従属変数に高校の成績, 独立変数に大学の成績を入力しても分析結果は表示されます。従属変数に高校の成績を入れた場合でも, 出力される「モデル要約」は表10.1のRおよびR^2乗の値と変わりません。すなわち, この場合でもR^2乗値は十分な値を示しています。この場合の係数の値は表10.4のようになります。この結果から

高校の成績＝0.947×大学の成績＋1.493

という式が得られます。表10.4の有意確率も0.000と1％未満ですので有意であると言え，上記のモデル式が成立します。しかし，高校の成績に大学の成績が影響を与えているという説明には，時間的前後の矛盾があります。

このように，統計分析では従属変数と独立変数を入れ替えても分析結果は出てきます。しかし，分析結果が出たからといって，その独立変数が従属変数に影響を与えているという説明は成り立たない場合があることに注意する必要があります。すなわち，何でも従属変数や独立変数を入れ替えて分析することに対しては留意が必要だということです。これについては10.2節の重回帰分析のところでも説明します。

10.2　複数の独立変数が1つの従属変数に影響を与える場合
——重回帰分析

次に複数の独立変数が従属変数に影響を与えているケースを見てみます。分析用データの「重回帰分析データ」をSPSSで読み込んでください。これは60人の学生に対して，学習への興味を10段階で評価してもらった値と，その学生の年間の授業欠席日数，そして家庭での学習時間およびアルバイト時間と，その学生の成績を示したデータを表しています。「成績の平均点」（従属変数）が「学習への興味」「年間欠席日数」「学習時間」「週当たりのアルバイト時間」（独立変数）によってどのような数式で表されるかを見てみましょう。

単回帰分析の図10.2，図10.3で説明した流れで変数を入力します。今度は独立変数が4つありますので，それらをすべて図10.3の画面の独立変数の欄に入力します。次に「方法」で分析方法を選択します。重回帰分析では分析方法によって結果が変わる場合があります。それは，以下のように方法によって異なるプロセスで分析がなされるからです。

① 「強制投入法」とは独立変数を一括して投入して分析する方法で，有意確率等から独立変数の有意性を判断します。この方法は重回帰分析で一般に用いられていますが，後述する例で示すように，有意でない独立変数がある場合に，それを含めた場合の分析結果が表示されますので，その有意でない独立変数を取り除いた再度の分析が必要となります。

② 「ステップワイズ法」とは，SPSSソフトが一定の基準に従って独立変数を投入，あるいは有意でない変数を除去しながら分析を進める方法です。投入と除去は自動で行われます。

③ 「強制除去法」は分析者が回帰式に入れたくない独立変数を定めて，それを強制的に除去し，残りの独立変数で分析する方法です。

④ 「変数減少法」は全部の独立変数を入力して分析した後，従属変数ともっとも偏相関が小さい変数，すなわち従属変数と直接的な相関が小さい変数を除去して重回帰

分析を行います。一定の除去基準に従い，その除去基準を満たす変数がなくなるまで繰り返し分析がなされます。

⑤「変数増加法」は「変数減少法」と逆のプロセスで分析がなされます。従属変数ともっとも相関が強く，一定の基準を満たす変数が投入されて分析がなされます。その後，残りの独立変数の中で従属変数ともっとも強い偏相関をもつ変数が投入され，入力基準に合致する独立変数がなくなるまで繰り返し分析がなされます。

重回帰分析では独立変数間の相関の強さが，回帰式を求める際に重要な要素となります。例えば，AとBという2つの独立変数があって，それらがCという従属変数に影響を与えているとしましょう。AとBが相互に強い相関を示している場合には，AとBの両方を用いなくても，AもしくはBでCを説明するのに十分であるかもしれません。AとBの両者間の関係が小さいほど，それらが独立にCに影響を与えることになり，CをAとBのそれぞれの変数を使った線形の回帰式で表わすことに意味が出てきます。独立変数間の相関が強いと，分析結果でどちらかの変数が有意でないと判断される可能性が出てきます。場合によっては，前述した分析方法によって分析結果が変わってしまうこともあります。そのため，独立変数間の相関の影響度を考える必要が出てきます。この影響度は「多重共線性」と言われる指標で判断します。

分析を始めるにあたって，分析結果のなかにこの「共線性」を表示させるために，図10.3「線形回帰」画面の右側にある「統計量」をクリックして，図10.4に示すように「共線性の診断」にも☑を入れましょう。後の説明のために，ここでは「部分偏相関」にも☑を入れて，出力結果にこれらの値も表示させることにします。「続行」をクリックすると図10.3の「線形回帰」の画面が表示されますので，図10.3下部の「OK」をクリックすると結果が表示されます。

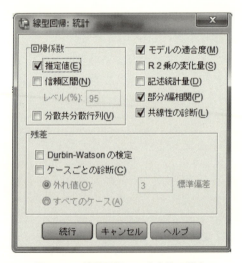

図10.4　線形回帰での出力値の設定

まず,「強制投入法」で分析した結果を表10.5～10.7に示します。この方法ではすべての独立変数が投入されて分析がなされます。表10.5の決定係数R2乗値を見ると0.797という値となっており,出力されるモデルで比較的十分な説明がつくことがわかります。独立変数の数が多いとR2乗値が大きくなることから,変数の数の影響を除去して算出されたものが調整済みR2乗値と呼ばれるものです。

表10.5 モデル要約

モデル	R	R2乗	調整済みR2乗	推定値の標準誤差
1	.893[a]	.797	.783	6.894

a. 予測値:(定数),週当たりのアルバイト時間(時間),年間欠席日数,学習時間(分),学習への興味。

次に表10.6を見てみましょう。単回帰分析の場合には特に説明しませんでしたが,F値は回帰の平均平方(この場合2614.465)を残差の平均平方(47.524)で割った値を示します。残差が小さい,すなわちモデルからのズレが小さければF値は大きくなります。F値の右側の有意確率は「すべての回帰係数はゼロである」という帰無仮説の正しさを判断する値です。この例の場合,有意確率が0.000となっていますので,帰無仮説(重回帰分析ではすべての独立変数の係数がゼロであるという仮説)が棄却され,少なくとも1つの回帰係数はゼロではないということがわかります。

表10.6 分散分析[a]

モデル		平方和	自由度	平均平方	F値	有意確率
1	回帰	10457.859	4	2614.465	55.013	.000[b]
	残差	2661.354	56	47.524		
	合計	13119.213	60			

a. 従属変数 成績の平均点
b. 予測値:(定数),週当たりのアルバイト時間(時間),年間欠席日数,学習時間(分),学習への興味。

その独立変数がどのような影響を与えているかについては,表10.7「係数」からわかります。表10.7の「標準化されていない係数のB」が従属変数を一次式で表すときの係数になりますが,「年間欠席日数」と「週当たりのアルバイト時間」が負の値を示し,「学習時間」と「学習への興味」が正の値を示しています。すなわち,「年間欠席日数」,および「週当たりのアルバイト時間」が増えると「成績の平均点」には負の影響を与えるということがわかります。欠席やアルバイトが多いと成績が悪くなるという結果については一般的に考えて,それほど矛盾のない解釈だと思われます。ここで,有意確率に目を向けると,「学習への興味」だけ0.640と5%以上の値を示し,有意でないことがわかります。「学習への興味」は「成績の平均点」に有意な影響を与えていないことを示しています。一方,これらの独立変数はそれぞれ単位が異なりますので,どの変数がもっとも影響を与えるのかはこの係数からはわかりません。そこで,単位の影響を除いた値が必要です。それが計算されたものが「標準化係数のベータ」と呼ばれる値です。この値を見ると,どの

独立変数が従属変数に大きく影響するのかがわかります。「年間欠席日数」は−0.458ともっとも（負の）影響が大きく，その次に「学習時間」（正の影響を与えベータが0.332），その次に「週当たりのアルバイト時間」（−0.195）であることがわかります。有意確率が5％以上である「学習への興味」を見ると，ベータは0.055と非常に小さく，この値からも従属変数への影響が小さいことがわかります。

表10.7 係数 a

モデル	標準化されていない係数		標準化係数	t値	有意確率	相関			共線性の統計量	
	B	標準誤差	ベータ			ゼロ次	偏	部分	許容度	VIF
1 （定数）	85.389	7.174		11.903	.000					
学習への興味	.601	1.277	.055	.470	.640	.767	.063	.028	.265	3.772
年間欠席日数	-1.819	.376	-.458	-4.844	.000	-.813	-.543	-.292	.405	2.468
学習時間（分）	.098	.030	.332	3.204	.002	.782	.394	.193	.337	2.970
週当たりのアルバイト時間（時間）	-.679	.255	-.195	-2.663	.010	-.628	-.335	-.160	.672	1.487

a. 従属変数 成績の平均点

　先ほど重回帰分析の場合には独立変数間の相関が問題になる場合があると述べましたが，その相関の程度を見るのが表10.7の「共線性の統計量」と呼ばれるものです。共線性の統計量を示す許容度とVIFは逆数関係にあり，許容度＝1÷VIFの関係があります。許容度とは，その値が大きいほど他の独立変数との相関が小さいことを示すものです。すなわち許容度は大きいことが望ましく，一般に最小でも0.25あること，できれば0.5より大きいことが良好な状態であると言われています。言い換えれば，一方のVIFは最大でも4，良好な状態と判断するには2未満であるということです。「学習への興味」の許容度を見ると0.265であり，最小値ギリギリの値で望ましいとは言えません。許容度の値が小さいことは他の独立変数との関係が大きいということを示しています。

　このことは，表10.7の「偏相関」の値を見てもわかります。「年間欠席日数」などの他の独立変数の偏相関係数（絶対値）が0.33以上であるのに対して，「学習への興味」の偏相関係数は0.063と小さな値を示しています。このことは，「学習への興味」は従属変数の「成績の平均点」に直接的に影響を与えている度合いは小さく，他の独立変数を介して影響を与えているということが予測できます。なお，この偏相関係数は9.2.2節で説明した方法で，制御変数である「週当たりのアルバイト時間」「年間欠席日数」および「学習時間」を制御変数として除去したときの「成績の平均点」と「学習への興味」との偏相関係数に相当します（表10.8の相関を参照）。

表10.8 相関係数

制御変数			成績の平均点
年間欠席日数&学習時間（分）&週当たりのアルバイト時間（時間）	学習への興味	相関	.063
		有意確率（両側）	.640
		df	56

一般に，独立変数間に相関がないというのは皆無です。従属変数に関連する変数同士であることから，何らかの相関があるのが一般的です。そのため，いくつもの変数を重回帰モデルの独立変数にしても複雑化し，影響の小さい変数を挙げてもその意味は小さいので，分析の目的に即した変数は何かを慎重に検討する必要があります。

強制投入法で分析した場合には，「学習への興味」が有意でないと判断すると，それを除いて，

$$\text{成績の平均点} = -1.819 \times \text{「年間欠席日数」} + 0.098 \times \text{「学習時間」} \\ - 0.679 \times \text{「週当たりのアルバイト時間」} + 85.339$$

と表せます。

参考までに，このデータを「変数減少法」で分析した結果を表10.9～10.12に示します。「変数減少法」は，全部の独立変数を入力して分析した後，一定の除去基準に従って従属変数ともっとも偏相関が小さい変数を除去して，重回帰分析を行います。そして除去基準を満たす変数がなくなるまで繰り返し分析がなされます。表10.9を見ると，初めにすべての変数が入力されて分析がなされています（モデル1）。次に偏相関係数が小さい「学習への興味」が除去されてモデル2として分析がなされ，それが最終分析結果であることがわかります。

表10.9　投入済み変数または除去された変数 [a]

モデル	投入済み変数	除去された変数	方法
1	週当たりのアルバイト時間（時間），年間欠席日数，学習時間（分），学習への興味 [b]		入力
2		学習への興味	変数減少法（基準：除去するFの確率＞＝.100）。

a. 従属変数　成績の平均点
b. 要求された変数がすべて入力されました。

表10.10にこれら2つのモデルのR^2乗値等を示します。モデル要約のR^2乗値はモデル1の方が大きな値を示していますが，これは変数の数が大きいことが影響しており，変数の数の影響を除いた調整済みR^2乗値は，モデル2の方が大きくなっています。

表10.10　モデル要約

モデル	R	R^2乗	調整済みR^2乗	推定値の標準誤差
1	.893[a]	.797	.783	6.894
2	.892[b]	.796	.786	6.847

a. 予測値：(定数)，週当たりのアルバイト時間（時間），年間欠席日数，学習時間（分），学習への興味。
b. 予測値：(定数)，週当たりのアルバイト時間（時間），年間欠席日数，学習時間（分）。

表10.11 分散分析 [a]

モデル		平方和	自由度	平均平方	F 値	有意確率
1	回帰	10457.859	4	2614.465	55.013	.000[b]
	残差	2661.354	56	47.524		
	合計	13119.213	60			
2	回帰	10447.339	3	3482.446	74.292	.000[c]
	残差	2671.874	57	46.875		
	合計	13119.213	60			

a. 従属変数 成績の平均点
b. 予測値：(定数), 週当たりのアルバイト時間（時間）, 年間欠席日数, 学習時間（分）, 学習への興味。
c. 予測値：(定数), 週当たりのアルバイト時間（時間）, 年間欠席日数, 学習時間（分）。

表10.12 係数 [a]

モデル		標準化されていない係数		標準化係数	t 値	有意確率	相関			共線性の統計量	
		B	標準誤差	ベータ			ゼロ次	偏	部分	許容度	VIF
1	（定数）	85.389	7.174		11.903	.000					
	学習への興味	.601	1.277	.055	.470	.640	.767	.063	.028	.265	3.772
	年間欠席日数	-1.819	.376	-.458	-4.844	.000	-.813	-.543	-.292	.405	2.468
	学習時間（分）	.098	.030	.332	3.204	.002	.782	.394	.193	.337	2.970
	週当たりのアルバイト時間(時間)	-.679	.255	-.195	-2.663	.010	-.628	-.335	-.160	.672	1.487
2	（定数）	87.806	4.973		17.658	.000					
	年間欠席日数	-1.909	.321	-.481	-5.948	.000	-.813	-.619	-.356	.547	1.828
	学習時間（分）	.106	.025	.361	4.288	.000	.782	.494	.256	.505	1.979
	週当たりのアルバイト時間(時間)	-.684	.253	-.197	-2.704	.009	-.628	-.337	-.162	.674	1.485

a. 従属変数 成績の平均点

モデル1はすべての変数が入力されて分析されていますので，「モデル要約」「分散分析」「係数」の結果は，すべて「強制投入法」と同じ結果になります。しかし，モデル2では「学習への興味」が削除されて分析されていますので，結果が変わってきます。表10.12から導かれる式は，

$$成績の平均点 = -1.909 \times 「年間欠席日数」 + 0.106 \times 「学習時間（分）」$$
$$- 0.684 \times 「週当たりのアルバイト時間（時間）」 + 87.806$$

となります。こちらのモデルの係数は「強制投入法」で分析した場合と少し異なっています。これは「学習への興味」を削除して改めて分析が行われた結果だからです。ここでは結果を示しませんが，ステップワイズ法や変数増加法で分析して最終的に得られた結果は，変数減少法で得られた結果と同じです。本ケースでは，強制投入法以外の方法による結果はすべて同じ結果でしたが，ケースによっては分析方法により結果が変わる場合があります。係数の値が変わるのではなく，有効な独立変数が分析法によって変わる場合もあります。それは，前述したように独立変数間の相関が大きいときに出てきますので，独立変数

間の相関の大きさの検証や，独立変数に何を選ぶかといった留意と分析方法の選択が重要です。後述するダミー変数を用いた事例では，分析方法の違いにより有意な独立変数が変わる例についても説明します。

　なお，単回帰分析でも述べたように，独立変数と従属変数を入れ替えても統計分析結果は表示されます。例えば，本事例で「週当たりのアルバイト時間」を従属変数に入れて「強制投入法」で分析した結果を表10.13に示します。「学習への興味」「年間欠席日数」「学習時間」は有意な独立変数ではなく，「週当たりのアルバイト時間」に対して「成績の平均点」が負の影響を与える結果が出ています。成績が良いとアルバイト時間を短くする影響があるという解釈は一見ありそうにも思えますが，どちらが影響を与えるかを考えた場合に解釈は妥当ではありません。10.1節の最後でも述べたように，統計分析で結果が出たから，それが正しいと解釈するのは誤りである場合があります。また，独立変数と従属変数，そして独立変数間の相関の大きさに留意して分析する必要もあります。

表10.13　係数 [a]

モデル	標準化されていない係数		標準化係数	t値	有意確率	相関		
	B	標準誤差	ベータ			ゼロ次	偏	部分
（定数）	25.895	5.685		4.555	.000			
学習への興味	-.086	.632	-.027	-.136	.892	-.506	-.018	-.014
1　年間欠席日数	-.095	.221	-.083	-.433	.667	.488	-.058	-.045
学習時間（分）	-.011	.016	-.127	-.659	.513	-.544	-.088	-.068
成績の平均点	-.166	.062	-.575	-2.663	.010	-.628	-.335	-.275

a. 従属変数　週当たりのアルバイト時間（時間）

10.3　性別などの名義尺度の影響をみたいとき
　　　　――ダミー変数の利用

　前述したケースは「学習への興味」「年間欠席日数」「学習時間」「週当たりのアルバイト時間」などの間隔尺度や比率尺度といった変数が独立変数である場合に，それらが「成績の平均点」という従属変数に与える影響を調べました。しかし，なかには「性別」や「入学時の入試形態」が「成績の平均点」に影響を与えていることまで，調べたい場合があります。大学には種々の入試形態が存在しますので，例えば一般入試で合格した学生なのかどうかで，大学の成績の平均点に違いが出てくるのかを調べたい場合や，あるいは「性別」が成績の平均点に影響を与えるのかどうかを調べたい場合などがあります。これらの場合，「一般入試で合格したか否か」という項目や「性別」が独立変数となります。これらの変数は名義尺度に該当します。重回帰分析ではこのような名義尺度が従属変数に与える影響も分析することができます。このような名義尺度を独立変数に入れる場合には

「ダミー変数」というものを考えます。

10.2節で用いたデータにダミー変数を入れたデータの一部を表10.14に示します。一般入試で合格した学生には「1」を，その他の入試で合格した学生には「0」をダミー変数として入れています。性別は女子に「1」を男子に「0」を入れています。このような何かの影響を見たいときには，「その何かに該当する」ものに「1」を，それ以外のものに「0」を入れます。例えば，通塾の有無による影響をみたい場合には，通塾しているものに「1」を，塾に通っていないものに「0」を入れるといった具合です。

分析用データのシート「ダミー変数を含む重回帰分析」をSPSSに読み込み，前述した方法で「一般入試合格ダミー」および「性別ダミー」も含めて図10.3の独立変数の欄に投入して，分析してみましょう。「強制投入法」で分析した結果を表10.15〜10.17に示します。表10.15モデル要約から調整済みR2乗値が0.801と，このモデルの適合率は十分だと言えます。また，表10.16の有意確率が5％未満であることから，独立変数にかかる係数がすべてゼロではないこともわかります。

表10.14 一般入試合格と性別のダミー変数を入れたデータ

学生	学習への興味	年間欠席日数	学習時間（分）	週当たりのアルバイト時間（時間）	成績の平均点	一般入試合格ダミー	性別ダミー
1	4	4	40	15	82	1	1
2	7	0	150	10	96	1	0
3	4	6	90	11	82	0	0
4	4	5	90	10	80	1	1
5	4	11	60	10	70	1	1
6	4	7	40	11	58	0	1
7	3	8	100	8	82	1	1
8	3	10	60	11	66	1	0
9	2	12	0	14	40	0	0
10	6	0	150	10	90	1	1
11	6	3	100	0	90	1	0
12	2	14	0	20	44	0	1
13	4	4	150	8	98	1	0
14	6	4	120	8	90	1	1
15	3	12	30	16	70	0	0
16	5	4	120	4	96	1	1
17	3	8	40	16	60	1	0
18	2	10	0	8	54	0	1
19	3	10	50	16	64	0	1
20	5	4	150	10	86	1	1

表10.15 モデル要約

モデル	R	R2乗	調整済みR2乗	推定値の標準誤差
1	.906[a]	.821	.801	6.588

a. 予測値：（定数），週当たりのアルバイト時間（時間），性別ダミー，年間欠席日数，一般入試合格ダミー，学習時間（分），学習への興味。

第10章　ある変数が変化したときに，それが別の変数にどのような影響を与えるかを調べたいとき

表10.16　分散分析 [a]

モデル		平方和	自由度	平均平方	F 値	有意確率
1	回帰	10775.248	6	1795.875	41.373	.000[b]
	残差	2343.965	54	43.407		
	合計	13119.213	60			

a. 従属変数　成績の平均点
b. 予測値：(定数)，週当たりのアルバイト時間（時間），性別ダミー，年間欠席日数，一般入試合格ダミー，学習時間（分），学習への興味。

　表10.17の結果を見ると，有意確率が0.766であることから「学習への興味」が有意ではない，すなわち「成績の平均点」には影響を与えていないと考えられます。また，これらのダミー変数を入れずに分析した表10.12の結果では有意であった「週当たりのアルバイト時間」が，ダミー変数が加わったこのケースでは，有意確率が0.076と５％以上となり，有意ではなくなってしまっています。当然のことですが，独立変数の数が増えると，個々の独立変数の従属変数に与える影響度は変わります。

　ダミー変数を見ると，「性別」は有意ではないことから成績の平均値には影響を与えていないと考えられますが，「一般入試合格」は有意確率0.011であり，５％未満であることから有意に影響を与えていることがわかります。また，標準化係数ベータを見ると，「年間欠席日数」がもっとも大きな負の影響を与えていますが，その次に「学習時間」が正の影響を与えていることがわかります。

表10.17　係　数 [a]

モデル	標準化されていない係数		標準化係数	t 値	有意確率	相関			共線性の統計量	
	B	標準誤差	ベータ			ゼロ次	偏	部分	許容度	VIF
(定数)	81.690	6.996		11.677	.000					
学習への興味	.366	1.224	.034	.299	.766	.767	.041	.017	.264	3.791
年間欠席日数	-1.664	.364	-.419	-4.576	.000	-.813	-.529	-.263	.395	2.534
1　学習時間（分）	.083	.030	.281	2.744	.008	.782	.350	.158	.315	3.179
一般入試合格ダミー	6.248	2.359	.213	2.649	.011	.700	.339	.152	.513	1.950
性別ダミー	-1.879	1.755	-.064	-1.070	.289	-.032	-.144	-.062	.924	1.082
週当たりのアルバイト時間(時間)	-.465	.257	-.134	-1.810	.076	-.628	-.239	-.104	.605	1.653

a. 従属変数　成績の平均点

　このデータを別の方法「変数減少法」で分析してみます。その結果の「係数」のみを表10.18に示します。３つのモデルで順次分析がなされています。モデル１からモデル２では「学習の興味」が削除され，モデル２からモデル３では「性別」が削除されています。これらの独立変数は「強制投入法」でも有意ではないと判断されたものです。これらの変数を削除して分析を行ったモデル３では「強制投入法」では有意でなかった「週当たりのアルバイト時間」が有意となって影響を与えている結果が出ています。

表10.18 係 数 [a]

モデル		標準化されていない係数		標準化係数	t 値	有意確率	相関			共線性の統計量	
		B	標準誤差	ベータ			ゼロ次	偏	部分	許容度	VIF
1	(定数)	81.690	6.996		11.677	.000					
	学習への興味	.366	1.224	.034	.299	.766	.767	.041	.017	.264	3.791
	年間欠席日数	-1.664	.364	-.419	-4.576	.000	-.813	-.529	-.263	.395	2.534
	学習時間（分）	.083	.030	.281	2.744	.008	.782	.350	.158	.315	3.179
	一般入試合格ダミー	6.248	2.359	.213	2.649	.011	.700	.339	.152	.513	1.950
	性別ダミー	-1.879	1.755	-.064	-1.070	.289	-.032	-.144	-.062	.924	1.082
	週当たりのアルバイト時間(時間)	-.465	.257	-.134	-1.810	.076	-.628	-.239	-.104	.605	1.653
2	(定数)	83.125	5.049		16.463	.000					
	年間欠席日数	-1.717	.314	-.432	-5.464	.000	-.813	-.593	-.312	.520	1.924
	学習時間（分）	.088	.025	.298	3.488	.001	.782	.426	.199	.446	2.244
	一般入試合格ダミー	6.298	2.333	.214	2.700	.009	.700	.342	.154	.516	1.940
	性別ダミー	-1.889	1.740	-.064	-1.085	.282	-.032	-.145	-.062	.924	1.082
	週当たりのアルバイト時間(時間)	-.466	.255	-.134	-1.831	.073	-.628	-.240	-.104	.605	1.652
3	(定数)	83.553	5.042		16.571	.000					
	年間欠席日数	-1.756	.313	-.442	-5.616	.000	-.813	-.600	-.321	.527	1.899
	学習時間（分）	.085	.025	.289	3.394	.001	.782	.413	.194	.450	2.223
	一般入試合格ダミー	5.785	2.288	.197	2.528	.014	.700	.320	.144	.538	1.860
	週当たりのアルバイト時間(時間)	-.518	.251	-.149	-2.069	.043	-.628	-.267	-.118	.628	1.593

a. 従属変数 成績の平均点

　表10.12でも述べたように，独立変数が削除されて新たに分析し直されると変数の数が変わるので，個々の独立変数の有意確率も変わってきます。本ケースでは変数増加法やステップワイズ法で行っても変数減少法と同じ結果が得られています。このことから，有意でない独立変数がある場合には，強制投入法以外の方法で分析した方がよいでしょう。

　表10.18のモデル3の結果から，

$$成績の平均点 = -1.756 \times 「年間欠席日数」 + 0.085 \times 「学習時間（分）」$$
$$+ 5.785 \times 「一般入試合格」$$
$$- 0.518 \times 「週当たりのアルバイト時間（時間）」 + 83.553$$

と表せます。一般入試合格者はそれ以外の入試合格者より，成績の平均点に5.785点の影響を与えていることがわかります。このデータでは「性別」は有意ではありませんでしたが，仮に，「性別」が有意確率5％未満で有意だったとしましょう。今回の設定では「女＝1」に設定しています。表10.18のモデル1を見ると，標準化されていないBの値が-1.879となっていますので，「女」の学生の場合には1.879点平均点が下がることを意味します（「男＝1」に設定すると，「性別ダミー」の「標準化されていない係数B」は1.879と符号が逆になります。このようにダミー変数を用いた場合には「1」と設定したものに，その係数がかかります。

10.4 従属変数が名義尺度のとき
——ロジスティック回帰分析

　10.1～10.3節の回帰分析では，従属変数が間隔尺度か比率尺度の場合に，独立変数によってどのような式で表せるかについて説明してきました。本節では，従属変数が名義尺度の場合に，独立変数によってどのような影響を受けるかについて説明していきます。例えば，様々な量的な変数が「試験に合格するか否か」にどのような影響を与えるのか，あるいは，様々な要因が「病気が発症するか否か」，様々な製作工程条件が「故障が発生するか否か」にどのような影響を与えるかといったように，従属変数が名義尺度の場合において，独立変数の影響度を調べる場合に使う分析方法です。これらの分析ではロジスティック回帰分析と呼ばれる方法を使います。合格するか否か，発症するか否か，発生するか否かといったことを予測する分析方法です。そのため，合格（発症あるいは発生）する確率にどれほど影響を与えるかということを調べることになります。

　ある事象が起こる確率を P_i とします。必ず起こる場合は $P_i=1$ となり，まったく起こらない場合は $P_i=0$ となります。一般には，ある条件で0が1に変化するわけではなく，複数の条件が様々に影響して P_i が0～1で変化します。例えば風邪をひく確率を考えて見ると，睡眠不足で体力が弱っている，他の病気にかかっている，気温変化が大きい，寒いときに薄着をしているといった様々な条件が絡み合って風邪をひく確率が変わります。世の中の事象は確率が0から1に突然遷移するのではなく，0からゆっくり上昇し，その後急激に増え，そしてゆっくり1に近づくといった傾向を示します。人の成長にしても生まれてから少しずつ成長し，小学生から高校生の間に急激に成長し，その後成長が飽和していくといった傾向を示します。このような傾向は図10.5のようなグラフで表せます。この関数はシグモイド関数と呼ばれ，

$$P_i = \frac{1}{1+\exp(-t)} \tag{1}$$

で表せます。

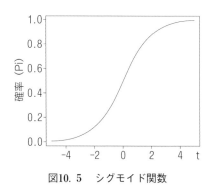

図10.5　シグモイド関数

ある事象が起こる確率をPiとしましたが，そうすると，それが起こらない確率は1－Piとなります。Piと（1－Pi）との比のことをオッズと呼びます。Piすなわち事象が起こる確率が0.5のときは，起こらない確率も0.5となるので，オッズは1になります。オッズが高いほど，その事象が起こる確率が高くなることを意味します。オッズを対数で表した

$$\ln\left(\frac{P_i}{1-P_i}\right) \qquad (2)$$

をlogit（Pi）とも表します。ロジスティック回帰分析では，logit（Pi）が下記のように一次の線型方程式で表せることを前提としています。この式で示す x_1, x_2……などが独立変数を該当します。

$$\ln\left(\frac{Pi}{1-Pi}\right)=\alpha+\beta_1 x_{1.i}+\beta_2 x_{2.i}+\cdots+\beta_k x_{k.i} \qquad (3)$$

この式から

$$Pi=\frac{1}{1+\exp(\alpha+\beta_1 x_{1.i}+\beta_2 x_{2.i}+\cdots+\beta_k x_{k.i})} \qquad (4)$$

が得られます。これは式(1)と同じ形態になっていることがわかります。ロジスティック回帰分析は独立変数によって，従属変数が起こる確率がどのように影響を受けるかを，オッズ比（オッズではなくオッズ同士の比）で説明するというものです。

　それでは具体的なデータを基に説明していきましょう。表10.19に示す分析用データの「ロジスティック回帰分析」をSPSSで読み込みましょう。このデータは81人の学生のリスニング試験結果（200点満点），ライティング試験結果（100点満点），スピーキング試験結果（100点満点）と英語試験の合否を表したものです。また，国際的業種への就職希望があるかないかについて調査した結果も含まれています。ここでは，試験結果や国際的業種への就職希望の有無が英語試験合否にどのように影響を与えるかについて調べます。従属変数は英語試験合否でこれは名義尺度にあたります。この表では1が合格，0が不合格を示しています。リスニング試験，ライティング試験およびスピーキング試験は比率尺度でこれらは独立変数に相当します。また，国際的業種への就職希望の有無も独立変数ですが，これは名義尺度になっており，1が有，0が無を示しています。

第10章 ある変数が変化したときに，それが別の変数にどのような影響を与えるかを調べたいとき

表10.19 ロジスティック回帰分析用データ（一部）

リスニング試験	ライティング試験	スピーキング試験	国際的業種への就職希望の有無（有1：無0）	英語試験合否（合格1，不合格0）
108	42	61	0	0
111	40	60	1	0
118	47	67	0	1
112	41	72	0	0
116	48	70	1	1
108	40	56	0	0
119	38	71	1	1
107	46	73	1	1
112	43	73	1	1

それでは分析を行ってみましょう。図10.6に示すように，メニューの「分析」→「回帰」→「二項ロジスティック」を選択します。図10.7のロジスティック回帰分析画面の「従属変数」に「英語試験合否」を，「共変量」に独立変数を入れます。

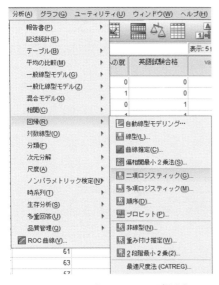

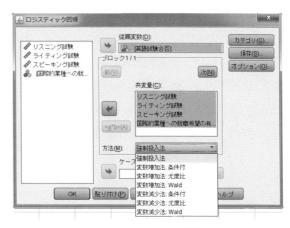

図10.6 ロジスティック回帰分析　　図10.7 ロジスティック回帰分析画面

分析方法には重回帰分析でも述べたように複数の分析方法があります。ここでは，「変数減少法　尤度比」を選択した場合の結果を表示します。出力結果には多くの分析結果が表示されますが，ここではそのなかで一般的に良く参照する結果だけを挙げます。まず，表10.20の「モデル係数のオムニバス検定」のモデルの有意確率を見ます。これが5％未満であれば，分析された結果が母集団においても当てはめられると判断できます。変数減少法で分析したため，ステップ1ですべての独立変数が投入されて分析がなされ，そのなかで確かでない独立変数が除去された後，再度分析がなされているため，ステップ1とステップ2という分析結果が出力されています。最終ステップを分析結果として見ます。モ

デルの有意確率が0.000ですので，分析された結果が母集団においても当てはまると考えられます。

表10.20 モデル係数のオムニバス検定

		カイ2乗	自由度	有意確率
ステップ1	ステップ	43.882	4	.000
	ブロック	43.882	4	.000
	モデル	43.882	4	.000
ステップ2[a]	ステップ	-2.155	1	.142
	ブロック	41.728	3	.000
	モデル	41.728	3	.000

a. 負のカイ2乗値は，カイ2乗値が前のステップから減少していることを示します。

表10.21のモデル要約のCox-Snell R2乗，Nagelkerke R2乗は回帰分析で説明した決定係数にあたります。この場合，モデルの当てはまりの良さは0.403～0.537と考えられます。続いて，表10.22のHosmer-Lemeshowの検定結果はモデルの適合度を見る指標です（図10.7のロジスティック回帰画面の「オプション」をクリックし，「Hosmer-Lemeshowの適合度」に☑を入れると出力結果に表示されます）。このときの帰無仮説は「ロジスティック回帰モデルはデータに適合する」というものですので，有意確率が0.05以上だと帰無仮説を棄却できない，すなわち，モデルが適合すると解釈できます。表10.20の結果ではステップ2の有意確率が0.612であることから，モデルが適合していると解釈できます。

表10.21 モデル要約

ステップ	-2対数尤度	Cox-Snell R2乗	Nagelkerke R2乗
1	68.395[a]	.418	.558
2	70.550[a]	.403	.537

a. パラメータ推定値の変化が.001未満であるため，反復回数6で推定が打ち切られました。

表10.22 HosmerとLemeshowの検定

ステップ	カイ2乗	自由度	有意確率
1	5.226	8	.733
2	6.319	8	.612

続いてもっとも重要な結果は表10.23の「方程式中の変数」です。表10.23のステップ1の結果を見ると，独立変数の「国際的業種への就職希望の有無」の有意確率が0.141と，従属変数への影響が有意ではないことがわかります。ステップ2ではこの独立変数が削除されて分析がなされた結果が表示されています。そして，3つの独立変数が「試験結果の合否」に有意な影響を与えていることがわかります。

表10.23　方程式中の変数

		B	標準誤差	Wald	自由度	有意確率	Exp(B)
ステップ1[a]	リスニング試験	.309	.119	6.732	1	.009	1.362
	ライティング試験	.265	.118	5.017	1	.025	1.303
	スピーキング試験	.109	.048	5.220	1	.022	1.115
	国際的業種への就職希望の有無	.939	.637	2.172	1	.141	2.556
	定数	-53.115	15.724	11.411	1	.001	.000
ステップ2[a]	リスニング試験	.327	.116	8.014	1	.005	1.387
	ライティング試験	.303	.119	6.513	1	.011	1.353
	スピーキング試験	.126	.047	7.083	1	.008	1.135
	定数	-57.313	15.353	13.936	1	.000	.000

a．ステップ1：投入された変数　リスニング試験，ライティング試験，スピーキング試験，国際的業種への就職希望の有無

　表10.23のステップ2の偏回帰係数Bが回帰式に表される係数になりますので，英語試験に合格する確率をPとおくと

$$\mathrm{Logit}(P) = \ln\{P/(1-P)\} = 0.327 \times リスニング試験$$
$$+ 0.303 \times ライティング試験$$
$$+ 0.126 \times スピーキング試験 - 57.313 \qquad (5)$$

と表せます。

　偏回帰係数Bを指数関数変換したExp(B)をオッズ比と言います。これは他の変数が一定という条件でそれぞれの変数が1増加したときにオッズが相対的に何倍になるかを表した数です。例えば，リスニング試験を取り上げると，リスニング試験だけが1点上がったときの合格する確率をP(a)と置き，1点上がる前の確率をP(b)と置くと，(5)式から

$$\ln\frac{P(a)}{1-P(a)} - \ln\frac{P(b)}{1-P(b)} = 0.327$$

となります。

　これを変形して

$$\ln\frac{\frac{P(a)}{1-P(a)}}{\frac{P(b)}{1-P(b)}} = 0.327$$

　この式から

$$\frac{\frac{P(a)}{1-P(a)}}{\frac{P(b)}{1-P(b)}} = \text{Exp}\,0.327 = 1.387 \qquad (6)$$

となります。この値は表10.23のステップ2のリスニング試験のExp(B)の値になります。この関係から,リスニング試験が1点上がることによって,上がる前のオッズの1.387倍になる,すなわち合格しやすくなることがわかります。仮にP(b)が0.5だったとすると,(6)式からP(a)は約0.58になります。すなわち1点上がる前の合格する確率が50%だった場合には,1点上がることによって確率は58%に増大することがイメージとしてわかります。

このようにBの値の符号を見ると,従属変数に対する関係がわかります。Bの値が0の時は上の式からP(a)とP(b)は等しくなり合格のしやすさに変化はありません。Bが正の値を示すときにはP(a)がP(b)より大きくなり合格する確率が高くなります。これは従属変数を1と設定したことに対して正の符号を示していますので,その方向,すなわち本ケースでは英語試験合格を1と設定したので,合格に対してプラスの方向に影響を与えているということになります。リスニング,ライティング,スピーキング試験の偏回帰係数Bが正の数値であることから,成績がよいと英語試験に合格する確率が高くなるということがわかります。

参考までに,英語試験合否の合格に0,不合格に1を当てはめて分析した「方程式中の変数」を表10.24に示します。不合格に1を当てはめているので,3つの独立変数のBはすべてマイナスの符号がついています。リスニング,ライティング,スピーキング試験の成績が悪いほど不合格になりやすいことを意味しますので,表10.23と同じ解釈になります。

表10.24 方程式中の変数

		B	標準誤差	Wald	自由度	有意確率	Exp(B)
ステップ1[a]	リスニング試験	-.309	.119	6.732	1	.009	.734
	ライティング試験	-.265	.118	5.017	1	.025	.767
	スピーキング試験	-.109	.048	5.220	1	.022	.897
	国際的業種への就職希望の有無	-.939	.637	2.172	1	.141	.391
	定数	53.115	15.724	11.411	1	.001	1.1681E+23
ステップ2[a]	リスニング試験	-.327	.116	8.014	1	.005	.721
	ライティング試験	-.303	.119	6.513	1	.011	.739
	スピーキング試験	-.126	.047	7.083	1	.008	.881
	定数	57.313	15.353	13.936	1	.000	7.7755E+24

a. ステップ1:投入された変数 リスニング試験,ライティング試験,スピーキング試験,国際的業種への就職希望の有無

表10.23で述べたように他の試験の成績が同じでリスニングの成績だけが1点増加した

ら，オッズ比が1.387倍増大します。すなわち合格しやすくなります。これを逆に言うと，その逆数である1/1.387＝0.721倍不合格になりやすいことを意味します。ここで，表10.24を見ると，オッズ比のExp(B)は0.721になっています。表10.24は英語試験の合否の不合格を1に設定した結果ですので，オッズ比が0.721倍減少する（不合格になりやすくなる）という結果となり，前述した内容と整合します。

リスニング試験が2点増加すると，偏回帰係数Bが0.327ですので，(6)式の右辺がExp(0.327×2)すなわちExp0.327の2乗＝1.923倍合格しやすくなるということを意味します。ライティング試験が1点上がって，かつスピーキング試験が1点上がると，1.353×1.135＝1.536倍オッズ比が高くなる（合格しやすくなる）ことを意味しています。

ロジスティック回帰分析の場合も，重回帰分析と同じように独立変数同士の相関が強いと，分析結果が不安定になりますので，独立変数間の相関が小さいことが条件となります。重回帰分析の表10.7で説明したように「共線性の診断」を行い，「許容度」や「VIF」の値を確認しておけばよいでしょう。特に独立変数が多い場合には，共線性が高い場合には，独立変数そのものを精査してから分析した方がよいです。

10.5 従属変数の名義尺度の項目が3種以上のとき
―――多項ロジスティック回帰分析

10.4節では従属変数が「合格」か「不合格」という2種の場合の分析方法について説明しました。本節では従属変数の項目が3種以上の場合の分析方法について説明します。

表10.25 多項ロジスティック回帰分析用データ

性別	数学の成績	国語の成績	進路希望
男	75	30	理系
男	21	40	文理系
男	48	32	文理系
男	69	24	理系
女	72	23	理系
女	42	20	文理系
女	33	16	文理系
女	42	52	文系
女	51	52	文系

表10.25に分析用のデータの一部を示します。数学と国語の成績，および性別が大学の進路希望にどのように影響しているかを調べるためのデータです。この例では，独立変数が「性別」と「数学の成績」，そして「国語の成績」の3つであり，従属変数が「進路希望」にあたります。進路希望を見ると，「理系」「文系」の他にどちらでもかまわないという「文理系」という3種の項目が含まれています。10.4節では従属変数が「合格」か「不合格」というように2種類だけだったので「二項ロジスティック分析」を用いました。

このように従属変数の項目が3種以上ある場合には，「多項ロジスティック回帰分析」を用います。また，この分析の場合には，二項ロジスティック分析とは結果の解釈が少し異なってきます。それでは，分析用データのシート「多項ロジスティック回帰分析用」をSPSSで読み込んで分析を行ってみましょう。

　図10.6で説明した分析の「多項ロジスティック」を選択します。多項ロジスティック回帰画面の「従属変数」に「進路希望」を入れ，「共変量」に「数学の成績」と「国語の成績」を入れます。数学の成績と国語の成績は比率尺度のデータですので，「共変量」の欄に入れます。一方，独立変数の「性別」は名義尺度ですので「因子」の欄に入れます。二項ロジスティック分析では図10.7で示したように，比率尺度も名義尺度も「共変量」の欄に入れましたが，そこが多項ロジスティック分析では変わっています。それから，多項ロジスティック分析では，従属変数の3種の項目のなかから，どれか1つの項目を基準にして分析した結果が出力されます。その基準となる項目を図10.8の「従属変数」の下にある「参照カテゴリ」をクリックして設定します。本ケースでは「カテゴリ」が「理系」「文系」「文理系」で構成されていますので，「ユーザーによる指定」を選択して，入力欄に「文理系」を入れています。文理系を基準にして文系と理系，さらにそれぞれの独立変数がどのような影響を与えるかを調べるためです。この基準となるカテゴリは分析者が任意に設定できます。基準となるカテゴリが異なれば，分析結果も異なります。この結果の例についても後述します。図10.8の「統計量」をクリックすると，最小限必要な出力項目はデフォルトでチェックがなされています。第6章で説明した「交互作用」等を考慮する必要はなく「主効果」だけを分析するのであれば，この条件下で「OK」をクリックすると分析結果が出力されます。

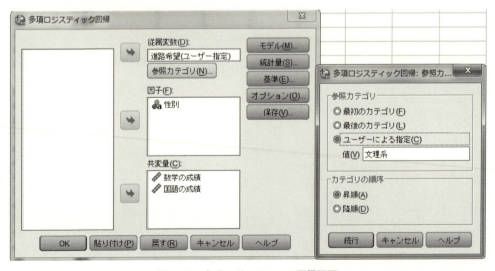

図10.8　多項ロジスティック回帰画面

表10.26の「モデル適合情報」結果を見ると，有意確率が5％未満ですので，策定されるモデル式は有意であることがわかります。モデル式の適合度は表10.27の「疑似R2乗」からも推定できます。これは二項ロジスティック回帰分析のモデル適合性の指標となる表10.21の結果と同じ意味をもちます。疑似R2乗値も比較的高く，モデルの適合性はよいと判断されます。

図10.26　モデル適合情報

モデル	モデル当てはめ基準	尤度比検定		
	-2 対数尤度	カイ2乗	自由度	有意確率
切片のみ	261.470			
最終	85.128	176.342	6	.000

表10.27　疑似R2乗

Cox と Snell	.770
Nagelkerke	.866
McFadden	.669

次に表10.28の「尤度比検定」から，それぞれの独立変数の影響の有意性がわかります。表10.28の3つの独立変数のすべてが有意確率5％未満ですので，それぞれの独立変数が従属変数に有意な影響を与えていることがわかります。

表10.28　尤度比検定

効果	モデル当てはめ基準	尤度比検定		
	縮小モデルの-2 対数尤度	カイ2乗	自由度	有意確率
切片	85.128[a]	0.000	0	
数学の成績	167.265	82.137	2	.000
国語の成績	146.939	61.812	2	.000
性別	91.755	6.627	2	.036

表10.29　パラメータ推定値

進路希望[a]		B	標準誤差	Wald	自由度	有意確率	Exp(B)	Exp(B)の95%信頼区間	
								下限	上限
文系	切片	-10.873	2.567	17.936	1	.000			
	数学の成績	.019	.037	.275	1	.600	1.020	.948	1.097
	国語の成績	.255	.051	24.735	1	.000	1.290	1.167	1.426
	[性別＝女]	1.861	.796	5.457	1	.019	6.427	1.349	30.617
	[性別＝男]	0[b]			0				
理系	切片	-15.483	3.795	16.643	1	.000			
	数学の成績	.239	.058	17.032	1	.000	1.269	1.133	1.422
	国語の成績	.103	.053	3.791	1	.052	1.108	.999	1.229
	[性別＝女]	.217	.953	.052	1	.820	1.242	.192	8.048
	[性別＝男]	0[b]			0				

a. 参照カテゴリは文理系です。
b. このパラメータは，冗長なため0に設定されています。

もっとも重要な結果は表10.29に示されています。「文理系」を基準にして「文系」および「理系」の結果が出力されます。「文系」の結果を見ると，有意確率が5％未満である国語の成績と性別が有意であること，そして，国語の成績の偏回帰係数Bの符号が正で

すので，国語の成績の高い学生は文理系より文系を希望していることがわかります。国語の成績のExp(B)が1.290となっていることから，国語の成績が1点上がると文理系を志望するオッズに対して，文系を志望するオッズの割合，すなわち

$$\frac{文系志望確率}{1-文系志望確率} \div \frac{文理系志望確率}{1-文理系志望確率} = 1.29$$

となることを意味しています。

また，性別を見ると「女」の方が正の偏回帰係数を有し，かつ有意であることから，「女」の方がオッズ比で6.427倍文系を進路希望としていることがわかります。参考までに文系を参照カテゴリにして，文理系の結果を見ると，表10.30に示すように，偏回帰係数は符号が逆転し，オッズ比であるExp(B)は当然のことですが，すべて表10.29の「文系」のExp(B)逆数になります。

同様に，表10.29から理系を希望している学生は文理系を希望している学生より数学の成績が高いことから，数学の成績が高い学生ほど，文理系より理系を希望することがわかります。数学の成績が1点上がると，

$$\frac{理系志望確率}{1-理系志望確率} \div \frac{文理系志望確率}{1-文理系志望確率} = 1.269$$

となることを意味しています。なお理系と文理系の進路希望に性別は影響を与えていないようです。

表10.30 パラメータ推定値

進路希望[a]		B	標準誤差	Wald	自由度	有意確率	Exp(B)	Exp(B)の95%信頼区間	
								下限	上限
文理系	切片	10.873	2.567	17.936	1	.000			
	数学の成績	-.019	.037	.275	1	.600	.981	.912	1.055
	国語の成績	-.255	.051	24.735	1	.000	.775	.701	.857
	[性別=女]	-1.861	.796	5.457	1	.019	.156	.033	.741
	[性別=男]	0[b]			0				

a. 参照カテゴリは文系です。

このモデルがデータをどの程度判別できているかを調べることができます。図10.8の「統計量」設定画面で「分類表」に☑を入れると表10.31の結果が出力されます。表10.31から全体の正解率は90.0%と高い判別制度であることがわかります。

特に多項ロジスティック分析は基準となるものに対するオッズ比を見ていますので，基準を変えるとオッズ比が変わること，また，基準となるもののオッズが基本となりますので，定性的な傾向はわかっても，数値的な影響の程度については把握しにくいところがあります。

第10章　ある変数が変化したときに，それが別の変数にどのような影響を与えるかを調べたいとき

表10.31　分類

観測値	予測値			
	文系	文理系	理系	正解の割合
文系	36	4	0	90.0%
文理系	2	38	0	95.0%
理系	0	6	34	85.0%
全体のパーセント	31.7%	40.0%	28.3%	90.0%

第11章
変数間の因果の大きさ・強さを推定する
モデルを策定したいとき
――共分散構造分析――

11.1 重回帰分析をパス解析で行う場合
―― パス解析

第10章2節で重回帰分析について説明しました。それを再度取り上げてみましょう。ここでは重回帰分析で用いたデータを分析して，SPSS で重回帰分析した結果と Amos という統計分析ソフトウェアを使ったパス解析結果を比較してみます。まず，重回帰分析で求めた標準化されていない係数 B および標準化係数ベータを求めてみます。表11.1 に重回帰分析で行った結果を再掲します。この結果は第10章の表10.7の一部を示しています。

表11.1　10.2節の重回帰分析で得られた係数 [a]

モデル		標準化されていない係数		標準化係数	t 値	有意確率
		B	標準誤差	ベータ		
1	(定数)	85.389	7.174		11.903	.000
	学習への興味	.601	1.277	.055	.470	.640
	年間欠席日数	-1.819	.376	-.458	-4.844	.000
	学習時間（分）	.098	.030	.332	3.204	.002
	週当たりのアルバイト時間(時間)	-.679	.255	-.195	-2.663	.010

a. 従属変数　成績の平均点

Amos で行った結果を示す前に，Amos の使用法について説明します。詳細は他書籍を参考にしていただき，ここでは，分析と考察に必要な限られた使用法の説明にとどめます。図11.1 に Amos の分析画面を示します。

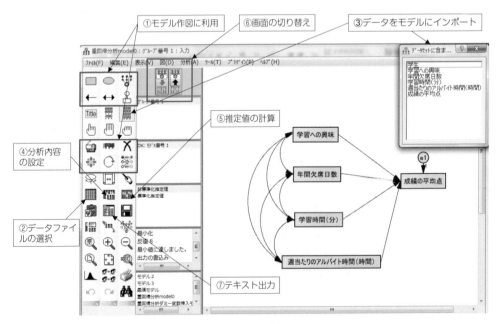

図11.1　Amos 分析画面

Amosによる分析では，画面の右半分にモデルとなる図を描画し，そのモデルの適合度を評価し，満足する適合度が得られ，かつ変数間の関係の説明が妥当なモデルが得られるまで，モデルを何度も作り直していきます。まず，第10章の重回帰分析で行ったモデルを描いてみましょう。「学習への興味」「年間欠席日数」「学習時間」「週当たりのアルバイト時間」が独立変数であり，これらが従属変数である「成績の平均点」にどのような影響があるかを調べました。そこで，モデルとしてはこれらの4つの独立変数が従属変数に影響を与えているという図11.1の右画面に示すようなモデルとなります。片方矢印は因果関係を表し，矢印の元にあたる変数が先側の変数に影響を与えていることを示し，両方の矢印は変数間に相関があることを示しています。

まず，モデルを作図する場合には左フレームにある四角形で観測変数を描きます。一般の描画ソフトを同じように，左フレームの①「モデル作図に利用」にある「四角形」のアイコンを選択して，右画面の描画部分の任意の位置に四角形を描きます。観測変数とは調査から得られた実際のデータを意味します。今回，用いた独立変数および従属変数はすべて観測変数ですので，四角形のなかにこれらの変数を入れます。次に独立変数から従属変数に影響を与えることを示すために，独立変数から従属変数に向けて片方矢印を描きます。また，本ケースでは4つの独立変数間には相関がありますので，それぞれの独立変数間を両矢印で結んでいます。

自身から別の変数に片方矢印が出ているだけの変数を外生変数と呼びます。一方，自身に矢印が1本でも向いている変数（影響を受けている変数）を内生変数と呼びます。内生変数にはモデルに書かれた変数だけでなく，記載されていない他の変数からも影響を受けていると考えられるため，必ずモデルにその他の変数からの影響を受けていることを示す誤差変数を入れます。図11.1では矢印が1本でも自身に入ってきている変数は「成績の平均点」ですので，そこに⒠という，4つの独立変数以外からも影響を受けていることを示す誤差変数が入っています。一方，独立変数はすべて自身から片方矢印が出ているので，誤差変数は不要です。

このようにモデル図を作成したら，図11.1の左フレームの「②データファイルの選択」アイコンをクリックして，図11.2で示す画面でデータファイルを選択します。このケースでは，分析用ファイルのなかの「重回帰分析」データを選択します。選択したファイル名が図11.2のように表示されますので，標本数の確認および，図11.2の「データの表示」をクリックして，分析対象のデータであるかどうかを確認しましょう。

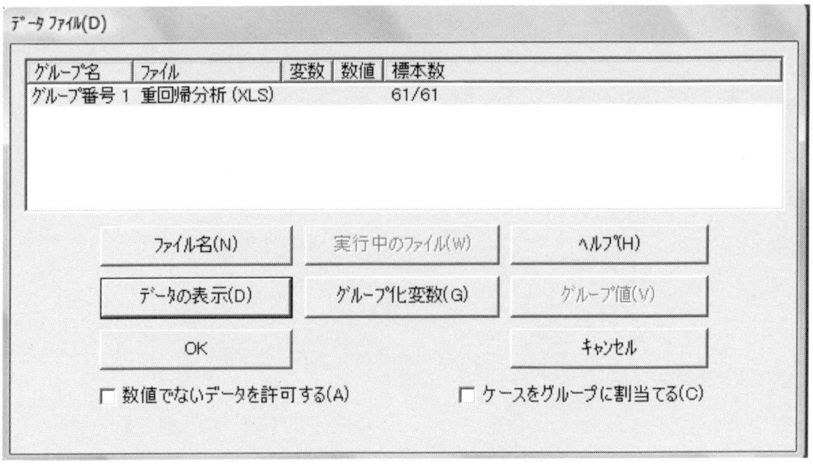

図11.2　データファイルの選択画面

次に図11.1の「③データをモデルにインポート」するアイコンをクリックすると，右上の「データに含まれる変数の一覧」が表示されます。この変数を，作図したモデルにクリック＆ドロップで入れます。観測変数を描いた四角のなかに直接変数名を入力しても構いませんが，データで使われている変数と文字が異なると分析がなされませんので，「データに含まれる変数の一覧」から四角形のなかにクリック＆ドロップした方が無難です。

内生変数に付ける誤差変数は「①モデル作図に利用」の誤差変数アイコン 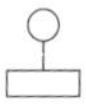　を選択します。その後，「成績の平均点」と書かれた内生変数をクリックすると，四角形の外に誤差変数が描かれます。同じ四角形上でクリックを繰り返すと，誤差変数が四角形の周りを回転して移動しますので，任意の位置に誤差変数を付加できます。誤差変数には e1，e2 ……といった名前を付けます。重複して使われていなければ任意の番号をつけても問題ありません。誤差変数の○の中に直接「e1」と入力しても構いませんが，内生変数が多くなると，それぞれの誤差変数に名称をつけるのは大変です。そのときは，図11.3に示すようにメニューの「プラグイン」→「Name Unobserved Variables」を選択すれば，すべての誤差変数に自動で名称がふられます。

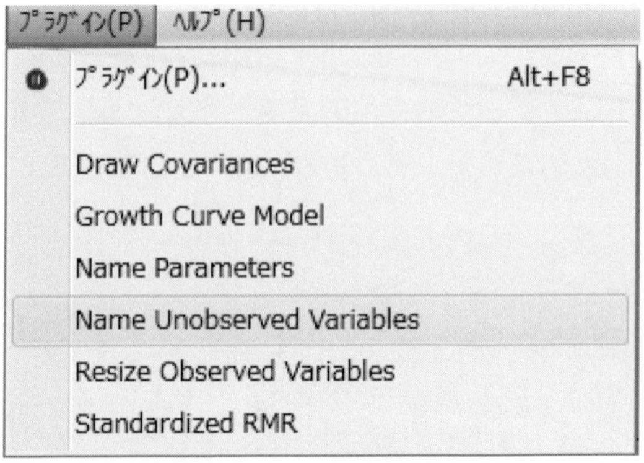

図11.3　プラグイン設定画面

第11章 変数間の因果の大きさ・強さを推定するモデルを策定したいとき

続いて「④分析内容の設定」アイコンをクリックすると、図11.4に示す画面が表示されますので、出力させたい値を選択します。「最小化履歴」はデフォルトでチェックが入っています。少なくとも「標準化推定値」にはチェックを入れておきましょう。

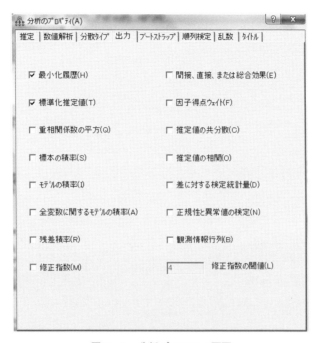

図11.4 分析プロパティ画面

これで分析の準備が整いました。続いて「⑤推定値の計算」のアイコンをクリックします。分析が開始されますが、誤差変数が設定されていなかったり、相関の設定がなされていなかったり、あるいはデータに欠損値があると、エラーメッセージが表示されます。エラーの内容によってはデータの修正が必要となります。相関の設定については、設定されていなくても分析は可能ですが、エラーのなかで気付きにくいのはデータに欠損値がある場合です。SPSSでは欠損値があっても、それを欠損値として扱って分析しますが、Amosの場合にはモデルで使用している変数のなかに1個でも欠損値があると分析が実行されません。欠損値がある場合には、その被験者のデータを削除して分析する必要がありますので、留意が必要です。

推定値の分析がなされると、図11.1の「⑥画面の切り替え」のアイコンがクリックできるように変わります。図11.1に示すように2つのアイコンが並んでいますが、左側がモデルを作図したり、データを設定したりといった、これまで説明してきたことを行うための画面設定が選択できます。右側アイコンをクリックすると、片方矢印の上に影響指標や因果の大きさを示すパス係数と呼ばれる推定値が、また両矢印の上には相関係数または共分散の推定値が表示されます。

図11.1のモデルで分析したパス係数を図11.5に示します。(a)が非標準化推定値、(b)が

標準化推定値を示しています。(a)と(b)の表示の切り替えは，図11.1の中央フレームの中ほどにある「非標準化推定値」と「標準化推定値」の選択で行えます。推定値が大きいほど影響の強さや因果の大きさが大きいことを示しています。独立変数から従属変数に向いたパスの推定値は(a)が重回帰分析を用いて分析した表11.1の標準化されていない係数B，そして(b)が標準化係数ベータの値に一致していることがわかります。重回帰分析の説明でも述べたように，独立変数の単位が異なる場合に，どの変数の影響がもっとも大きいかを調べるには，単位に依存しない標準化係数を比較します。このように，重回帰分析をパス解析を用いて行うことができます。

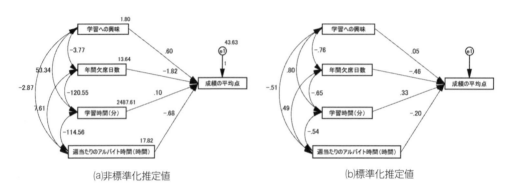

図11.5　重回帰分析モデルのパス係数

この他に，第10章の10.3では，これらの独立変数に一般入試合格ダミーと性別ダミーといった名義尺度のデータを独立変数に入れた重回帰分析について説明しました。その結果も再度表11.2に再掲します。この結果は表10.17の一部を示しています。

表11.2　10.3節の重回帰分析で得られた係数 [a]

	モデル	標準化されていない係数		標準化係数	t 値	有意確率
		B	標準誤差	ベータ		
	(定数)	81.690	6.996		11.677	.000
	学習への興味	.366	1.224	.034	.299	.766
	年間欠席日数	-1.664	.364	-.419	-4.576	.000
1	学習時間（分）	.083	.030	.281	2.744	.008
	一般入試合格ダミー	6.248	2.359	.213	2.649	.011
	性別ダミー	-1.879	1.755	-.064	-1.070	.289
	週当たりのアルバイト時間（時間）	-.465	.257	-.134	-1.810	.076

a. 従属変数　成績の平均点

前述した作図方法により，このダミー変数を入れたパス図を作成して解析を行った結果（標準化推定値）を図11.6に示します。図11.6の独立変数から従属変数に向かうパス係数の標準化推定値が表10.2の標準化係数ベータと一致していることがわかります。このように名義尺度を独立変数に入れた場合もパス図を用いて分析が可能です。

第11章 変数間の因果の大きさ・強さを推定するモデルを策定したいとき

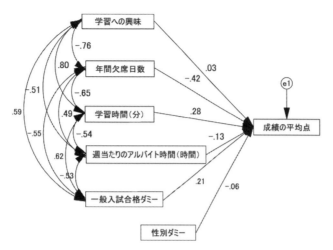

図11.6　ダミー変数を付加した重回帰分析のパス係数

11.2　因果モデルを作成したい場合

　11.1節で説明したように重回帰分析はパス解析により代用できますが，重回帰分析では得られ難いことも明確にすることができます。それは因果モデルを作成でき，そのモデルの適合度を推定できるということです。本ケースは4つの独立変数が1つの従属変数に対して，どのような影響を与えるかを分析したものですが，実際には独立変数間同士も相互に影響を与えあっていることが起こりえます。一般的にはそのようなケースの方がほとんどです。すなわち，図11.5で示したような単純なモデルではないということです。重回帰分析では独立変数間の相関が小さく，それぞれの独立変数が従属変数に直接的な影響を与えるモデルが望ましいので，独立変数間の影響については分析がなされません。今回のケースでは例えば，独立変数である「学習への興味」があると，「年間欠席日数」は減少する，あるいは逆に「学習時間」は増加するといった，独立変数間の影響が考えられるかもしれません。もちろん後述するように，独立変数群をさらに独立変数と従属変数に分け，それらを重回帰分析によって分析することは可能ですが，独立変数の数が多いとかなり面倒な処理になります。パス解析を用いれば，このように独立変数間の因果関係まで含めたモデルを作成でき，そのモデルの適合度まで推定可能となります。一方，重回帰分析では，独立変数間の因果関係まで含めた全体のモデルそのものが適合しているのかどうかについて論じることはできません。

　それでは，同じデータを用いてモデルを作成して，どのパスが有意であり，その影響がどの程度か，そして作成したモデルの適合度は良いのかについて見ていきましょう。これらは，図11.1の「⑦テキスト出力」をクリックし，出力される数値から判断できます。出力値の一例として，図11.7は「モデル適合」の数値を表示したものです。パス係数の推定値とそれが有意な値であるか否かは図11.7の左フレームのなかにある「推定値」を

クリックして表示される数値から判断できます。それでは，図11.5で作成した重回帰分析モデルの場合を見てみましょう。その結果を表11.3に示します。重回帰分析モデルにおけるパス係数の有意確率が表示されています。表11.3の推定値は重回帰分析で求めた表11.1の「標準化されていない係数B」の値を示し，それぞれの推定値の有意性は表11.3の「確率」から推定できます。表11.3の有意確率が5％未満であれば，そのパスは有意であることを意味します。表11.3では「学習への興味」→「成績の平均点」のパスの有意確率は0.626と5％以上であることから，このパスは有意ではない，すなわち「学習への興味」は「成績への平均点」に直接的な影響を与えてはいないということが判断できます。この結果は，10.2節の表10.7の「係数」で説明した結果と同じです。確率で＊＊＊と表示されているのは0.000未満の数値を示しています。

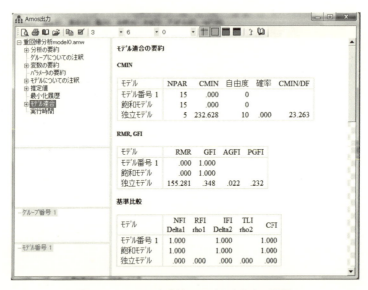

図11.7　パスの有意性やモデル適合度の評価

表11.3　重回帰分析モデルのパス係数の推定値と有意性

			推定値	標準誤差	検定統計量	確率
成績の平均点	<---	年間欠席日数	-1.819	0.363	-5.014	＊＊＊
成績の平均点	<---	学習時間（分）	0.098	0.029	3.317	＊＊＊
成績の平均点	<---	週当たりのアルバイト時間（時間）	-0.679	0.246	-2.757	0.006
成績の平均点	<---	学習への興味	0.601	1.234	0.487	0.626

　次にモデルの適合度に関する指標について簡単に説明します。図11.7に示す出力された数値が適合度を評価する指標となるものですが，これらの多くの項目のなかで，モデルの適合については，下記の項目を見ればよいでしょう。
　① CMIN χ^2 値を示します。この帰無仮説は「構成されたパス図は正しい（モデルと合う）」ということです。そのため，図11.7のCMINの右側に表示されている確率

が5％以上であれば仮説が棄却されない，すなわちパス図はモデルに適合すると判断されます。ただし，標本数が多い場合には確率が5％以下となり，仮説が棄却される場合がありますが，以下に述べる適合度指標が良好であればよいとされています。

② GFI（Goodness of Fit Index），CFI（Comparative Fit Index）：一般的に0.9以上であれば説明力のあるパス図だと判断できます。また，CFIはGFIより高い値が出る可能性があるので，0.95以上がよいとも言われています。GFIについては，変数の数が少ないと高い値が得られる傾向にありますので，変数が8個以下のパス図の場合は，0.9以上であってもそれだけでそのモデルが説明力があると判断しない方がよいとされています。逆に変数が多いとGFIやCFIは低くなる傾向があります。変数が30以上のパス図の場合にはGFIが0.9を超えていなくても，GFIの低さの理由だけでそのパス図を捨てる必要はないとも言われています。

③ RMSEA（Root Mean Square Error of Approximation）：0.05未満であれば非常に当てはまりがよく，0.1以上であれば当てはまりが悪いと判断します。0.05～0.1まではグレーゾーンですが，値は小さい方がよいと考えられます。

ここで，図11.5の重回帰分析で行ったモデルの適合度を見てみましょう。CMIN＝0，確率：表示なし，GFI＝1，CFI＝1，RMSEA＝0.609という結果が得られました。CMINが0であること，またRMSEAが0.1以上であることから，図11.5のモデルの適合度は非常に悪いということが推定できます。独立変数が従属変数にどのような影響を与えているかを見るには重回帰分析で十分ですが，全体のモデルとして論じることはできないということがわかります。

それでは様々なモデルを作って，適合度を比較してみましょう。図11.8に6つのモデルとそれぞれのモデルにおけるパス係数の標準化推定値，さらに表11.4に推定値の有意性と適合度指標を示します。モデルaとbを比較すると，モデルbは「週当たりのアルバイト時間」が「学習時間」に負の影響を及ぼすパスが入っています。表11.4からモデルaもモデルbもすべてのパス係数の推定値は有意確率5％未満であることから，これらのパスは有意ですが，適合率を見るとモデルaのRMSEAは0.1以上の値を示していることから当てはまりがよくないモデルだと判断できます。一方，モデルbは適合率を示すどの値も十分な値を示し，適合率が高いモデルであると判断できます。次に，モデルcはアルバイト時間が学習時間に負の影響を与えるとともに，年間欠席日数にも影響を与えると仮定したモデルです。モデルbに加えて，「週当たりのアルバイト時間」から「年間欠席日数」に正の推定値を有したパスがあることから，アルバイト時間が長いことが欠席日数を増加させると解釈されるモデルとなっています。一方，モデルdは「学習への興味」が「成績の平均点」に直接に影響を与えるモデルとなっています。これらのパスは現実にはありそうですが，表11.4の係数の推定値の有意性を見ると，モデルcでの「週当

たりのアルバイト時間」→「年間欠席日数」のパスの標準化推定値0.14の有意確率は0.147であることから，このパスは有意ではないことがわかります。一方のモデルdの「学習への興味」→「成績の平均点」のパスの標準化推定値は0.06ですが，その有意確率は0.643であり，これも有意ではないことがわかります。重回帰分析で分析した表11.2の結果からも「学習への興味」は有意ではないという結果が得られていますので，それと整合しています。モデルcのRMSEAは0.000であることから適合度は十分ですが，「週当たりのアルバイト時間」→「年間欠席日数」のパスの有意確率が0.147と有意でないことから，そのパスを削除するとモデルbになってしまいます。一方，モデルdのRMSEAは0.061と適合度がモデルbに比べて落ちています。このようなことからモデルaからモデルdのなかではモデルbがもっとも当てはまりがよいと考えられます。

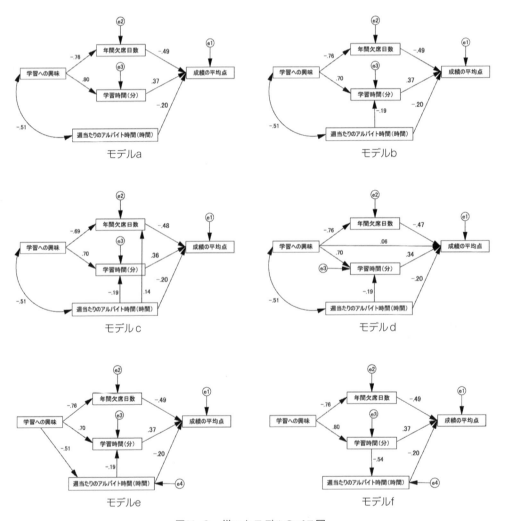

図11.8　様々なモデルのパス図

表11.4 モデルa～fの適合度

	パス係数の推定値の有意性	CMIN	確率	GFI	CFI	RMSEA
モデルa	全てのパスの推定値が有意確率5％未満	7.226	0.124	0.952	0.986	0.116
モデルb	全てのパスの推定値が有意確率5％未満	2.676	0.444	0.983	1.000	0.000
モデルc	「週当たりのアルバイト時間」→「年間欠席日数」：0.147	0.611	0.737	0.996	1.000	0.000
モデルd	「学習への興味」→「成績の平均点」：0.643	2.439	0.295	0.984	0.998	0.061
モデルe	全てのパスの推定値が有意確率5％未満	2.676	0.444	0.983	1.000	0.000
モデルf	全てのパスの推定値が有意確率5％未満	3.923	0.417	0.977	1.000	0.000

次にモデルeとfを見てみましょう。モデルbとの違いは，モデルbは「学習への興味」と「週当たりのアルバイト時間」は相関があるというモデルですが，モデルeは「学習への興味」が「週当たりのアルバイト時間」に負の影響を与えるというモデルとなっています。また，モデルfは「学習時間」が「週当たりのアルバイト時間」に負の影響を与えるというモデルです。表11.4の適合度を見ると，これらのモデルはいずれもモデルとしての適合度は問題ない値となっています。どのモデルが適したモデルであるかどうかは分析者の判断になります。すなわち，妥当な説明が可能であるかどうかで判断することになります。モデルbは学習への興味が高い（低い）人はアルバイト時間が短い（長い）関係があるという解釈ですが，モデルeは両者に因果関係があり，学習への興味が高く（低く）なる結果，アルバイト時間が短く（長く）なるという解釈です。一方モデルfは「学習時間」が「週当たりのアルバイト時間」に影響を与える，すなわち，学習時間が減る（増える）結果アルバイト時間が多くなる（少なくなる）という解釈となります。これらの因果関係がまったくないとは言えませんが，一般的には学習への興味がアルバイト時間に影響を与えるという因果関係があるというより両者に相関関係がある，また学習時間がアルバイト時間に影響を与えるという解釈より，アルバイト時間が学習時間に影響を与えるという解釈の方が妥当であるように思えます。これらのことからモデルbがこのなかではもっとも適していると判断してもよいと思われます。このようにモデルの妥当性の判断は，適合率が満足できる値であるかということだけでなく，因果関係が十分に説明しえる内容であるかが重要です。

それでは図11.8のモデルbから何がわかるのかを見てみましょう。

① 「学習への興味」が高くなると「学習時間」が長くなり，その結果「成績の平均点」が上昇する。
② 「学習への興味」が高くなると「年間欠席日数」が少なくなり，その結果「成績の平均点」が上昇する。
③ 「学習への興味」と「週当たりのアルバイト時間」とは負の相関があり，「アルバイト時間」が増えると「学習時間」が減少する，また「成績の平均点」が下がる。

ことがわかります。「学習への興味」は「成績の平均点」に直接的な影響を与えるのでは

なく,「年間欠席日数」や「学習時間」を介して間接的に影響を与えていることもわかります。「学習への興味」が「成績の平均点」に与える影響は,「年間欠席日数」を介して$-0.76 \times -0.49 = 0.37$,「学習時間」を介して$0.7 \times 0.37 = 0.26$,両者を合せて0.63であることがわかります。一方,「週当たりのアルバイト時間」が「成績の平均点」に与える影響は学習時間を介して$-0.19 \times 0.37 = -0.07$,直接的に$-0.20$,合せて$-0.27$と負の影響を与えていることがわかります。

　10.2節（あるいは表11.1）の重回帰分析では,分析結果から「学習への興味」が「成績の平均点」に対して影響を与えていないという結果が得られました。確かに直接的な影響はパス解析を行っても小さいことがわかりました。ところが,「学習時間」や「年間欠席日数」を介して,間接的に「成績の平均点」に大きな影響を与えていることがわかります。すなわち成績の平均点を上げるのに,実は「学習への興味」は重要な要素なのだということがわかるわけです。このように重回帰分析で明確にできないことがパス解析によって明らかにできる利点があります。

　ここで,もう少し重回帰分析を使った説明を加えます。重回帰分析を使って図11.8のモデルbのパス係数,すなわち標準化係数を求めてみましょう。表11.5は「成績の平均点」も独立変数に加えて,「学習への興味」「年間欠席日数」「週当たりのアルバイト時間」の4つを独立変数とし,「学習時間」を従属変数として「変数減少法」により分析した結果を示します。最終的に得られたモデル3を見ると,「学習時間」に「学習への興味」と「成績の平均点」が正の影響を与えていることがわかります。このときの標準化係数は「学習への興味」→「学習時間」が0.477,また「成績の平均点」→「学習時間」が0.416という値が得られています。これは図11.8のモデルBの標準化係数と異なりますし,「成績の平均点」→「学習時間」というパスもモデルにはありません。このように本来,従属変数となる「成績の平均点」を独立変数に含めるとモデル自体が変わります。重回帰分析を用いて独立変数間のパス図で示した標準化係数を求めるには,従属変数である「成績の平均点」を除いた独立変数間で調べる必要があります。

第11章 変数間の因果の大きさ・強さを推定するモデルを策定したいとき

表11.5 「成績の平均点」も独立変数に加えて「学習時間」を従属変数としたときの係数[a]

モデル		標準化されていない係数		標準化係数	t値	有意確率
		B	標準誤差	ベータ		
1	(定数)	-121.129	51.817		-2.338	.023
	学習への興味	19.488	4.447	.525	4.382	.000
	年間欠席日数	2.063	1.780	.153	1.159	.251
	週当たりのアルバイト時間（時間）	-.715	1.086	-.061	-.659	.513
	成績の平均点	1.585	.495	.466	3.204	.002
2	(定数)	-140.731	42.209		-3.334	.002
	学習への興味	19.701	4.413	.530	4.464	.000
	年間欠席日数	2.148	1.767	.159	1.216	.229
	成績の平均点	1.717	.450	.505	3.812	.000
3	(定数)	-95.077	19.340		-4.916	.000
	学習への興味	17.735	4.123	.477	4.302	.000
	成績の平均点	1.415	.377	.416	3.750	.000

a. 従属変数　学習時間（分）

ここで，再度，「成績の平均点」を削除して，同じように「学習時間」を従属変数として「学習への興味」「年間欠席日数」「週当たりのアルバイト時間」を独立変数として「変数減少法」で重回帰分析してみました。その結果を表11.6に示します。最終的に残った表11.6のモデル2を見ると「学習への興味」→「学習時間」の標準化係数ベータが0.701，「週当たりのアルバイト時間」→「学習時間」の標準化係数が-0.189という結果が得られています。この値は図11.8のモデルbの「学習時間」に入るパス係数と一致します。

表11.6 「成績の平均点」を削除して「学習時間」を従属変数としたときの係数[a]

モデル		標準化されていない係数		標準化係数	t値	有意確率
		B	標準誤差	ベータ		
1	(定数)	16.864	31.074		.543	.589
	学習への興味	24.188	4.526	.651	5.344	.000
	年間欠席日数	-.971	1.626	-.072	-.597	.553
	週当たりのアルバイト時間（時間）	-2.120	1.071	-.179	-1.980	.053
2	(定数)	4.013	22.299		.180	.858
	学習への興味	26.032	3.292	.701	7.907	.000
	週当たりのアルバイト時間（時間）	-2.238	1.047	-.189	-2.138	.037

a. 従属変数　学習時間（分）

同様に，「年間欠席係数」を従属変数として，「学習への興味」「学習時間」「週当たりのアルバイト時間」を独立変数としたときの分析結果を表11.7に示します。最後に残ったモデル3を見ると「学習への興味」→「年間欠席係数」の標準化係数が-0.76という値が得られています。これも図11.8のモデルbの「学習への興味」→「年間欠席係数」のパス係数と一致します。このように独立変数間で，順番に従属変数を入れ替えて重回帰分析

を行うことにより，パス解析で求めたパス係数を求めることができます。

表11.7 「成績の平均点」を削除して「年間欠席係数」を従属変数としたときの係数[a]

モデル		標準化されていない係数		標準化係数	t値	有意確率
		B	標準誤差	ベータ		
1	（定数）	13.257	1.822		7.277	.000
	学習への興味	-1.732	.388	-.630	-4.468	.000
	学習時間（分）	-.006	.011	-.087	-.597	.553
	週当たりのアルバイト時間（時間）	.107	.089	.122	1.203	.234
2	（定数）	13.232	1.811		7.306	.000
	学習への興味	-1.899	.267	-.690	-7.100	.000
	週当たりのアルバイト時間（時間）	.121	.085	.139	1.425	.160
3	（定数）	15.402	.989		15.577	.000
	学習への興味	-2.092	.233	-.760	-8.991	.000

a. 従属変数　年間欠席日数

表11.8 「成績の平均点」を削除して「週当たりのアルバイト時間」を従属変数としたときの係数[a]

モデル		標準化されていない係数		標準化係数	t値	有意確率
		B	標準誤差	ベータ		
1	（定数）	13.247	3.288		4.029	.000
	学習への興味	-.209	.663	-.066	-.315	.754
	年間欠席日数	.232	.193	.203	1.203	.234
	学習時間（分）	-.030	.015	-.358	-1.980	.053
2	（定数）	12.428	2.000		6.215	.000
	年間欠席日数	.264	.163	.231	1.617	.111
	学習時間（分）	-.033	.012	-.393	-2.759	.008
3	（定数）	15.327	.898		17.077	.000
	学習時間（分）	-.046	.009	-.544	-4.981	.000

a. 従属変数　週当たりのアルバイト時間（時間）

　しかし，次のような問題も起こります。表11.8は「週当たりのアルバイト時間」を従属変数として，「学習への興味」「年間欠席日数」「学習時間」を独立変数として分析した結果を示しています。最終に残ったモデル3の結果を見ると「学習時間」→「週当たりのアルバイト時間」の標準化係数が－0.544となっていますが，これは図11.8のモデルfにおける両変数のパス係数に相当します。

　同様に「学習への興味」を従属変数として，重回帰分析した結果を表11.9に示します。この結果では「学習時間」→「学習への興味」の標準化係数が0.523，「年間欠席日数」→「学習への興味」の標準化係数が－0.418という値が得られていますが，これは図11.8モデルbのパスと逆のパスであり，値も異なります。この場合，学習時間が増える結果学習への興味が増す，欠席が少なくなるほど学習への興味が増すということになり，解釈が

適切であるとは言えません。

表11.9 「成績の平均点」を削除して「学習への興味」を従属変数としたときの係数[a]

モデル		標準化されていない係数		標準化係数	t値	有意確率
		B	標準誤差	ベータ		
1	(定数)	4.023	.519		7.746	.000
	学習時間（分）	.014	.003	.513	5.344	.000
	週当たりのアルバイト時間（時間）	-.008	.026	-.026	-.315	.754
	年間欠席日数	-.150	.034	-.412	-4.468	.000
2	(定数)	3.919	.399		9.817	.000
	学習時間（分）	.014	.002	.523	5.843	.000
	年間欠席日数	-.152	.033	-.418	-4.671	.000

a. 従属変数　学習への興味

このように独立変数間で1つの独立変数を従属変数に入れて重回帰分析することによりパス解析で得られたパス係数と同じ結果を得ることもできます。しかし，重回帰分析からは上述した表11.6～表11.9のどれが適切なのかは判断できません。すなわち，異なるモデルが複数考えられますが，モデル全体の適合度がわからないので，重回帰分析で適切なモデルを求めることは困難です。同時に，第10章でも述べましたが，どの変数でも従属変数として入力すると何らかの標準化係数が得られますので，あたかもその結果で得られた独立変数が従属変数に影響を与えているかのように誤った解釈を行うことがあります。そのため変数同士で独立変数と従属変数に入れ替えて重回帰分析を行うことは，その結果の解釈に注意が必要です。

11.3　潜在変数と観測変数を用いた因果モデルを作りたい場合

11.2節で説明したパス図は観測変数が観測変数に影響を与えているというモデルです。観測変数の数が少なければ，観測変数だけでモデルを作図して，そのモデルの適合率や妥当性から当てはまるモデルを求めることができますが（もちろんデータによっては適切なモデルが得られない場合もあります），観測変数が多くなるとモデルも複雑になり，またパスの数も多くなるため，最適なモデルを求めることが困難になります。そこで観測変数が多い場合には，本節で述べるようにいくつかの観測変数を潜在変数でまとめて，潜在変数も用いて解析する方法が取られます。潜在変数というのは直接観測されるデータではなく，複数の観測変数の裏に隠れている変数のことです。

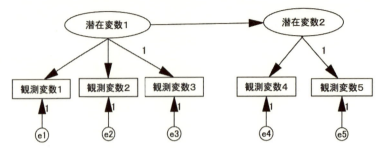

図11.9 潜在変数を用いたパス図のイメージ

　そのパス図のイメージを図11.9に示します。潜在変数が潜在変数（あるいは観測変数が観測変数，観測変数が潜在変数）に影響を与えていることを表す方程式を構造方程式と呼びます。一方，潜在変数が観測変数に影響を与えていることを表す方程式を測定方程式と呼びます。パス図を使った解析はこれらの2つの方程式で構成されています。

　ここでは事例として通信教育課程に在籍する学生に対して調査した結果を基に，通信教育課程で問題視されている「学習の継続困難を招く要因」を分析した例を取り上げます。通信教育課程に在籍する学生275人に表11.10に示すような，学習に対する印象や状況，課題等に関する15個の質問を行い，それぞれの質問に対して，「1：全く当てはまらない，2：当てはまらない，3：やや当てはまらない，4：やや当てはまる，5：当てはまる，6：非常に当てはまる」の6件法で回答してもらったデータを使って，学習の継続困難を招く要因を分析していきます。質問にある「設題」とはレポート課題を意味し，「教材」は学生に配布されるテキスト教材等を意味しています。このデータは分析用データのシート「共分散構造分析」に掲載されていますので，それを用いて分析していきます。

表11.10 質問項目

1. 学習内容に興味・関心が高まった
2. 自身の教養が高まった
3. 専門分野の知識が習得できた
4. 学習内容の難易度が自分に合致
5. 学習内容が自分が期待した内容と合致
6. 設題は教科書を学習すれば解答できる
7. レポートの書き方がわからない
8. 設題に対する解答内容がわからない
9. 学習の進め方がわからない
10. 一人で学習することが困難
11. 教材の内容が分かりにくい
12. 明確な理由はないが学習興味が減少
13. 明確な理由はないが学習時間が減少
14. 明確な理由はないが学習目的が不明瞭
15. 自分の責任で学習を止めてもいい

　図11.9で示すように，パス図では観測変数は四角形で囲みましたが，潜在変数は楕円形で囲みます。潜在変数から影響を受ける観測変数は一般に複数個存在しますので，パス

第11章 変数間の因果の大きさ・強さを推定するモデルを策定したいとき

図を描く際には図11.1の「①モデル作図に利用」の右上のアイコンを用います。楕円形の観測変数の下に四角形の観測変数，更に観測変数に誤差変数が付加された図が容易に作成できます。このアイコンをクリックし描画画面上でクリックすると，クリックの数に応じて観測変数を増加させることができ，潜在変数に属する複数の観測変数の図形を容易に描くことができます。余談ですが，潜在変数の下に観測変数を描く場合，潜在変数から観測変数へのパスの少なくとも1つに，パス係数の初期値として「1」を入れておかないと分析がなされません。このアイコンを使って描画すると，図11.9の「潜在変数1→観測変数3」のパスに示すように，最初に作成した観測変数へのパスに係数「1」が自動付与されますので問題ありません。この図を，「楕円形」「四角形」「→」の描画アイコンをそれぞれ使って作図することもできますが，その場合には「→」のパス係数には何も書かれませんので，分析を行っても実行されません。このときは，図11.10に示すように潜在変数→観測変数のいずれか1つのパスをクリックして表示される「オブジェクトのプロパティ画面」の「係数」に「1」を挿入する必要がありますので，留意が必要です。

図11.10 オブジェクトのプロパティ設定画面

　潜在変数と観測変数を用いたパス図を作図する場合，まず，どのような観測変数が考えられるかを想定する（見つけ出す）必要があります。因果関係を想定する場合には，結果に対するおおよその原因を頭の中で考え，それを基に調査する質問項目を決めているとは思いますが，やはり観測変数が多いと，それらをどのようにグループ化して分類したらよいかわかりません。ここで第2章の因子分析を思い出してください。因子とは複数の観測変数を代表する裏に隠れた変数で，まさにこれが潜在変数ということになります。そこで，因子分析と同じ方法を使って因子，ここでは潜在変数を求めます。因子分析とは，複数の観測変数の背後に共通して存在する変数（因子）を見つけ出す方法で，一般の因子分析の場合には，因子を探し出すという意味で探索的因子分析と言います。一方，因子について何らかの仮説があって，それが実際のデータに当てはまられるかどうかを検証する因子分析を確認的因子分析（または，検証的因子分析）と言いますが，Amosでモデルを作成する場合には，潜在変数を予測してモデルを作成しますので，確認的因子分析に該当します。ここで，因子分析を行うことは，潜在変数を確認することと，その潜在変数によって影響

を受ける観測変数の目安をつけることになります．因子分析した結果をそのままパス図にあてはめると適合度の悪いモデルになることもありますので，変数の追加，移動，削除などの作業が必要となります．その例を含めて以下に説明していきます．

まず，表11.10の質問に対する回答結果を因子分析してみましょう．因子分析については第2章を参照してください．表11.11に因子分析した因子負荷を示します．主因子法を使いプロマックス回転により分析した結果です．因子負荷の大きさの閾値を0.35とした場合，「設題は教科書を学習すれば解答できる」と「教材の内容がわかりにくい」の2つの項目の因子負荷が因子1から3のどの因子に対しても小さいことから，これらを削除し，再度因子分析した結果を表11.12に示します．表11.12の結果から，因子1を「学習の合致・効果」，因子2を「学習における問題」，因子3を「学習の継続困難」と命名します．因子分析の結果残った13個の観測変数と3個の潜在変数を使って，「学習の継続困難」を従属変数としたパス図を図11.11に示します．

表11.11 因子分析結果

	因子		
	1	2	3
1．学習内容に興味・関心が高まった	.879	.050	-.066
2．自身の教養が高まった	.845	.082	-.019
3．専門分野の知識が習得できた	.816	.043	-.001
4．学習内容の難易度が自分に合致	.702	-.207	.046
5．学習内容が自分が期待した内容と合致	.648	-.040	.051
6．設題は教科書を学習すれば解答できる	.245	-.122	.002
7．レポートの書き方がわからない	.051	.917	-.063
8．設題に対する解答内容がわからない	.027	.909	.006
9．学習の進め方がわからない	-.087	.700	.011
10．一人で学習することが困難	-.045	.518	.152
11．教材の内容が分かりにくい	-.135	.259	.059
12．明確な理由はないが学習興味が減少	.052	-.102	.959
13．明確な理由はないが学習時間が減少	.125	.186	.670
14．明確な理由はないが学習目的が不明瞭	-.122	.058	.610
15．自分の責任で学習を止めてもいい	-.141	.035	.409

因子抽出法：主因子法
回転法：Kaiserの正規化を伴うプロマックス法
a．5回の反復で回転が収束しました．

表11.12 因子負荷の低い項目を除いて因子分析した結果

	因子		
	1	2	3
1．学習内容に興味・関心が高まった	.874	.052	-.069
2．自身の教養が高まった	.849	.079	-.016
3．専門分野の知識が習得できた	.819	.037	.002
4．学習内容の難易度が自分に合致	.702	-.210	.044
5．学習内容が自分が期待した内容と合致	.642	-.029	.043
7．レポートの書き方がわからない	.055	.928	-.061
8．設題に対する解答内容がわからない	.031	.896	.019
9．学習の進め方がわからない	-.092	.707	.010
10．一人で学習することが困難	-.040	.503	.163
12．明確な理由はないが学習興味が減少	.045	-.107	.955
13．明確な理由はないが学習時間が減少	.126	.173	.677
14．明確な理由はないが学習目的が不明瞭	-.125	.059	.613
15．自分の責任で学習を止めてもいい	-.141	.030	.412

因子抽出法：主因子法
回転法：Kaiserの正規化を伴うプロマックス法
a. 5回の反復で回転が収束しました。

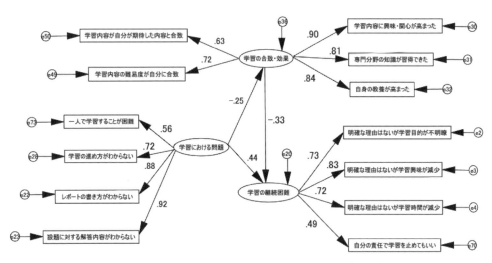

図11.11 因子分析により残った13の観測変数と3の潜在変数を使って作成したモデル

このモデルを見ると学習における問題があることが学習の合致や効果に負の影響を与える。すなわち，「学習に問題があると学習が合致していない，あるいは効果が低くなる。その結果学習の継続が困難になる。また学習に問題があると学習の継続が困難になる」という解釈ができます。この解釈に大きな問題はなさそうですが，「学習に問題があることが学習効果がない」という解釈は納得できるとしても，学習内容や難易度が合致しないことに影響を与えているという解釈に違和感があります。そしてこのモデルの適合度を表11.13から見るとGFI, CFIは0.9以上ですが，RMSEAが0.077と比較的大きな値となっていることがわかります。この結果から，それほどモデルの適合率が高いとは言えません。

因子分析においては，どの因子にも負荷が小さいものや複数の因子に対して高い負荷を

有する項目は削除して，残った項目で再度因子分析を行う方法が用いられていると第2章で述べましたが，パス図によるモデルを作成する場合には，これらの項目（ここでいう観測変数）を単純に削除して考えると，適合度の高いモデルにならない場合があります。因子分析で分類化したものは，初期のモデルを作成する目安と考えた方がよいです。

再度，表11.12の因子分析をよく見ると，因子1と因子2にはさらに下位因子が含まれていそうです。因子1と因子2のそれぞれをさらに因子分析した結果を図11.12に示します。因子1は「学習効果」と「学習内容の整合」の2つの因子に分かれ，因子2は「レポート提出の問題」「学習の問題」の2つの因子に分けられることがわかります。以上を整理すると，潜在変数として，「学習の継続困難」「学習効果」「学習内容の整合」「レポート提出の問題」「学習の問題」の5つが考えられることから，これらの5つの潜在変数を使ったパス図を検討します。

図11.12 因子1と因子2の下位因子分析結果

図11.13と図11.14に考えられるモデル候補を示します。図11.13は図11.12の因子分析結果に従い，潜在変数の影響を受ける観測変数を位置づけたモデルです。図11.12で示した「設題は教科書を学習すれば解答できる」と「教材の内容がわかりにくい」という，いずれの因子にも大きく関係していない観測変数も，図11.13のモデルには組み込んでいます。潜在変数の「学習内容の整合」→「設題は教科書を学習すれば解答できる」というパスの標準化推定値は0.30，一方，潜在変数の「学習の問題」→「教材の内容が分かりにくい」というパスの標準化推定値は0.41で，いずれも有意確率は1％未満という結果が得られていることから（表11.13），因子分析では因子に対して関連性は弱い結果を示していましたが，モデルのなかでは有意なパスであることがわかります。

次に図11.14のモデルは「学習の進め方がわからない」という観測変数を「学習の問題」の潜在変数の方に含めたモデルです。図11.12の因子分析では「学習の進め方がわからない」という変数は「レポート提出の問題」という因子の方に強く関係している結果を示していますが，これは「学習の問題」の方に含めるのが妥当ではないかと考えられたからです。表11.13の適合度を見ると，図11.14のモデルのモデル適合度は図11.13のモデルに比べてGFI, CFIの値も高くなり，かつRMSEAも0.053と低くなっていることから，図11.13のモデルより適合度の高いモデルと言えます。このように因子分析で求めた結果はモデルを作る参考になるけれども，それに従う必要はなく，むしろ変数を入れ替えたりして最適なパス図を求めていく方法がよいと考えられます。

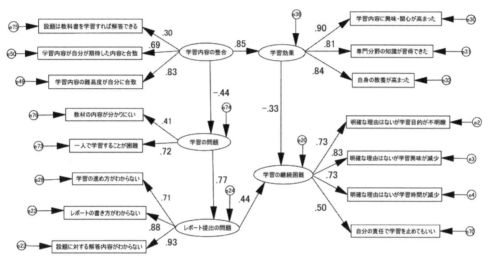

図11.13　学習の継続困難を招くモデル

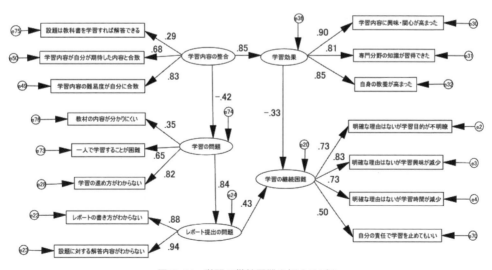

図11.14　学習の継続困難を招くモデル

モデルを作成する場合には，変数を入れ替えたり，潜在変数間のパスを追加，削除した

りしながら，適合度が高く，かつ妥当な説明が可能なモデルであるかどうかで最適なモデルを決めていくことになります。例えば，図11.14のモデルで「学習内容の整合」が「学習の継続困難」に直接影響を及ぼすパスを引くことも可能ですが，そうした場合，そのパスの標準化推定値は0.09となります。あるいは「学習の問題」が「学習の継続困難」に直接影響を及ぼすことも考えられ，そのパスを引くと標準化推定値は0.32という値が得られます。これらのパスの推定値の有意確率は5％以上を示し（本文には掲載しておりません），いずれも有意ではないという結果がモデルの分析結果から確認できます。このような組み合わせを何度も行って，適するモデルを見つけていくことになります。モデルのすべての組み合わせを検証することは不可能です。また，モデルを限られた項目で説明しているわけですので，得られたモデルが最適であるかどうかはわかりません。一般に，適合度に問題がなく，かつ妥当な説明が可能なモデルができれば，それを1つのモデルとして提示しているだけであって，それが最適なモデルとまでは言えないということです。

表11.13　図11.11～11.14のモデルの適合度

		CMIN	確率	GFI	CFI	RMSEA
図11.11モデル	全てのパスの推定値が有意確率1％未満	163.653	0.000	0.914	0.945	0.077
図11.13モデル	全てのパスの推定値が有意確率1％未満	164.701	0.000	0.926	0.958	0.058
図11.14モデル	全てのパスの推定値が有意確率1％未満	150.871	0.000	0.932	0.965	0.053

　図11.14のモデルはRMSEAが0.05未満ではありませんが，この値は問題ないと考えられます。CMINの確率が0.000となっていますが，「標本数が多いと仮説が棄却される場合がある」ことが要因と考えられます。GFIやCFIの値も十分であり，観測変数および潜在変数の関係性も説明し得るモデルだと判断されますので，これは通信教育における学習の継続困難を招く一つのモデルとして適すると判断されます。このパス図から以下のことがわかります。

① 学習の継続困難を招く要因は学習効果が上がらないことにある（学習効果が上がれば学習の継続が可能である）。
② もう一つの学習の継続困難を招く要因はレポート提出における問題にある（レポート提出に問題がなくなれば学習の継続が可能である）。
③ 学習内容が整合していれば学習の問題は減少し，その結果レポート提出の問題も減少する。
④ 学習内容が整合していれば学習効果が上がり，それが学習継続につながる。

　パスの標準化推定値は因果の強さを表していますので，どの観測変数が最も大きな影響を受けるのかも推定できます。例えば，学習者の学習の問題は「教材の内容がわかりにくい」（パスの標準化推定値が0.35）ということより「学習の進め方がわからない」（パスの標準化推定値が0.82）という項目に強く現れるということも推定できます。

あとがき

　アンケート調査を基に，実践的な研究を行う際にデータの統計処理は欠かせません。本書は教育分野において，SPSS や Amos などの統計ソフトを使って統計分析する場合の留意点を書くことに心がけました。統計分析で得られた結果は普遍的に正しいと言えるものではなく，ある確率のもとで「違いが見られた」「相互関係が見られた」「影響が見られた」「因果関係が見られた」といったような判断をすることをご理解いただけたと思います。

　被験者の数や変数の数，分析のしかたによっても結果が違ってきます。そうであれば，例えば，3つの条件がある場合において違いがあるかどうかを分析するために「一元配置分散分析」を使わなくても，3つの条件からそれぞれ2つの条件を抽出して，その2間の違いの有無を「対応のないt検定」で分析してもいいじゃないかと思われるかもしれません。確かに大きな結果の違いはないでしょう。しかし，ある確率で判断することが分析方法であれば，その確率付近の値が結果が得られた場合に「有意な差として判断できるか否か」の記述が変わってきます。統計分析で必ずしも正しい結果が得られるわけではありませんが，それでもできるだけ的確な方法を使って分析することは重要なことです。

　本書では実際に著者が調査したデータを用いた他に，論理的におかしくない結果を出すため，あるいは分析方法によって違いを出すため，意図的にデータを作成したものもあります。データの値をほんの少し変えただけでも結果に影響を与えるものもありました。改めて，調査結果から得たデータの重要性を認識しました。

　さらに言えば，SPSS や Amos は非常に便利で有用なソフトですが，それらはデータに基づいて科学的に分析するだけであって，「そのデータを得るための調査内容がもっとも重要で，それは研究を行う者にかかっている」ということが，本書のなかでもっとも申し上げたいことでもあります。

　現時点での最新の SPSS は Version24 です。本書の4．5節で「一元配置分散分析」を説明する際に，「クラス名が文字列である場合に，それを数値に変換して分析する必要がある」と記述していますが，最新バージョンでは自動的に数値変換して表示してくれます。このようにソフトの改良がなされてきていますので，最新バージョンでは本書の内容と少し違うケースも見られますが，分析の方法やその分析結果が変わるものではありませんので，最新バージョンのソフトを使う場合においても役立つ内容だと思います。なお，本書で用いた5．3節の「一般線形モデル反復測定」は SPSS Advanced Statistics に，また10．4節の「ロジスティック回帰分析」は SPSS Regression，その他の第10章までの分析方法は SPSS Statistic Base に分析機能が含まれています。

　最後に，著者が気づかない細部にわたって編集の労をとっていただきました編集部の浅井久仁人氏にお礼を申し上げます。

索　引

A-Z

Amos　186
Bonferroni（ボンフェローニ）法　71
CFI　193
CMIN　192
Cochran　140
Cox-Snell R2乗　176
Fisher の直接法　120
F値　63
GFI　193
Greenhouse-Geisser　87
Haberman　119
Hosmer-Lemeshow　176
Huynh-Feldt　87
Kendal　147
KMO と Bartlett の球面性検定　22
Levene の検定　63
logit（Pi）　174
Mauchly の球面性検定　86
McNemar-Bowker 検定　143
McNemar の検定　136
Nagrekerke R2乗　176
Pearson　147
RMSEA　193
Scheffe（シェフェ）法　71
Spearman　147
t分布　58
t値　58
t検定　57
Tukey（テューキー）法　71
VIF　166
Ward（ウォード）法　45

ア行

一元配置分散分析　68, 98
1サンプルのt検定　66
1変量分析　92
一般線形モデル　83, 88, 92
因果関係　160
因果モデル　191
因子　16
因子行列　23
因子数　20
因子相関行列　27
因子得点　30
因子得点係数　32
因子得点係数行列　31
因子負荷　16, 23
因子分析　16, 202
インポート　11, 188
エカマックス　24
オッズ　174
オッズ比　174
重み付け係数　32

カ行

下位因子　24, 37, 38, 204
回帰の平方和　161
カイザーガットマン基準　20
外生変数　187
階層クラスタ分析　44
χ^2（カイ二乗）検定　114
χ^2（カイ二乗）値　114
χ^2（カイ二乗）臨界値　115
確認的因子分析　201
間隔尺度　7
観測度数　114, 119
観測変数　16, 187, 199
疑似R2乗　181
疑似相関　153
疑似無相関　153
期待度数　114, 119
帰無仮説　59, 60
逆転項目　27
逆転質問　4
強制除去法　163
強制投入法　163
共線性の診断　164
共通因子　22
許容度　166
クォーティマックス　24
クラスタ分析　44
グループ化変数　62
グループ間平均連結法　44
グループの比較　67
グループ別　67
クローンバックのα係数　33, 153
クロス表　117
ケースの重み付け　133, 142
欠損値　189
決定係数　161
検証的因子分析　201
検定　56
検定変数　62
交互作用　92, 96, 101
構造方程式　200
誤差変数　187
固有値　20

サ行

最遠隣法　44
最近隣法　44
最小2乗法　18
最大反復回数　19
最尤法　18
差の95%信頼区間　64
残差　119
残差の平方和　161
残差分析　119
散布図　46, 154
シグモイド関数　173
実験群　2
斜交回転　24
主因子法　18
重回帰分析　160, 163
従属変数　160, 187
自由度　58, 115
周辺度数　121
主効果　86, 96
主成分分析　18, 20
順位相関係数　155
順位相関分析　147
順序尺度　7
条件　56
シンタックス　104

索　引

シンタックスエディタ　104
信頼性分析　33
推定値　191
数値型変換　40
スクリープロット　20
ステップワイズ法　163
正確有意確率　120
正規曲線　17
正規分布　17, 57
制御変数　152
成分　20
積率相関係数　148
積率相関分析　147
説明変数　160
漸近有意確率　117, 120
潜在変数　199
相関係数　146
相関図　146
相関分析　146
測定方程式　200
その後の検定　71

タ行
第1種の誤り　56
対応のある t 検定　57, 78, 88
対応のない t 検定　56, 61
第2種の誤り　56
多項ロジスティック回帰分析　180
多重共線性　164
多重比較　71
ダミー変数　169
単回帰分析　160
探索的因子分析　201

単純主効果　96, 106
調整済み R2 乗値　165
調整済み残差　121
調整済みの標準化　119
直接オブリミン　24
直交回転　24
つららプロット　48
適合度指標　193
データビュー　12
デンドログラム　48
等質性検定　96
統制群　2
等分散　63
等分散性の検定　96
独立因子　22
独立変数　160, 187
度数分布表　126

ナ行
内生変数　187
二項ロジスティック　175
二重否定　6
ノンパラメトリック検定　116, 138

ハ行
パス解析　186
外れ値　147, 155
パーセンタイル　126
パターン行列　26
パラメトリック検定　138
バリマックス　24
反復測定　84
被験者数　64
ヒストグラム　17
非標準化推定値　189
評価尺度　16, 28

標準化係数　165
標準化推定値　189
標本　57
標本妥当性　22
比率尺度　7
ファイルの分割　67, 107
負荷量平方和　22
プロマックス　24
偏回帰係数　177
変換　40
偏差値　57
変数減少法　163
変数増加法　164
変数の変換　126
変数ビュー　13
偏相関　151, 164, 166
偏相関係数　152
母集団　57

マ行
名義尺度　7, 114
目的変数　160
モデルの適合度　187, 191
モデル要約　161

ヤ行
有意確率　58, 60
有意水準　58
尤度比検定　181
要因　56, 92

ラ行
リッカート尺度　8, 125
臨界値　58, 59
レーダーチャート　52
ロジスティック回帰分析　173

209

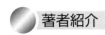 **著者紹介**

篠原　正典（しのはら・まさのり）
鹿児島大学工学部電子工学科卒業　工学博士（東京大学）
電電公社武蔵野電気通信研究所，NTT LSI 研究所主幹研究員として化合物半導体結晶等の研究に従事。独立行政法人メディア教育開発センター教授・研究開発部長として高等教育における ICT 活用の研究に従事。
2009年より佛教大学教育学部教授。
現在の専門：教育工学，教育方法学
主著
『新しい教育の方法と技術』（共編著，ミネルヴァ書房，2012年）
『ユビキタスの基礎技術』（NTT 出版，2007年）

　　　　　　　　　　　　　　　　　　　　　　　教育実践研究の方法
　　　　　　　　　　　　　　　　　　　　　　──SPSS と Amos を用いた統計分析入門──
　　　　　　　　　　　　　　　　　　　2016年8月20日　初版第1刷発行　　　　〈検印省略〉

　　　　　　　　　　　　　　　　　　　　　　　　　　　　　定価はカバーに
　　　　　　　　　　　　　　　　　　　　　　　　　　　　　表示しています

　　　　　　　　　　　　　　　　　　　　　　著　者　　篠　原　正　典
　　　　　　　　　　　　　　　　　　　　　　発行者　　杉　田　啓　三
　　　　　　　　　　　　　　　　　　　　　　印刷者　　江　戸　孝　典

　　　　　　　　　　　　　　　　　　　　発行所　株式会社　ミネルヴァ書房
　　　　　　　　　　　　　　　　　　　　607-8494 京都市山科区日ノ岡堤谷町1
　　　　　　　　　　　　　　　　　　　　　　　電話代表（075）581-5191
　　　　　　　　　　　　　　　　　　　　　　　振替口座 01020-0-8076

　　　　　　　　　　　　　　　　　　©篠原正典，2016　　　　共同印刷工業・清水製本
　　　　　　　　　　　　　　　　　　ISBN978-4-623-07743-4
　　　　　　　　　　　　　　　　　　Printed in Japan

よくわかる教育社会学

酒井 朗・多賀 太・中村高康編著　B 5 判 210頁 本体2600円

●日本における教育社会学は教育や子ども・青少年の成長に関する総合的な社会科学として発展してきた。こうした歴史と最新の動向を踏まえて，本書は，教育社会学において取り上げられる多様なテーマ，および教育現象への社会学的視点について平易な記述で紹介する。

教育実践論文としての教育工学研究のまとめ方

吉崎静夫・村川雅弘編著　A 5 判 224頁 本体2700円

●実際の実践研究に関する論文について，執筆者が実践研究を論文にまとめる際に「強調したかったこと」「留意したこと」「苦労したこと」などをわかりやすく示す。これから実践研究論文を書こうとしている大学院生や若手研究者，現職教員の参考になることを意図した，論文の書き方／まとめ方。

よくわかる統計学　Ⅰ　基礎編［第2版］

金子治平・上藤一郎編　B 5 判 200頁 本体2600円

記述統計から数理統計までていねいに解説する。原則見開き2頁，または4頁で1つの単元になるよう構成し，直観的に理解できるよう図表も豊富。

事例で学ぶ学校の安全と事故防止

添田久美子・石井拓児編著　B 5 判 156頁 本体2400円

●「事故は起こるもの」と考えるべき。授業中，登下校時，部活の最中，給食で…，児童・生徒が巻き込まれる事故が起こったとき，あなたは――。学校の内外での多様な事故について，何をどのように考えるのか，防止のためのポイントは何か，指導者が配慮すべき点は何か，を具体的にわかりやすく，裁判例も用いながら解説する。学校関係者必携の一冊。

――― ミネルヴァ書房 ―――

http://www.minervashobo.co.jp/